Pendo

SUSANNE AERNECKE

# KOMM MIT, ICH LIEBE DICH

Eine Abenteuerreise in die Demut

Pendo

1. Auflage 2008


Umschlaggestaltung: Hauptmann & Kompanie
Werbeagentur, München – Zürich
Gesetzt aus der Sabon
Satz: BuchHaus Robert Gigler, München
Druck und Bindung: Pustet, Regensburg
Printed in Germany
ISBN 978-3-86612-183-6

# Inhalt

# 1. Unterwegs (Eine Art Vorwort)

Der Mann blickt mich mit seinen warmen braunen Augen an. Das bringt mich aus dem Konzept, für so was bin ich nicht hergekommen. Nicht für irgendeine Predigt, Weisheit oder was immer jetzt gleich kommen mag. Nichts, was auf mich gemünzt sein könnte, das kann ich gerade überhaupt nicht gebrauchen. Aber wegsehen kann ich auch nicht. Einen Moment lang kommt es mir vor, als würde er direkt in meine Seele schauen. Dann berührt er mit zwei Fingern meine Stirn. Es sollte mir vielleicht unangenehm sein, der natürliche Schutzmechanismus meiner Welt. Ist es aber seltsamerweise nicht.

Dann spricht er.

»Die Menschen wissen nicht, wo sie suchen müssen. Wo sie den Sinn finden können, hinter der mühseligen Jagd. Woran sie kranken und was sie doch eigentlich suchen sollten ist ihre Kleinheit. Die Furcht vor der Allmacht der Götter, damit sie uns gewogen sind. Das ist wichtig. Wir Menschen sind keine vollkommenen Geschöpfe. Erst wenn wir erkennen, wie klein wir sind, sind wir bei uns.«

Allmacht der Götter? Wen meint er?

Jetzt will ich, dass er weiterredet, aber er schweigt und schaut hinaus auf den Fluss. Er hat alles gesagt. Kann es sein, dass ich eigentlich, ohne es mir einzugestehen, wegen etwas ganz anderem hierhergekommen bin?

»Schnitt«, flüstere ich dem Kameramann über die Schulter zu. Eine Schlüsselszene für eine Fernsehdokumentation über Biopiraterie im Amazonas ist im Kasten. Morgen werden wir die Yanomami-Indianer verlassen und den Amazonas hinab nach Manaus fahren. Wir sind unter Zeitdruck, hinken dem Drehplan hinterher. Ich möchte dem Mann noch etwas sagen, mich wenigstens bedanken, mache unserem Übersetzer Zeichen. Doch Davi Kopenava, der Schamane des Stammes, hat sich bereits seiner Hütte zugewandt. Wir werden uns nicht mehr begegnen.

* * *

Ein Jahr später. Frankfurt am Main, Hauptbahnhof. Junkie-Viertel. Eine der ersten Stationen meiner Rechercheereise für ein neues Projekt. Ein Fernsehmehrteiler über die großen christlichen Orden und auch meine erste Begegnung mit der Dominikanerschwester Klarissa von der Frankfurter Bahnhofsmission. Wie es meine Art ist, versuche ich mit schnellen, direkten Fragen etwas über sie zu erfahren. Die Zeit drängt mal wieder. Trotz aller Routine spüre ich: Was hier gerade passiert, ist anders als alles, was ich je zuvor erlebt habe.

Trübe Augenpaare starren uns an, Alkoholiker und Obdachlose, die in einer Ecke an Resopaltischen sitzen. Ganz schön unangenehm. Mit denen will ich auf keinen Fall etwas zu tun haben. Ich habe Schwierigkeiten, dem zu folgen, was Schwester Klarissa mir erzählt, spüre ständig diese Augenpaare in meinem Rücken. Was wollen die von mir? Die Nonne scheint mein Unbehagen zu bemerken und schlägt vor, in ihrem Büro weiterzumachen. Dankbar stimme ich zu. In diesem Augenblick wankt ein von oben bis unten vollgekotzter Mann mit einer Schnapsflasche in der Hand laut grölend in die Bahnhofsmission und hält direkt auf uns zu. Na super, denke ich. Und jetzt? Man spürt förmlich seine Aggressivität, hört sie – riecht sie. Unwillkürlich mache ich einen Schritt zurück. Schwester Klarissa tut genau das Gegenteil. Sie tritt vor, direkt auf diesen Typ zu und breitet ihre Arme aus, als wollte sie ihn in der nächsten Sekunde an ihre Brust drücken. Ich mache vorsichtshalber noch einen Schritt zurück. Betrunkene waren mir schon immer ein Gräuel, und der Geruch von Erbrochenem löst bei mir ziemlich schnell selbst einen Brechreiz aus. Schwester Klarissa scheint damit keine Schwierigkeiten zu haben.

Und dann sagt sie zu ihm: »Komm mit, ich liebe dich.« Dabei streicht sie ihm eine verklebte Haarsträhne aus der Stirn und führt ihn sanft zu einer Bank.

Wie bitte?

Während ich noch vollkommen baff dastehe und mich gleichzeitig ein bisschen für meine ostentativ ablehnende Haltung schäme, geschieht das Unglaubliche: Das Grölen verebbt, die wild rudernden Arme sinken herab. Nur der Geruch bleibt, aber der stört plötzlich gar nicht mehr so sehr. Der Mann ist wie verwandelt, als hätte Schwester Klarissa ihn mit einem Zauberstab berührt, der ihn wieder nüchtern macht. Selbst als sie ihm die Flasche wegnimmt, lässt er es widerstandslos geschehen. Sie holt ihm einen Kaffee und hält dem Mann den Becher an die Lippen. Er verschluckt sich und spuckt ihr die braune Brühe auf ihre blütenweiße Schürze. Sie weicht nicht zurück, verliert nicht einmal ihr Lächeln. Beim zweiten Mal klappt es.

Schwester Klarissa streicht dem Mann noch einmal liebevoll über das, was einmal seine Wange gewesen sein muss, jetzt allerdings nur noch eine mit roten Äderchen übersäte Wüste ist. Anschließend führt sie mich in ihr Büro. »Was würden Sie sonst noch gern von mir wissen?«

Meine ganzen vorbereiteten Fragen kann ich vergessen, sie sind plötzlich banal.

»Wie schaffen Sie das?«, ist das Einzige, was ich beinahe stammelnd herausbringe. »Ich meine, zu sagen, dass Sie diesen Mann lieben?«

»Weil es so ist«, antwortet sie lächelnd, als sei es das Normalste der Welt, einen stinkenden Säufer zu lieben. »Der Glaube an Jesus Christus ist Liebe.«

Als wir wieder im Auto sitzen, knurrt meine junge Assistentin Inga, wie immer ein Musterbeispiel an pragmatischer Diesseitigkeit: »Jetzt aber schleunigst weg hier. Oder willst du da eintreten?«

Nein, ich will da ganz bestimmt nicht eintreten. Aber ich würde gern wissen, was da gerade passiert ist. Ich würde gern wissen, was diese nichtssagende Phrase: »Der Glaube an Jesus Christus ist die Liebe«, die für mich an Abgedroschenheit kaum zu überbieten ist und deren Wahrheit ich trotzdem soeben erlebt habe, bedeutet. Warum sie funktioniert.

Eigentlich bin ich im Fernsehgeschäft zu Hause, ich bin Dokumentarfilm-Regisseurin. In dieser Funktion sowie aus Fernweh und einem unbestimmten Überdruss an meiner eigenen Welt bin ich schon immer unterwegs gewesen, nicht nur bei den Yanomami-Indianern in Brasilien, sondern auch in der Mongolei, in China, auf den Salomonen, im Iran und in vielen für uns entlegenen Gegenden dieser Erde. Ich habe unter anderem mit dem Dalai Lama, einem Sufimeister, mit Codomblé-Priestern, indianischen Schamanen, Hindu-Gurus und zahlreichen anderen spirituellen Meistern gesprochen. Keine dieser Begegnungen erschien mir damals exotisch oder gar absonderlich, *strange*, wie es im Jargon meiner Branche heißt. Und wann immer ich auf Großstadtpartys, Filmfestivals und anderen zumeist oberflächlichen *Get-togethers* von solchen Begegnungen erzählte, stieg für den Abend im Rudel mein Rang, mein Marktwert.

Und jetzt also eine Fernsehserie über die sechs großen katholischen Orden: Benediktiner, Zisterzienser, Franziskaner, Augustiner, Dominikaner und Jesuiten. Eine Auftragsarbeit war es beileibe nicht, ganz im Gegenteil. Die persönliche Neugier hat mich getrieben, von Anfang an. Wieder einmal nach dem Fremden, aber diesmal praktisch bei mir vor der Haustür. Neu war allerdings, dass ich diesmal mit einer gehörigen Portion gesunden Misstrauens gewappnet war, was ich mir jedoch als die gesunde Objektivität der Filmemacherin zurechtgelegt hatte.

Schon seit einigen Jahren verfolge ich diese Idee, habe immer wieder vorrecherchiert, Treatments geschrieben und schließlich versucht, einen Sender dafür zu begeistern. Gar nicht so einfach, wie sich herausstellen sollte. Jetzt hat es geklappt. Aber bei einer Fete mit meiner Peergroup werde ich damit wohl kaum reüssieren können. Katholische Mönche und Nonnen? Klöster und so?

Wie kommt es eigentlich, dass vielen von uns heute jede alte und auch neue, jede fremde und vor allem jede »Wellness«-Religion normaler, salonfähiger vorkommt als ein katholischer Orden? Dass ein Mönch aus Tibet geradezu sexy wirkt, einer aus Birma beinahe wie Che Guevara, ein Franziskaner aber wie ein fleischgewordener Anachronismus? Warum lachen alle Umstehenden ungehemmt mit, wenn irgendein Filmproduzent dröhnt: »Ich bin doch nicht Mutter Teresa«?

Was ist mit uns passiert?

Hier beginnt meine Abenteuerreise hinein in eine »Parallelgesellschaft«, die manchen von uns nicht fremder sein könnte als der Hausbesuch bei jemenitischen Asylbewerbern. Nur ist diese Parallelgesellschaft eine, ohne die der Großteil unserer heutigen Kultur, unseres Wissens und unserer Werte gar nicht vorstellbar wäre. Und die, auch wenn die meisten das gar nicht merken, nach wie vor mitten unter uns wirkt.

Mir jedenfalls sind diese Menschen nahegekommen, näher, als mir anfangs lieb war. Und sie haben mich verändert. Nicht radikal, sondern eher ganz leise, beinahe ohne dass ich es zunächst registrierte. Natürlich bin ich danach nicht ins Kloster gegangen, sondern bin immer noch ein funktionstüchtiges Mitglied der Säkulargesellschaft. Aber ich glaube, ich begegne meinen Mitmenschen heute ein wenig anders als früher. Vielleicht demütiger. Hoffentlich. Denn erst, wenn man sich an die Fähigkeit zur Demut erinnert, werden andere Dinge überhaupt möglich: Zuwendung, Barmherzigkeit, Gnade, Nächstenliebe, Liebe überhaupt. Und Heiterkeit. Nicht Fun, Party, gute Laune, Ausgelassenheit. Lauter Dinge also, die wir eigentlich alle so gern hätten und die doch auf dem Markt der »Normalos« und »Realos« so schwer zu bekommen sind. Und Demut, das habe ich gelernt, ist auch die Fähigkeit, sich selbst buchstäblich auf den Arm zu nehmen – ohne dabei unbedingt einen Witz zu machen.

Es wurde tatsächlich eine Abenteuerreise. Dabei war ich nie in erkennbarer Lebensgefahr (außer wenn meine Assistentin am Steuer saß), wurde weder bedroht noch ausgeraubt noch musste ich mich feindseliger Eingeborener erwehren. Abenteuerlich war, dass ich als zwar neugierige, aber innerlich doch unbeteiligte Chronistin gestartet bin und unterwegs gezwungen wurde, mich berühren zu lassen. Es ging nicht anders.

## 2. Vor der Haustür

Ich werde Patentante. Meine Freundin Brigitte, stolze Mutter zweier Kinder, hat mich darum gebeten, und ich freue mich riesig. Als ewig Reisende pflege ich nur wenige wirklich feste Freundschaften. Da zählen nur die, die auch nach einem halben Jahr Abwesenheit genau dort wieder anknüpfen, wo man mit ihnen aufgehört hat. Brigitte ist so eine Freundin. Ihre Tochter heißt Solenne und soll in einer kleinen Kapelle am Ammersee getauft werden, die sich nur ein paar Meter von meiner Wohnung entfernt befindet. Das ist schon mal praktisch, auch wenn wohl kaum ein größeres Besäufnis zu erwarten ist. Dass ich gar nicht katholisch bin, scheint kein Problem zu sein. Die Pfarrer von heute sind wohl Kummer gewöhnt und müssen sich wie alle anderen auch dem Gesetz von Angebot und Nachfrage unterwerfen. Vorher ist mir ein bisschen kribbelig zumute. Patentante – da hat man ja auch irgendwie Verantwortung, wenn man nicht nur Schenktante sein will.

Doch allen guten Vorsätzen zum Trotz berührt mich das eigentliche Taufritual dann doch herzlich wenig, anders als den Kindsvater, der als echter Katholik jedes Wort des Pfarrers aufsaugt und schon in heftiger Zustimmung nickt, als dieser erst beim *Wir sind heute hier zusammengekommen …* ist. Die kleine Solenne benimmt sich ganz tadellos auf meinem Arm. Sowohl die erste kalte Dusche ihres Lebens als auch die in experimenteller Dissonanz vorgetragenen Kirchenlieder der Taufgemeinde erträgt sie mit stoischem Gleichmut. Ganz die Patentante! Doch obwohl ich mich *wirklich* bemühe, aus der natürlich heiteren Predigt einen Sinn herauszuhören, will es einfach nicht gelingen. Bald bin ich ganz woanders.

Ist das die fehlende Gewohnheit in Kirchendingen? Oder bin ich durch meinen Beruf inzwischen einfach so geeicht, dass ich eher den großen Effekt brauche? Für die Kamera, die sich ansonsten meistens zwischen mir und dem Ereignis befindet, gibt das hier jedenfalls nicht viel her – außer für Brigittes Freund natürlich, gleich schwenkt er vermutlich noch eine Wunderkerze oder sein Bic. Für mich dagegen ist es bald nur noch eine gedankliche Sequenz aus Totalen, Halbtotalen, Halbnahen und Großaufnahmen. Berufskrankheit. Aber Brigitte weiß bestimmt, was sie tut. Sie ist ja nicht umsonst meine Freundin.

Seit einigen Tagen habe ich einen wunderbaren Auftrag in der Tasche, und da auch für Leute wie mich die Zeiten nicht gerade rosig sind, bin ich dankbar dafür, schließlich bedeutet es ein ganzes Jahr lang gut bezahlte Arbeit. Und interessante dazu, da habe ich auch schon ganz anderes erlebt. Als vor ein paar Jahren wegen der Kirch-Pleite die Hütte brannte, haben die Leute im Filmgeschäft reihenweise ihre Jobs verloren, sämtliche Türen knallten zu. Laufend riefen Kamera-, Tonleute und sogar Cutter bei mir an, ob ich nicht was hätte oder was wüsste. Dabei konnte ich mich selbst noch glücklich schätzen – ich war Regisseurin bei »Verbotene Liebe«. Was will man mehr?

Und während ich mit der kleinen Gemeinde – mein Patenkind gehört jetzt dazu – dem Ausgang zustrebe, fällt mir ein: Mensch, *Verbotene Liebe,* das wäre mal ein cooler Titel für eine Telenovela hinter Klostermauern. Aber eigentlich bin ich ja zu Höherem berufen. Eigentlich mache ich nämlich Dokumentarfilme. Bitte merken.

Diesmal geht es allerdings nicht wie gewohnt in die Thaklamakan, die Gobi, an den Amazonas oder auf den Himalaja. Nein, diesmal bleibe ich daheim, im eigenen Kulturkreis. Das hat natürlich auch seine Vorteile. Keine Impfungen gegen Gelbfieber und Wundstarrkrampf, keine Malariatabletten, die man wochenlang vorher nehmen muss und die einen leicht depressiv machen. Nein, für meine Verhältnisse bleibe ich in der Umgebung, das heißt Deutschland und ein bisschen Europa. Aber interessiert das überhaupt jemanden? Das Feedback aus dem Freundes- und Bekanntenkreis ist erstaunlich unterschiedlich. Einige gratulieren mir, muss doch spannend sein für mich, die ich nicht gerade eine strenggläubige Christin bin. Andere gähnen. Das ist ja wie ein Jahr im Museum drehen. Meine Mutter, eine Kunstbeflissene, hofft in erster Linie, dass die vielen Klosterbesuche meinem Architekturverständnis auf die Sprünge helfen werden. Und dass ich mich dabei im feuchten Gemäuer nicht verkühle.

In keinem anderen deutschen Bundesland gibt es so viele Klöster wie in Bayern, meiner Heimat oder besser gesagt dem Landstrich, wo ich geboren wurde und auch heute noch lebe, in einer Wohngemeinschaft mit meinem Partner Ludwig, unserem gemeinsamen Freund Martin und meiner Hündin Marnie. Laufend stolpern wir am Ammersee über Touristen.Von denen macht kaum einer Urlaub im Alpenland, ohne wenigstens einmal hier bei uns im sogenannten Pfaffenwinkel oder sonst wo im Freistaat ein Kloster besichtigt zu haben, und sei es auch nur wegen des Biergartens.

Das ist insofern verwunderlich, als es noch vor 200 Jahren in ganz Bayern keinen offiziell zugelassenen Konvent mehr gab. Ende des 18. Jahrhunderts, die meisten Klöster Europas sonnten sich noch im Barock, wurde ihnen fast der

Todesstoß versetzt. Das Ende der Monarchie bedeutete auch das Ende der Einheit von Kirche und Staat. Am schlimmsten traf es die berühmteste und größte Benediktinerabtei Cluny in Frankreich, die bis auf die Grundmauern niedergerissen wurde. Sämtliche Besitztümer und Ländereien fielen damals dem Staat zu. Säkularisierung. Unter Napoleon fand zwar wieder eine langsame Renaissance statt, denn der wollte ja vom Papst zum Kaiser gekrönt werden und musste sich deshalb als einigermaßen guter Katholik geben. Das änderte allerdings nichts daran, dass im Zuge der Napoleonischen Eroberungskriege auch fortan Eigentum und Ländereien der Klöster weiter verscherbelt wurden, um die Kriegskasse aufzubessern. Und nicht nur das. Bücher und Kunstbestände wurden verschleudert oder schlichtweg vernichtet, wertvolle mittelalterliche Handschriften den staatlichen Bibliotheken einverleibt. Plötzlich erschien den Intellektuellen und auch den Politikern das Mönchstum als eine widernatürliche Lebensform, wider die Vernunft, wider die Natur und wider die Menschenrechte. In den Augen der aufgeklärten Welt lebten in den Klöstern nur Müßiggänger, die unverdient über ausgedehnten Grundbesitz und kostspielige, herrschaftliche Bauten verfügten.

Auch hinter den Klostermauern selbst hinterließ das neue Denken bei vielen jungen Mönchen und Nonnen seine Spuren. Das regelmäßige Chorgebet wurde zur lästigen Pflicht, die keinen geistlichen Gewinn mehr brachte. Kaiser Joseph II. verbot es sogar, weil es gesundheitsschädigend sei. In Deutschland sorgte Bismarck während des Kulturkampfes, der schließlich zur endgültigen Trennung zwischen Staat und Kirche führte, für die Schließung von 180 Klöstern. Auch Bayern blieb nicht verschont. Doch wie auch viele Jahre später bei unserem erst kürzlich heiß diskutierten Rauchverbot, sollte sich auch in puncto Klöster schließlich am Ende zeigen, dass, wenn dem Bayern etwas heilig ist, es ihm eben heilig ist. Gottlob irgendwie.

Tja, und deshalb gibt es heute nicht nur dort, sondern inzwischen wieder überall jene Bauten, die manche auch als Disney-Klöster bezeichnen.

Eines davon ist die Erzabtei St. Ottilien, an der ich oft vorbeikomme, wenn Marnie Auslauf braucht.

Hier, im Stammhaus der weltweit tätigen Missionsbenediktiner, war Notker Wolf vor seiner Wahl zum Abtprimas in Rom der Erzabt. Dass ich in solch prominenter Nachbarschaft lebte, war mir bis zu den Filmrecherchen gar nicht bewusst, sonst hätte ich schon früher mal geklingelt. Notger Wolf ist nämlich mittlerweile der oberste Repräsentant der benediktinischen Konföderation in Rom und ein regelrechter Popstar, und nicht nur, weil er noch mit 67 Lenzen in seiner Band »Feedback«, die sich (musikalisch) an AC/DC und den Rolling Stones orientiert, die E-Gitarre spielt. Außerdem vertritt er die Interessen der insgesamt 7 500 Benediktiner und 17 100 Benediktinerinnen beim Heiligen Stuhl, leitet das Primatialkloster San Anselmo in Rom und ist Großkanzler der päpstlichen Hochschule. Außerdem meldet er sich gern in der Öffentlichkeit zu Wort und plädiert bei Gottschalk oder Maischberger für mehr Eigenverantwortung des Einzelnen oder kritisiert überbezahltes Management und Profitmaximierung.

Meine Reise fängt also zu Fuß an. Es ist ein später Frühlingsnachmittag, anheimelnder Jauchegeruch liegt in der Luft. Das Kloster, besser gesagt das Klosterdorf, ist von zwei Seiten von einer hohen Mauer umgeben. Dahinter befinden sich Gymnasium, Exerzitien- und Gästehäuser, ein kleiner Verlag, zahlreiche Werkstätten und landwirtschaftliche Betriebe. Sogar einen eigenen kleinen Bahnhof hat das

Kloster, in dem ich eine Wandmalerei entdecke, die Benediktiner beim Aufbruch hinaus in die Welt zeigt. Von den immerhin 200 Mönchen, die zu der Kongregation der Missionsbenediktiner von St. Ottilien gehören, ist allerdings weit und breit keiner zu sehen.

Als ich näher komme, höre ich aus der Kirche Männergesang. Aha, offensichtlich doch jemand zu Hause. Die Mönche feiern gerade die Vesper, eines der fünf Chorgebete, die den benediktinischen Tag unterteilen. Dieser Orden hat seine eigene Formel für ein ausgeglichenes Leben gefunden, sie heißt *ora et labora*. Bete und arbeite, ein vernünftiges Verhältnis zwischen äußerer Aktivität und dem inneren Gespräch mit Gott. Kennt jeder. Aber versteht das auch jeder?

Vorsichtig öffne ich die schwere, hölzerne Kirchentüre. Meine Güte, was für eine Akustik. Um die zwanzig Mönche stehen auf beiden Seiten des Chorgestühls und singen einander in lateinischer Sprache an. Einstimmig, *a capella*, rhythmisch, dynamisch, ohne irgendeine instrumentale Begleitung. Die Texte sind, so viel weiß ich mittlerweile, vornehmlich den Psalmen entnommen.

Da der Gesprächstermin mit dem Nachfolger von Notker Wolf, dem gegenwärtigen Erzabt Jeremias Schröder, erst in einer halben Stunde stattfinden soll, kann ich mir Zeit lassen. Die Kirchenbänke sind fast leer, nur ganz vorne sitzen zwei alte Weiblein. Warum eigentlich? Das ist doch ein Super-Konzert, noch dazu für Gotteslohn, also umsonst. Ich setze mich in die letzte Reihe und schließe die Augen.

Der gregorianische Choral, dem ich zuhöre, ist benannt nach dem im Jahre 604 geborenen Papst Gregor dem Großen. Mittlerweile ist man sich ziemlich einig, dass er nicht etwa der Komponist dieser Gesänge war, wohl aber ihr größter Förderer. Die vorher nur mündlich tradierten Melodien wurden erst im 9. Jahrhundert aufgeschrieben. Wenn auch Papst Gregor als Manager der nach ihm benannten

Gesänge zu Lebzeiten künstlerisch nie so einflussreich wurde wie etwa Brian Epstein bei den Beatles, verdanken wir ihm doch unser Wissen über die Gründungsgeschichte der Benediktiner. Denn Gregor war auch der erste Biograf jenes Benedikt, auf den sein Orden zurückgeht.

Benedikt (*bene dictus*, der Gesegnete) wurde gegen Ende des fünften Jahrhunderts als Sohn eines Landadeligen in der süditalienischen Stadt Norcia geboren. Die Zeiten waren damals – wir werden noch sehen, dass dies auf beinahe jede Ordensgründung zutrifft – nicht gerade die besten. Gewaltige Trecks von Germanen und Goten besiegelten während der großen Völkerwanderungen den Untergang des Römischen Reiches und drohten die gesamte abendländische Kultur mit in den Abgrund zu reißen.

Benedikt dagegen machte sich zunächst noch einen Lenz als Student der Rhetorik in Rom. Doch schon bald wurde dem jungen Mann bewusst, dass man die desolate Welt seiner Zeit nicht allein durch schöne Reden in Ordnung bringen konnte. Es galt, dem Geist der Zeit eine andere Lebensart entgegenzusetzen. Und so flüchtete er in die Berge bei Subiaco und führte dort in einer Höhle das Leben eines Eremiten.

Als Vorbild dienten ihm die Wüstenväter, die eigentlichen Begründer des christlichen Mönchstums. Während der grausamen Christenverfolgungen unter Diokletian flüchteten Anfang des 4. Jahrhunderts viele gläubige Christen in abgelegene Gegenden, um nicht in römischen Arenen den Löwen zur Speise vorgesetzt zu werden. Später wurde ihnen dies als Feigheit vorgeworfen, und so stilisierten sie sich selbst zu Märtyrern, deren schweres Los nicht etwa die Hinrichtungsstätten des römischen Reiches gewesen waren, sondern die Abtötung der eigenen Bedürfnisse in einer menschenfeindlichen Wüste. Hier fasteten und meditierten sie in verlassenen Gräbern oder Höhlen und versuchten fernab jeglicher Zivilisation, eine Verbindung zu Gott herzustellen.

Solche Asketen sind mir in anderen Kulturen schon oft begegnet. Indische Sadhus, die jedes Schmerzgefühl überwunden haben, oder auch schiitische Sufis, die sich, ohne zu bluten, Pfeile durch das Gesicht stechen können, haben mich aber nie wirklich beeindruckt. Askese und jahrelange Konzentration mögen ja erstaunliche Fähigkeiten zutage fördern, aber wird man dadurch ein besserer Mensch?

Benedikt offensichtlich schon. Er kämpfte drei Jahre lang nicht nur gegen Hunger, Durst, Kälte und Einsamkeit an, sondern auch gegen die lockenden Versuchungen, die ihn immer wieder heimsuchten und von seinem Vorhaben abbringen wollten. Berühmt ist die Legende vom Dornbusch, in den er sich warf, als ihn die Sehnsucht nach weiblichen Reizen so sehr überkam, dass er keine andere Lösung mehr wusste, als sie im Schmerz zu ersticken. Und ewig lockt das Weib.

Eine kleine Bruderschaft, die damals in der Nähe lebte, hatte von dem Eremiten gehört und bat ihn, ihr Anführer zu werden. Benedikt fühlte sich geehrt und sagte zu, ohne zu ahnen, was er sich da eingebrockt hatte. Wie schon gesagt, es war allgemein eine wilde Zeit, und bei den neuen Mitbrüdern ging es wahrscheinlich ähnlich zu wie bei besagten Vandalen, sie kannten weder Ordnung noch gutes Benehmen. Benedikt dagegen hatte in seiner dreijährigen Auszeit eine hohe Selbstdisziplin entwickelt und sehr klare Vorstellungen davon, wie sein Tagesablauf geregelt sein sollte. Prompt gab es Zoff, und zwar einen derartigen, dass die Mitbrüder kurzerhand beschlossen, ihren unbequemen Abt zu vergiften. Zuerst versuchten sie es mit einem präparierten Stück Brot, das ihm aber im letzten Moment von einem Raben aus der Hand geschnappt wurde. Dann mit Wein, doch der Hasenfuß, der Benedikt den Becher reichen sollte, ließ ihn aus Angst fallen.

Solcherlei Wunderlegenden begegnen einem in der antiken christlichen Glaubenswelt überall. Über den historischen Benedikt dagegen wissen wir fast nichts. Als Papst Gregor zur Feder griff, war Benedikt längst tot. Und ihm lag sicher mehr daran, eine strahlende Heiligenfigur zu schaffen, die in den dunklen Zeiten des Niedergangs der römischen Welt ein Lichtlein brennen ließ, als einen Tatsachenbericht zu verfassen.

Nachdem Benedikt also mehrmals knapp dem Tod entronnen war, beschloss er, auf eigene Faust tätig zu werden. Er zog mit einigen Getreuen nach Süden und gründete auf dem Monte Cassino ein Kloster, das bis heute als Mutterkloster der Benediktiner gilt. Pfusch am Bau gab es damals schon, besonders, wenn ungeübte Mönche zu Werke gingen. Und als wieder einmal die Hälfte des Klosters in sich zusammenfiel, soll Benedikt einen frustrierten Polier sinngemäß mit den Worten getröstet haben:

*Komm, sei nicht traurig. Geh wieder an die Arbeit. Zusammen schaffen wir das schon.*

In dieser schlichten Aussage lag ein Neuanfang inmitten einer Zeit der Hoffnungslosigkeit. Das menschliche Miteinander war der neue Ansatz. Gemeinsamkeit in sinnvoller Arbeit und gegenseitigem Zuspruch.

Auf dem Monte Cassino schrieb Benedikt auch seine *Regula Benedictina,* die bis heute die Grundlage des Ordens bildet. Der Umgang miteinander wurde hier ebenso festgelegt wie der Tagesablauf, der aus Arbeit und Gebet bestand. Und nach 20 Jahren Wohngemeinschaft kann ich nur sagen, der Mann hatte recht. Regeln helfen. Der Wille zur Ordnung sorgte aber nicht nur dafür, dass immer einer den

Müll rausbrachte, sondern wurde zu einem der entscheidenden Anliegen zur Erneuerung des Abendlandes. Allerdings keine starre Ordnung sollte es sein, sondern eine, die sich immer wieder den neuen Gegebenheiten der Zeit anpassen konnte. Diese hing jedoch von einem weiteren Grundsatz der Regel ab, nämlich dem »rechten Maß«.

Die maßvolle Haltung Benedikts stand in einem so auffälligen Kontrast zu der asketischen Strenge seiner Zeit, dass sie als eine Revolution des Mönchtums gilt. Sie hat nichts mit Sparsamkeit oder Verzicht zu tun, sondern mit einem sinnvollen Gefühl für Selbstbeschränkung und Einsicht in die Unvollkommenheit. Dem göttlichen Ordnungswillen und dem rechten Maß steht die Maßlosigkeit gegenüber, von der sich so viele Menschen angezogen fühlen, die aber im Chaos endet. Daran hat sich bis heute leider nichts geändert.

Weshalb aber eine wie ich nie und nimmer in einen Benediktinerorden eintreten könnte, selbst wenn ich alle anderen Voraussetzungen erfüllen würde, das liegt an der Regel *stabilitas loci*, hinter der sich eine weise Erkenntnis verbirgt, die aber tödlich ist für alle, die Hummeln im Hintern haben. Benedikt hegte eine tiefe Abneigung gegen Mönche, die ständig von einem Kloster zum anderen wechselten und nirgendwo Fuß fassen konnten. Nach benediktinischer Auffassung ist Beständigkeit auch ein innerer Zustand, der Charakterstärke und Entschlossenheit zum Ausdruck bringt. Damals, in jenen unruhigen Zeiten, wo kaum ein Stein auf dem anderen blieb (außer, nach langem Herumbasteln, auf dem Monte Cassino), war das etwas Neues und Erstrebenswertes. Heute haben wir das alles vergessen – ich allen voran. *Go west, young woman!* Und natürlich erst recht *east. Far east.*

Der letzte Ton ist verklungen. Die Mönche klappen ihre Gesangbücher zu und verlassen schweigend das Chorgestühl. Auch der Abt ist dabei. Ich habe sein Foto schon im Internet gesehen, und da war er mir auf den ersten Blick sympathisch. Ein Benediktiner, wie man ihn sich vorstellt: wohlgenährt, stattlich und mit einem herzlichen Lächeln. Wenige Minuten später sitze ich ihm in seinem gemütlich altmodischen Besucherzimmer gegenüber. Das Gespräch fängt gleich mit einer Überraschung an. Irgendwie ist Jeremias Schröder mein Nachname geläufig. Eigentlich kann das gar nicht sein, aber trotzdem schwillt mir die Brust. Bestimmt kennt er mich von einem meiner Filme, woher denn sonst? Doch dann fragt er: »Sind sie möglicherweise verwandt mit Heiner Aernecke?«

Es stellt sich heraus, dass der Abt sich früher auf dem Schulhof in Mindelheim mit meinem Halbbruder gekloppt hat. Auch meinen Vater kannte er gut, an dessen laute und strenge Seemannsstimme er sich noch lebhaft erinnert. An beide lässt er herzliche Grüße ausrichten.

Und an beide werde ich sie nicht mehr weitergeben können. Mein Vater ist schon lange tot. Und inzwischen auch mein Bruder, er kam vor einigen Jahren bei einem Tauchunfall ums Leben. Wenn man erst einmal richtig hinschaut, gibt es so viele Tote um einen. Und ich bin selbst verblüfft, wie nahe mir das ganz plötzlich geht. Das war doch alles schon vor Ewigkeiten weggepackt. Jetzt bloß nichts Unprofessionelles, keine Tränen oder so. Aber diese Ordensleute mit ihrer freundlichen, intensiven Art haben ein sagenhaftes Talent, einem den Kitt rauszukratzen, ob sie es wollen oder nicht.

Es geht im gleichen vertrauten Ton weiter. Damit hatte ich nun überhaupt nicht gerechnet, schon gar nicht bei meinem ersten Recherchetermin. Beinahe wie einer alten Freundin erzählt mir Abt Jeremias von seiner eigenen Jugend, dabei haben wir uns doch gerade erst kennengelernt. Wie schwer es damals für seine Eltern gewesen ist, als er ins Kloster ging. Und auch später, als er schon auf der »anderen Seite« war, hätte er immer wieder erlebt, wie verzweifelte Mütter an den Klostertoren rüttelten und ihre Söhne zurück wollten. Schlimme Szenen, sagt er.

Wie das wohl wäre, wenn ich ein Kind hätte, nur eins, und das würde mir eines Tages eröffnen, dass es ins Kloster geht. Einfach weg. Für Gott! Ein Exfreund von mir – es gibt da ein paar, aber so lang ist die Liste nun auch wieder nicht, obwohl mich neuerdings das ungute Gefühl beschleicht, es könnte einen neuen Eintrag beziehungsweise Austrag geben – nun gut, jedenfalls stand jener Exfreund mit seinem Sohn auch einmal vor genau dieser Situation und wurde nur sehr schwer damit fertig. Irgendwann hat er dann aber eingesehen, dass der Junge seinen eigenen Weg gehen muss. Ich habe ihn damals sehr dafür bewundert, aber genutzt hat es mir trotzdem nichts, denn auch der Papa musste kurz darauf seinen eigenen Weg gehen. Selber hatte er übrigens kein Problem damit, andere Menschen abzukoppeln, aber wehe, einer wagte es, ihn zu verlassen – und sei es für die Benediktiner. Der damalige Novize ist übrigens inzwischen längst wieder ausgetreten und hat sich stattdessen dem japanischen Zen zugewandt.

Hier in St. Ottilien, reißt mich Abt Jeremias aus meinen Gedanken, gibt es derzeit um die 20 Novizen. Allerdings sind die meisten aus China. Sie lernen hier von der Pike auf alles, was zum benediktinischen Mönchstum gehört, und kehren dann wieder in ihre Heimat zurück, um dort möglicherweise selbst Klöster zu gründen. In China? Ich bin erstaunt. Doch Abt Jeremias meint, gerade die chinesische Kultur, die extrem auf Ordnung und Struktur aufbaut, ist mit der Ordensregel recht kompatibel. Es gebe Länder, sagt er, wo das benediktinische Mönchtum viel schwerer Wurzeln schlägt, zum Beispiel in Südamerika. Dort sei es für angehende Mönche nicht einfach, die *stabilitas loci* zu leben, die zum benediktinischen Leben nun eben einmal dazugehört. Kann ich mir gut vorstellen. Solche Beharrlichkeit, Verlässlichkeit und Regelmäßigkeit passt nicht so ganz zum Land der heißen Rhythmen und des faulen Lebens unter Kokospalmen am Strand.

Auch Afrika hat seine ganz eigene Situation, lerne ich. Die Menschen dort haben eine enge Bindung an ihre Sippen und Familien, viel stärker als bei uns. Und das macht es erst recht nicht leicht, sich mit Haut und Haaren einer neuen Gemeinschaft zu übergeben.

Aber warum muss man das denn auch überhaupt? In mir keimt Widerstand auf. Soll doch jeder seine kulturelle Identität behalten, in die er hineingeboren ist.

»Nehmen sie zum Beispiel den Geisterglauben«, entgegnet Abt Jeremias, »der macht die Menschen unfrei. Noch heute leben gerade in Afrika viele Menschen in großer Furcht vor Magie und Zauberei. Der christliche Glaube hat hier eine starke Befreiungskraft, er befreit die Menschen von falschen Anhänglichkeiten und Bindungen.«

Schön und gut. Aber darf eine Kultur wirklich die andere beurteilen und sogar korrigieren? Ich bin mir da nicht sicher. Auch wenn das mit dem Geisterglauben natürlich einleuchtet.

»Die heutige Mission versucht, andere Kulturen respektvoll zu erkennen«, legt der Abt nach, »und gibt den Menschen Kraft, das, was an einer Kultur bewahrenswert ist, auch weiterzutragen in eine neue Zeit hinein. Gerade durch die Mission wurde oft die Identität einer Kultur so gefestigt, dass sie auch Bestand hat in einer sich globalisierenden Welt.«

Stop! Da stimmt doch was nicht. Was ist eigentlich mit der *stabilitas loci*? Hatte Benedikt nicht ausdrücklich gesagt, die Mönche sollten zu Hause bleiben und sich um ihren eigenen Kram kümmern? Abt Jeremias lacht und erklärt mir dann geduldig, dass die Missionsbenediktiner von Ottilien 1887 in einer Zeit gegründet wurden, als der deutsche Kolonialgeist gerade erwacht war. Und ihr Gründer, ein gewisser Andreas Amrhein, wollte das traditionelle benediktinische Leben mit der aufflammenden Missionstätigkeit jener Zeit verbinden. Er hatte die Vision, dass kein Mensch sterben sollte ohne je von Jesus Christus gehört zu haben, und schickte seine Mönche in die damals deutsche Kolonie Ostafrika, wo benediktinische Missionsabteien Zentren der Glaubensverbreitung und der kulturellen Entwicklung wurden. Doch die ursprüngliche Regel gilt auch dort. Ein benediktinischer Missionar bleibt sein Leben lang vor Ort, außer er wird krank oder macht ein paar Wochen Heimaturlaub.

Die Mission in den sogenannten benachteiligten Ländern ist für Abt Jeremias jedoch gar nicht das Kernproblem. Viel dramatischer sieht er die Entwicklung in der europäischen Heimat, wo das benediktinische Mönchtum eigentlich zu Hause ist und wo wir einen massiven Glaubensverfall erleben. Für ihn ist Europa inzwischen zum Missionskontinent Nummer eins geworden – ein Kontinent, auf dem man sich bemühen muss, den Glauben wieder aktiv den Menschen anzubieten. Viele misstrauen heute einer abstrakten Bürokratie und großen Strukturen, sie fühlen sich eher zu einzelnen Menschen hingezogen, die bereit sind, auch als Zeugen für ihre eigene Überzeugung einzutreten. Und Klöster sind eben Orte, wo christliche Gemeinschaft gelebt und erlebt werden kann. Deshalb können Orden tatsächlich etwas anbieten, was vielleicht anderen Organisationen schwerer fällt, hofft Abt Jeremias. Und vielleicht hat er sogar recht.

Bevor ich das Klosterareal verlasse, will ich mir noch das Missionsmuseum anschauen, das ziemlich einzigartig sein soll. Es liegt direkt im Schatten der Kirche. Hier scheint die Zeit stehen geblieben zu sein, und ich fühle mich sofort in meine Schulzeit zurückversetzt, wo man noch obligatorische Ausflüge ins Museum machte und in Zweierreihen an den Händen gefasst möglichst still und andächtig an den Exponaten vorbeigehen musste. In Glasvitrinen aus den 20er-Jahren sieht man ausgestopfte Zebras und Leoparden, die von der Form her allerdings mehr bayerischen Bauernrössern und den dazugehörigen Hofhunden ähneln. Aus Afrika kamen natürlich nur die Felle, und die bayerischen Präparatoren von damals konnten eben auch nicht aus ihrer Haut. Wer war Anfang des letzten Jahrhunderts schon in Afrika gewesen? Trotzdem ist die Ausstellung beeindruckend, besonders die Sammlung giftiger Schlangen und Skorpione, die, in Spiritus eingelegt, nun schon seit über 100 Jahren die Zeit überdauern.

Seit Anbeginn der Missionsarbeit schickten Missionsbenediktiner aus Süd- und Ostafrika, Korea und der Mandschurei zoologische und ethnologische Stücke an ihr Ordenshaus, was uns heute seltene Einblicke in afrikanische Stammesreligionen, Ahnenkulte und Zauberei sowie in die Bräuche des Buddhismus ermöglicht. Und das mitten in einem Benediktinerkloster.

Bruder Arnold, der schon seit über 40 Jahren für das Museum zuständig ist, ist zu Recht stolz auf seine einzigartige Sammlung. Er erzählt mir, dass ihn vor Kurzem afrikanische Mitbrüder besucht haben, die völlig begeistert waren, fernab der Heimat ein eigenes Heimatmuseum vorzufinden. Viele der Gegenstände – zum Beispiel Ritualobjekte, aber auch Handwerkszeug für den alltäglichen Gebrauch – gibt es bei ihnen zu Hause längst nicht mehr, und kein Mensch kümmert sich in Tansania darum, sie in irgendwelchen Museen für die Nachwelt zu erhalten. Im Gegenteil, alles lechzt nach Modernem, also dem Zeug, das wir von hier eingeschleppt haben und immer noch einschleppen.

Die Benediktiner waren oft die ersten Ethnologen, die sich überhaupt bemühten, die Geschichte einzelner Stämme zu erforschen, die Sprachen zu lernen und aufzuschreiben. Viele sind längst ausgestorben und der Wissenschaft heute nur durch die damalige Arbeit der Missionare erhalten.

Ich bin ehrlich beeindruckt.

Als ich mich schließlich auf den Rückweg mache, drehe ich mich noch einmal um und blicke lange zurück auf St. Ottilien mit seinem neogotischen Kirchturm und den weitläufigen Klostergebäuden. Ist bestimmt alles andere als ein Disney-Kloster, denke ich. Komisch, dass ich vorher noch nie hingegangen bin. Noch keine 150 Jahre ist es her, dass Pater Andreas hier gegen alle Widerstände seines eigenen Ordens eine Klosterneugründung verwirklicht hatte. Wo nehmen solche Menschen nur ihre Kraft her?

Hunderte von Missionaren sind von hier aus in die entlegensten Winkel der Welt aufgebrochen, um den Menschen zu helfen, ein besseres Leben zu gestalten – und ihnen natürlich von Gott zu erzählen, dem einzig wahren Gott. Aber aus dem Missionseifer der Kolonialzeit, die »Wilden« zu bekehren, ist längst eine Mission der Nächstenliebe und des Mitgefühls geworden – praktiziertes Christentum eben. Die Lebensbedingungen verbessern, Krankenhäuser, Schulen, Brunnen bauen. Vielleicht ist auch ein bisschen Abenteuerlust dabei. Und die ist mir nicht fremd. Ich habe ja selbst unruhiges Blut, Fernweh, wollte immer die weite Welt sehen.

Seit Langem muss ich zum ersten Mal daran denken, wie meine eigene Lebensreise angefangen hat. Das liegt daran, dass Abt Jeremias die Erinnerungen an meinen Vater wieder heraufbeschworen hat. Dabei wollte er nur nett sein, und das war er ja auch. Aber plötzlich merke ich, dass dieses Filmprojekt auch mich ganz persönlich betreffen könnte. So war das überhaupt nicht geplant.

# 3. Mein Papa selig

Als ich vor einigen Jahren die Bekanntschaft von Davi Kopenava machte, war das nicht etwa mein erster Besuch am Amazonas. Schon einmal war ich dort einem Schamanen begegnet. Mit achtzehn.

Damals wollte ich unbedingt und endgültig wissen, wo eigentlich meine andere Hälfte herkam. Für meine Mutter war dieses Kapitel in ihrem Leben offensichtlich eher unerfreulich gewesen, jedenfalls hat sie meinen Erzeuger so gut wie nie erwähnt. Außer einem Hochzeitsfoto, das ihn mit vier goldenen Streifen am Ärmel in schnieker Uniform zeigte, hatte ich keinerlei Vorstellung von ihm. Besser gesagt, ich hatte einen Haufen Vorstellungen, aber eben nur dieses eine Foto. Und auch keinen Kontakt. Mein Vater war der große Unbekannte, der fliegende Holländer, der Seebär, der irgendwo auf den sieben Weltmeeren herumschipperte und aus für mich unbegreiflichen Gründen so gar nichts von mir und meiner Mutter wissen wollte. Trotzdem habe ich das seltsamerweise nie als persönliche Ablehnung empfunden. Der Mann kannte mich ja gar nicht.

Über das Münchner Vormundschaftsamt bekam ich den Namen der Reederei heraus, für die er seit beinahe 40 Jahren große Schiffe mit aller nur erdenklichen Fracht, von Holz über Autos bis zu Orangen, an ihre Zielorte navigierte. Als Kapitän, nichts weniger. Dort, in der Reederei, rief ich dann ziemlich nervös an. Aber die Dame am anderen Ende der Leitung war gar nicht barsch, wie ich erwartet hatte, sondern im Gegenteil sogar unheimlich freundlich. Ohne große Umschweife schlug sie mir vor, einen kurzen Brief aufzusetzen, den würde sie dann zum Schiff meines Vaters kabeln. Erst später ist mir der Gedanke gekommen, dass es möglicherweise für sie nichts Ungewöhnliches war, wenn Kinder von Seeleuten bei ihr anriefen und nach ihren Vätern forschten.

Schon zwei Tage später kam die Antwort, und zwar nicht etwa einfach so, sondern per Telegramm. Das erste Telegramm meines Lebens. (Gibt es so was heute eigentlich noch?) Mein wiedergefundener Papa, so erfuhr ich, befand sich gerade an der Ostküste Brasiliens. Kein Wunder, dass er nie angerufen hatte. Viel zu teuer. Aber jetzt war er – logo – hoch erfreut, von mir zu hören, und schlug mir sofort vor, auf seine Kosten nach Belém zu fliegen, wo er in zwei Wochen vor Anker gehen würde. Ein kurzer Check im Diercke-Atlas bestätigte mir, jawoll, Belém gibt es und es liegt auch wirklich in Ostbrasilien, an der Mündung des Amazonas. Also fliege ich da jetzt hin. Zu meinem Papa, dem Kapitän. Der bezahlt das.

Damit begann ein neues Kapitel in meinem Leben, während alte ihr Ende fanden. Endlich war ich vom mühseligen Schulalltag befreit. Außerdem zog meine Mutter gerade mit ihrem neuen Mann nach Mexiko, der dort für Siemens arbeitete. Meine Großmutter, die schon immer einen ganz besonders wichtigen Platz in meinem Leben eingenommen hatte, beschloss, ihre alten Tage in ihrem Haus in Südspanien zu verbringen. Hinter mir lag also nichts mehr und vor mir alles. Voller Erwartung und Neugier flog ich los.

Was dann kam, klingt beinahe wie Rosamunde Pilcher. Am Flughafen wartete bereits eine Limousine der Reederei auf mich, die mich zum Schiff bringen sollte. Der dunkelhäutige Chauffeur hielt direkt an der Hafeneinfahrt, und von dort konnte ich zusehen, wie das Schiff meines Vaters von einem Schlepper immer näher herangezogen wurde. Eigentlich hatte ich mich bislang für einen ziemlich coolen Teenager gehalten, aber jetzt zitterten mir doch ein bisschen die Knie, und ich hatte dieses Kribbeln in den Pobacken, das ich bis heute bekomme, wenn mir so gar nicht klar ist, wie eine Situation ausgehen wird, die ich selber herbeigeführt habe. Wie würde er sein? Würde er mich mögen? Würde ich *ihn* mögen? Und was, wenn nicht?

Der Frachter, ehrlich gesagt kein Traumschiff, sondern eine ziemliche Rostlaube, legte an. Millimetergenau. Armdicke Taue flogen durch die Luft, und von zwei verwegen aussehenden Brasilianern wurde die Gangway heruntergeklappt.

Und dann kam ER. Ein bisschen älter als auf dem Hochzeitsfoto, war ja auch klar. Aber zwei stahlblaue Augen in einem wettergegerbten Gesicht. Groß war er nicht gerade, eher zierlich wie ich. Kein mächtiger Seebär mit dunkelblauem Rollkragenpullover. Stattdessen ein weißes T-Shirt, weiße Tennisshorts und auch weiße Haare. Er musste schon über 70 sein. Breit grinsend breitete er seine Arme aus und drückte mich an sich, zum ersten Mal in meinem Leben. Wir müssen wohl schon eine Weile so dagestanden haben, als es plötzlich Applaus gab. Oben an der Reling des Schiffs standen mindestens 30 neugierige Matrosen aufgereiht und klatschten.

Dann legte mein Vater den Arm um mich, und wir betraten das eiserne Ungetüm, das mir bald zur neuen Heimat werden sollte. Einer ambulanten Heimat, der man nicht auf Wiedersehen sagen musste, wenn man die Welt sehen wollte. Nach nur einem Tag Aufenthalt ging es von Belém den Amazonas hinauf Richtung Manaus, wo wir Holz laden sollten. Keine Ahnung, ob damals schon jemand groß von der Zerstörung der tropischen Wälder redete, jedenfalls war es bei meinem Vater kein Thema und bei mir auch nicht. An Bord des Frachters mit dem guten deutschen Namen *Hille*, der aus Kostengründen unter Panamaflagge fuhr, waren mein Vater und ich die einzigen Deutschen unter 110 wilden Kerlen von den Philippinen, den Kapverdischen Inseln, aus Indonesien, Indien, der Türkei und, und, und.

Da ich hauptsächlich mit meiner Mutter und Großmutter sowie deren zahlreichen Freundinnen in gutbürgerlichen deutschen Verhältnissen aufgewachsen war, begegnete ich den rauen Gesellen aus den entlegensten Ecken der Welt zunächst einmal mit aller gebotenen Vorsicht. Abenteuer schön und gut, aber riskieren wollte ich als propere blonde Achtzehnjährige nun auch nichts. Andererseits brannte ich vor Neugierde. Die Jungs sollten mir von den Ländern erzählten, aus denen sie kamen, von ihren Familien, ihren Schwierigkeiten, ihrer Religion – einfach alles. Und was mir am Anfang noch fremd und vielleicht ein wenig beängstigend erschienen war, bekam schnell eine immer größere Faszination.

In der kleinen Krankenkajüte, die man mir zugeteilt hatte, weil sie in der Mitte des Schiffes lag und es dort am wenigsten schaukelte, begann ich damals schon kleine Geschichten zu schreiben. Über den ersten Ingenieur, der ein Sikh war und aus religiösen Gründen noch nie seine unter einem mächtigen Turban versteckten Haare abgeschnitten hatte. Über Mehmed, den türkischen Funker, der, wenn er nicht gerade Dienst hatte, zum Sonnenuntergang seinen kleinen Gebetsteppich an Deck ausrollte und gen Mekka betete. Und jedes Mal lag Mekka woanders. Der russische Smutje in der Kombüse dagegen glaubte an gar nichts außer an den Geist des Wodkas. Und der indianische Steuermann, bei dem ich manchmal halbe Nächte auf der Brücke verbrachte, erzählte mir, während wir unter dem funkelnden

Sternenhimmel der südlichen Hemisphäre das Meer durchpflügten, von der schamanischen Welt der Tiergeister seines Stammes. Das war alles neu und höchst aufregend.

Und dann natürlich mein Vater, der viele Abende lang in seiner edlen, mit Wurzelholz getäfelten Kapitänskajüte sein Leben vor mir ausbreitete. So erfuhr ich ganz nebenbei, dass er nach meiner Mutter, die bereits seine vierte Ehefrau gewesen war, *noch* zwei andere geheiratet hatte, machte zusammen sechs. Und außerdem hatte ich – guck mal einer an – einen Halbbruder und vier Halbschwestern. Die sollte ich dann schneller kennenlernen, als uns allen lieb war, aber das kommt erst noch.

Nach mehreren Monaten – inzwischen hatte ich meine Äquatortaufe bestanden, war durch den Panamakanal geschippert, sprach schon leidlich spanisch, ein bisschen Hindi und ein paar Worte russisch – landeten wir in der Karibik. Genauer gesagt vor der Insel Santo Domingo. Hier endete die Traumreise.

Mein Vater, der sich bereits in den letzten Wochen nicht besonders gut gefühlt hatte, ließ sich für eine mehrtägige Untersuchung in ein amerikanisches Krankenhaus einweisen. Das Ergebnis war ein Schock. Krebs im Endstadium. Die Ärzte gaben ihm noch wenige Monate.

Zwei Tage später saßen wir im Flugzeug Richtung Deutschland. Mein Vater machte Witze wie eh und je, und ich versuchte über jeden zu lachen, obwohl ich eigentlich am liebsten Rotz und Wasser geheult hätte. Da hatte ich einen so großen Schatz gefunden und eine neue bewegliche Heimat gleich dazu, und jetzt sollte das alles schon wieder vorbei sein? Warum? Warum konnte nicht alles einfach immer so weitergehen? Mein Münchner Studentenapartment kam mir vor wie ein Mäuseloch. Wo war die Weite des Meeres, wo war das Leben?

Mein Vater jedenfalls genoss das Leben bis zum letzten Atemzug. Auf dem Totenbett heiratete er zum siebten Mal, diesmal seine Krankenschwester. Was für ein Frauensammler, was für ein Charmeur. Sie sei eben besonders freundlich zu ihm gewesen, hat er mir am Telefon erzählt. Tja, wenn das kein Grund zum Heiraten ist. Manchmal wünsche ich mir noch heute, ich hätte mir von seiner Sorglosigkeit eine Scheibe abschneiden können, aber ausgerechnet die hat er mir nun nicht vererbt.

Zwei Wochen später war er tot. Und drei Wochen später war ich wieder auf einem Schiff. Bei der Seebestattung meines Vaters lernte ich dann auch zum ersten Mal einige meiner Geschwister kennen, manche sahen mir sogar ähnlich. Während wir langsam den Hamburger Hafenlärm hinter uns ließen und in eine Nebelbank hineinfuhren, musste ich an die Geister und die Ahnenwelt des indianischen Steuermanns denken. Wo war mein Vater jetzt? Kommt jeder dorthin, wo er sich in seinem Leben hindenkt? Ist das Leben eine Art Vorbereitung auf den Tod? Bedeutet ein anständiges Leben tatsächlich ein angenehmeres Dasein im Jenseits? Oder ist nach dem letzten Atemzug einfach alles aus?

Ich glaube, mein Vater war nicht besonders religiös, und mir fällt erst jetzt ein, dass ich gerade darüber nie mit ihm gesprochen habe. Auch für meine Mutter und Großmutter war Religion kein wirkliches Thema, sondern einfach nur die Kirche mit ihren überholten Traditionen und überkommenen Machtstrukturen, Überbleibsel einer verstaubten Welt, die man gelegentlich bei Fronleichnams-Prozessionen als bayerische Folklore erlebte.

Plötzlich Stille. Der Motor war aus, nur das Glucksen der Elbe hörte man noch. Der Pfarrer trat vor und begann mit seiner Totenrede. Obwohl ich mich nur schwer konzentrieren konnte, fand ich das, was ich mitbekam, lächerlich, und meinen Geschwistern schien es ähnlich zu gehen. Als mein Vater mir von ihnen in seiner Kapitänskajüte erzählt hatte, hatte ich erst einmal kräftig schlucken müssen, aber als wir nun hier beisammenstanden, war ich ihm dankbar. Schon als kleines Mädchen hatte ich mich in meiner Fantasie oft in eine Großfamilie hineingeträumt.

Dann wurde die Urne geöffnet, und der Wind nahm die Asche meines Vaters mit. Keiner sagte mehr etwas. Ich fühlte mich eigentümlich versöhnt.

Erst später wurde mir bewusst, dass ich selbst gar keinen Glauben hatte, nur massenhaft Fragen nach dem Woher und Warum und Wohin. Schön, ich war getaufte Christin, aber eben nur auf dem Papier. Und sonst? Ich musste an den türkischen Funker denken, der bei Sonnenuntergang an Deck seinen Gebetsteppich in die jeweils passende Richtung ausgerollt hatte, an den Sikh mit der wilden Mähne, die ich noch nie gesehen hatte, und an den indianischen Steuermann. Sie alle schienen ganz genau zu wissen, was ihre Aufgabe in diesem Leben war und was danach kam. Warum nicht ich?

Wahrscheinlich bin ich genau deshalb bis heute unterwegs.

# 4. Die wilde Hilde

Da hupt jemand ziemlich energisch. Das kann nur Inga sein, superpünktlich und supereilig wie immer.

Inga ist 24, hat aber bereits ihr Studium der Volkswirtschaft abgeschlossen. Das heißt, sie ist sehr klug und auf dem besten Weg, eine Powerfrau zu werden. Der Job hat ihr als Überbrückung gut in den Kram gepasst, bevor es auf die Suche nach etwas »Richtigem« geht.

Mit Spiritualität hat Inga allerdings nicht besonders viel am Hut, ich bin mal gespannt, wie sich das auf unsere Begegnung mit den Ordensleuten auswirken wird. Außerdem ist sie eine echte Schönheit, eine halbe Dänin mit rapunzelhaft langen, blonden Haaren. Darauf, wie sich *das* auf unsere Begegnung mit zumindest den männlichen Ordensleuten auswirkt, bin ich erst recht gespannt.

Nach anfänglichen Schwierigkeiten hat Inga sich mittlerweile zu einer erstklassigen Assistentin gemausert. Außerdem ist sie für mich die ideale Gefährtin auf dieser Recherchereise, denn mit ihrer meistens erfrischenden Rotzigkeit und ihren ganz und gar dem Hier und Jetzt verpflichteten Ansichten, die sie überdies unverblümt zum Besten gibt, sorgt sie dafür, dass auch ich auf dem Teppich bleibe. Meistens jedenfalls.

Noch ein letzter prüfender Blick auf meinen Arbeitsplatz – habe ich auch alles dabei? Vor allem die Rechercheunterlagen und den Terminplan, gnade mir Gott, wenn ich die vergesse. Rasch setze ich mich hin und krame zum hundertsten Mal die Stapel durch. Geld, Gesangbuch, Gebiss, intonierte mein Stiefvater immer, wenn er das Haus verließ.

Zum Abschied werfe ich noch einen Blick durchs Fenster, hinaus auf den Ammersee. Was für ein Glück, so eine wunderbare Aussicht zu haben. Auf den in der Ferne sichtbaren Gipfeln der Alpen liegt noch der Schnee, während die rosafarbenen Blüten der Bäume an der Seepromenade bereits den Frühling eingeläutet haben. Und dahinten, auf der anderen Seite, thront majestätisch die Klosterkirche von Andechs, des anderen Klosters in meiner Nähe.

Diese berühmte Benediktinerabtei habe ich schon als kleines Mädchen häufig besucht, aber nicht etwa zur geistlichen Einkehr. Eingekehrt wurde vielmehr an ungezählten Sonntagnachmittagen in den knallvollen Biergarten, denn mein Stiefvater war ein großer Freund des bayrischen Nationalgetränks, und nichts konnte ihn glücklicher machen als ein schattiges Plätzchen und eine Maß des legendären *Andechser*.

Damals wusste ich natürlich noch nicht, dass das Bier, wie wir es heute kennen, eine Erfindung der christlichen Mönche des Mittelalters war. Sie waren es, die dem ursprünglich aus Ägypten stammenden Gebräu, das aus vergorener Gerste und Wasser bestand, den Hopfen beifügten, der einerseits beruhigend wirkte und die schädliche Wirkung des Alkohols ein wenig neutralisierte, andererseits aber auch den Nährwert erhöhte – denn schließlich handelte es sich damals um eine Fastenspeise. Erst im Spätmittelalter kam zur Verstärkung der Gärung dann noch die Hefe dazu, von der die Unterschiedlichkeit der Sorten, wie wir sie heute kennen, herrührt. Das Andechser ist zum Beispiel ein Obergäriges.

*Tröööt!*

Ja doch! Noch ein letzter Check: Heizung aus, Herd aus, Fenster zu – das geht bei mir alles ziemlich automatisch, ist ja schließlich nicht das erste Mal, dass ich wochenlang weg bin. Meine beiden Mitbewohner sind auch unterwegs. Martin, der was mit Büchern macht, weilt bei seinem Lieblingsautor in Rom und mein Lebensgefährte Ludwig, selber Regisseur, dreht einen eigenen Film. Ich bin schon fast aus der Tür, da klingelt das Telefon. Voll dunkler Vorahnungen zögere ich einen Augenblick, aber dann nehme ich doch ab. Ein Fehler.

»Kind, ich wollte dir nur noch schnell eine gute Reise wünschen. Und versprich mir, dass du auf dich aufpasst.«

Meine Mutter! Ich kriege die Motten. Die weiß doch ganz genau, dass ich in aller Herrgottsfrühe los muss.

*Tröööt!*

»In diesen Klöstern ist es bestimmt immer feucht und kalt, also denk dran und zieh dir was Warmes um die Nieren.«

»Ja, Mami.«

Als ich vor zwei Jahren im Zuge eines Filmprojektes über Marco Polo durch den Iran, Nordafghanistan und China unterwegs war, konnte man eine gewisse mütterliche Sorge ja noch verstehen, aber jetzt geht es doch nur auf eine Klosterfrau-Melissengeist-Reise im friedlichen, christliche Abendland. Egal, jetzt hilft nur der Weg des geringsten Widerstands, sonst komme ich hier nie weg. Also:

»Ich habe genug warme Sachen dabei, Mami. Du, ich bin ziemlich in Eile, also …«

»Und melde dich mal von unterwegs.«

»Hhm.«

*Tröööt!*

Der Leihwagen riecht nach Plastik. Wir sind jetzt bereits eine halbe Stunde zu spät, aber so wie ich Ingas Fahrstil kenne, wird sie die verlorene Zeit ohne Probleme aufholen. Allerdings: kein Navi, irgendwas ist da bei der Autovermietung schiefgelaufen, oder vielleicht war es auch die Sparsamkeit der Produktionsgesellschaft. Ingas Blick ist ein einziger Vorwurf, mühsam quält sie sich ein »Morgn« über die Lippen. Die Kiste hier ist nicht gerade das, was sie sonst so unter dem Hintern hat.

Dazu muss man wissen, dass Ingas Freund Roberto – ein Italiener, wie er im Buche steht – eine Autowerkstatt besitzt, die aufgemotzte Alfa Romeos verhökert, mit exklusiver Ausstattung. Gerade ist er dabei, ein riesiges Alfa-Ersatzteillager in Griechenland aufzukaufen, und ruft deswegen alle Naselang bei Inga an, damit die für ihn rechnet und nochmal rechnet, ob das auch alles hinkommt. Na hoffentlich geht das gut. Unser Seat hier, der kaum was unter der Haube hat, ist dagegen eigentlich gar kein richtiges Auto, das hört man ja schon an der Hupe. Und dann noch nicht mal ein Navi!

»Dann musst du das jetzt eben übernehmen«, raunzt Inga mich an. »Erst mal Richtung Kaiserslautern. Wo liegt das?«

Wir sind übrigens unterwegs nach Bingen, an den Ort also, den die heilige Hildegard von Bingen berühmt gemacht hat. »Ist das nicht die mit den Naturmittelchen gegen Migräne, Krebs und so?«, fragt Inga praktisch. Genau. Da lacht das Eso-Herz!

Kaiserslautern finde ich mit Gottes Führung oder vielleicht auch mit der von Fritz Walter leicht, und kaum zwei Staus (Anruf bei Schwester Philippa) und eine Autopanne (Anruf bei Schwester Philippa) später sind wir auch schon ganz nah dran. Bloß geraten wir dann irgendwie, zum Teufel noch mal, auf die falsche Rheinseite und ausgerechnet ins gegenüberliegende Rüdesheim. Ein weinseliger Schenkenbesucher schickt uns kichernd zur Fähre, eine Brücke gibt es nicht. Wem übrigens bei Rüdesheim jetzt sofort die original mit »Rüdesheimer Kaffee« beschrifteten Tassen für den original Rüdesheimer Kaffee einfallen, die bei der Haushaltsauflösung von Tante Klaras Schleiflack-Interieur einfach nicht an den Mann zu bringen waren, liegt gar nicht so falsch. Kegelclubs, wohin man blickt. Das ideale Kontrastprogramm zu dem, was uns oben auf dem Berg erwartet. Nehme ich jedenfalls an.

Das letzte Stück fahren wir durch noch kahle Weinberge eine Anhöhe hinauf. Schon von Weitem hebt sich die Abtei St. Hildegard gegen den dämmrigen Himmel ab. Er beherbergt eine der letzten Kirchen im sogenannten Beuroner Stil, die außer in Beuron selbst noch erhalten ist. Ich nötige Inga, nicht auf dem Besucherparkplatz anzuhalten, sondern bis direkt vor die Klosterpforte zu fahren. Dort wird uns äußerlich gelassen, wenngleich etwas atemlos, Eintritt gewährt. Eilig werden wir ins Besucherzimmer geführt, einen kargen und etwas ungemütlichen, dafür außerordentlich gut beheizten Raum. Und da kommt auch schon Schwester Philippa. Groß, eine stattliche Erscheinung mit kräftiger Stimme. Wir sind zwei Stunden zu spät, aber sie ist die Freundlichkeit in Person. Und sie erzählt auch gleich, dass vor Kurzem Barbara Beuys, die Enkelin des großen Malers, einige Zeit hier logiert hat, um ein Buch über Hildegard zu schreiben. Ebenso Margarethe von Trotta, die – das weiß Schwester Philippa schon von Berufs wegen – einen Film über Hildegard plant.

Schwester Philippa stammt zwar aus einer katholischen Familie, war aber eine Spätberufene. Erst mit 33 Jahren ist sie ins Kloster eingetreten. Vorher hat sie Politikwissenschaften und Geschichte studiert, danach eine Journalistenausbildung und ein Volontariat absolviert, hat in mehreren Buchverlagen gearbeitet und war beim Deutschlandfunk in Köln. Man kann also kaum behaupten, dass sie eine ist, die »draußen« sowieso keinen Blumentopf hätte gewinnen können, ein gängiges Vorurteil bei Nonnen. Den Gedanken, ins Kloster zu gehen, hatte Schwester Philippa schon oft gehabt, aber auch immer wieder viele Gründe, sich doch nicht dafür zu entscheiden – den Freund, die interessanten Jobangebote. Bis eines Tages schließlich ein Arbeitskollege, der ihr Hin- und Hergerissensein kannte, sagte: »Mit 33 sollte man eigentlich wissen, wo man hingehört.« Das war's.

Und ich? Ich bin doch schon über vierzig?

Schwester Philippa ist in Bingen sozusagen die PR-Nonne und steht Leuten wie mir zur Verfügung, wenn sie mit Allerweltsfragen bei ihr auftauchen. Davon habe ich reichlich. Die heilige Hildegard war mir natürlich bereits ein Begriff, bevor ich mich näher mit katholischen Orden beschäftigt habe, vor allem aus der Kräuterheilkunde und aus Werbeanzeigen diverser esoterischer Blättchen.

Hauptsächlich alte Handschriften geben noch Auskunft über das wirkliche Leben der Benediktinerin. Sie sei eine Mystikerin gewesen, wird immer wieder falsch behauptet, und darüber kann sich Schwester Philippa ganz fürchterlich aufregen, was bei ihr aber trotzdem anders rüberkommt, als wenn zum Beispiel ich mich ganz fürchterlich aufrege. Ihrer Meinung nach sah sich Hildegard als eine Prophetin, ganz in der Tradition des Alten Testaments. Eine Posaune Gottes, die als Volkspredigerin versuchte, die gottlosen Zeitgenossen zum wahren Glauben zurückzuführen. Ich nicke. Sie hat Gott also sozusagen gechannelt, flüstert mir ein inneres Stimmchen zu, und bevor ich mich besinnen kann, ist der Satz auch schon in der Welt.

Dämlicher geht es nicht. Schwester Philippa sieht mich und Inga einigermaßen entgeistert an, gleich wird sie sich aber wirklich ganz fürchterlich aufregen. Gechannelt??? So gut es geht, versuche ich, die Situation zu bereinigen und zu erklären, was die Esoterik unter Channeling versteht. Noch dämlicher, denn Schwester kennt sich bestens aus und bekommt bei dem Wort »Esoterik« sofort eine dunklere Hautfarbe. »Hören Sie mir bloß mit denen auf.« Dann berichtet sie über die esoterischen Hildegard-Groupies, die in Scharen herkommen und sich von dem einzigen Lavendelbusch neben dem Kirchenportal kleine Zweiglein abrupfen in der Hoffnung, da sei noch der Geist von Hildegard drin. Dabei existiert – Überraschung! – entgegen aller Erwartungen im ganzen Klosterareal nicht ein einziges Kräuterbeet, geschweige denn ein ganzer Garten mit Heilkräutern.

In welchem Ausmaß Hildegard mittlerweile als Marketing-Ikone missbraucht wird, passt Schwester Philippa gar nicht in den Kram, und in der Tat treibt der Hildegard-Boom seltsame Blüten. Auf seinem Höhepunkt vor einigen Jahren schenkte mir eine wohlmeinende Gesinnungsgenossin sogar das Buch: *Gesund und schmackhaft kochen mit der hl. Hildegard von Bingen.* Untertitel: *800 Jahre praktische Erfahrung für eine bewusste und natürliche Ernährung heute.* Das muss ich dringend aus dem Regal verschwinden lassen, wenn ich mal wieder zu Hause bin.

In Wahrheit hat 800 Jahre lang praktisch kein Hahn nach der Heiligen gekräht, bis Ende des 19. Jahrhunderts ein Mönch aus dem nahen Kloster Eibingen eine Kräutersalbe entwickelte und sie – irgendeinen Namen brauchte sie ja – ohne besonders zwingenden Grund nach Hildegard benannte. Die Salbe wurde ein Renner, und fortan musste der offensichtlich gut verkäufliche Name für alle möglichen Heilmittelchen herhalten. In den 70er-Jahren trug in

Deutschland beinahe jede dritte Apotheke den Namen Hildegard. Wahr ist nur, dass Hildegard mit ihren Schriften *Causae et curae* (Ursachen und Heilung), ihrer Naturkunde *Physica* und ihren Büchern über die Heilwirkung von Pflanzen und Bäumen eine der Wegbereiterinnen der ganzheitlichen Medizin wurde.

Das maßvolle Leben, das sie ganz im Sinne Benedikts predigte, verknüpfte sie allerdings unverbrüchlich mit dem Glauben an Gott, denn nur der Glaubende ist eins auch mit sich selbst. Hildegard war der festen Überzeugung, dass Gott in jedem Menschen Heilkräfte angelegt hat. Die Menschen müssen sie nur erkennen. Krankheit fing für sie mit einer Sünde an, der Übertretung göttlicher Gebote. Der Verlauf der Krankheit war ein Wechselspiel zwischen Psyche und Physis. Ein seelischer Schaden, davon war sie überzeugt, kann durchaus körperliche Gebrechen nach sich ziehen. Ziemlich modern, oder? Mit diffus-wabernder Mutter-Natur-Spiritualität hat das allerdings gar nichts zu tun. Ein Hildegard-Satz wie *Der Wert eines Menschen ist höher als der eines Gänseblümchens* würde alle aufrechten Esoteriker, die ja oft auch irgendwie Buddhisten sind, vor Schreck ihren Kräutertee verschütten lassen.

Hildegard von Bingen wurde 1098 in Rheinhessen als letztes von zehn Kindern in eine gräfliche Familie geboren. Zu dieser Zeit war die Abgabe des »Zehnten« an die Kirche noch allgemeine Praxis, auch Kinder waren da nicht ausgenommen. Also wurde sie im Alter von acht Jahren von ihren Eltern als »Zehnt« dem lieben Gott übereignet und in die Frauenklause der Benediktinerabtei Disibodenberg gebracht. Das hört sich auf den ersten Blick vielleicht nicht so prickelnd an, war aber für ein aufgewecktes Mädchen wie Hildegard wie ein Sechser im Lotto, denn nur in den Klöstern konnte man zu jener Zeit solch außergewöhnliche

Dinge erlernen wie zum Beispiel lesen und schreiben. Und Hildegard nutzte ihre Novizinnenzeit eifrig, auch wenn sie, anders als die Mönche in den berühmten Klosterschulen großer Abteien, keinen wissenschaftlichen Unterricht erhielt und deshalb zum Beispiel auch kein Latein lernte. Ihre Schriften, die sie später berühmt machen sollten, wurden allesamt von ihr in Deutsch diktiert und dann ins Lateinische übertragen.

Mit sechzehn entschloss sie sich, anstatt einen Mann zu heiraten, den Bund mit Jesus Christus einzugehen. Als ihre Meisterin Jutta von Sponheim 1136 starb, wurde Hildegard zur geistlichen Mutter erklärt. Der Andrang junger Frauen auf das Kloster war so groß, dass sie schließlich auf dem nahe gelegenen Rupertsberg ein zweites eröffnete, später sogar noch ein drittes in Eibingen, in dem auch heute ihre sterblichen Überreste liegen.

Zu Lebzeiten berühmt wurde Hildegard nicht etwa durch Publikationen über die ganzheitliche Behandlung von Rheuma, sondern durch die Niederschrift ihrer »göttlichen Visionen«, die sie bereits als Kind gehabt hatte. Das Buch nannte sie *Scivias Domini,* was so viel heißt wie *Wisse die Wege des Herrn.* Eine Art Navi fürs Leben. Diese Offenbarungen gelangten auch bald an den Erzbischof von Mainz, der sie seinerseits an Papst Eugen III. weiterleitete. Seither gehören diese Schriften zu den approbierten Privatoffenbarungen der katholischen Kirche. Hildegard erhielt durch sie einen bedeutenden Ruf weit über Europa hinaus, und in der Folge entwickelte sich der Rupertsberg regelrecht zu einer Beratungspraxis. Immer mehr Menschen aller Stände wollten den Rat der Weisen hören – selbst Bischöfe, Päpste und weltliche Herrscher suchten Kontakt zu ihr. Zu ihnen gehörten auch der Papst, Bernhard von Clairvaux und Kaiser Barbarossa, mit denen sie einen Briefwechsel unterhielt – diktiert, weil natürlich auf Latein. Eine echte Netzwerkerin.

Hildegard lebte in einer Zeit des Umbruchs. Im Jahr 1054 kam es zu einem verhängnisvollen Zerwürfnis zwischen Rom und Byzanz, das Schisma spaltete die Kirche in eine West- und eine Ostkirche. Außerdem tobte der ewige Streit zwischen Kaiser und Papst um die Oberhoheit im Reich. Ein Jahr vor ihrer Geburt war der erste Kreuzzug unternommen worden, der zweite fand zu ihren Lebzeiten statt. In Folge dieser blutigen Unternehmungen kam es aber auch zum fruchtbaren Austausch mit dem Islam, der damals wesentlich höher entwickelten Kultur. Und zu guter Letzt änderte sich in dieser Zeit in Mitteleuropa auch noch das Klima. Es wurde wärmer, was den Anbau ganz neuer Pflanzen möglich machte. Von all dem hat Hildegard als charismatische, durchaus machtbewusste und vor allem diplomatische Frau profitiert.

Schwester Philippa war dabei, als Hildegards einbalsamierter Leichnam vor einigen Jahren wegen Renovierung der Eibinger Kirche im Kloster sozusagen zwischengelagert wurde. Sie erinnert sich noch genau daran, dass ihr auffiel, wie groß die Äbtissin für ihre Zeit gewesen sein muss. Außerdem empfand sie die allgemeine Stimmung unter den Schwestern als merklich konzentrierter und gesammelter. Und nicht nur das: In diesen sechs Wochen, sagt Schwester Philippa, schien in der Klosterkirche ein »helleres Licht«. Während ich angemessen beeindruckt bin, verdreht Inga hinter dem Rücken der Nonne die Augen.

In Bingen versucht Schwester Philippa gerade, den Namen »Hildegard« schützen zu lassen, damit er künftig nur noch im Zusammenhang mit dem Kloster und dessen Produkten genannt werden darf. Ob die Schwestern damit durchkommen, weiß wahrscheinlich höchstens der liebe Gott. Manchmal wäre es ihr lieber, wenn hier ein ganz normales Frauenkloster stünde. Andererseits machen sich wegen Hildegard auch viele Pilger auf den Weg. Hunderttausend sind es pro Jahr. »Die kommen wegen der Kräuter und gehen mit dem Glauben«, sagt sie augenzwinkernd, vielleicht auch nur ein frommer Wunsch.

Das Kloster ist wirtschaftlich autark, und das liegt nicht etwa an den vielen Besuchern, die über den Klosterladen herfallen, sondern vor allem am eigenen Wein. Biowein ist es allerdings keiner, trotz Hildegard. Ich sehe schon, wie sich in Ingas schlauem Köpfchen der Protest formt: Wie kann man nur eine so einzigartige USP nicht nutzen? Doch des Rätsels Lösung ist ganz einfach, Schwester Philippa klärt uns auf. Durch die jahrhundertelange Realteilung und Zersplitterung der Weinberge sind immer kleinere Parzellen entstanden, und wenn der Nachbar düngt, düngt er quasi für einen mit. Deshalb also gibt es kein Ökozertifikat. Der Klosterwein wird aber trotzdem so umweltschonend wie möglich produziert, und das fängt schon bei der Weinlese per Hand an. *Labora* eben. Der Vertrag mit der Firma *Manufactum* ist allerdings nicht mehr verlängert worden – zu teuer. »Die verkaufen eine Flasche für zwölf Euro, die nur acht kosten sollte«, erklärt die PR-Expertin. »Das schadet dem Ruf und wäre auch nicht im Sinne Benedikts, der angeordnet hat, Klosterprodukte immer unter dem Marktwert zu verkaufen.«

Getreu der benediktinischen Regel ist auch der Tagesablauf in Bingen genau festgelegt, und zwar nach den Gebetszeiten, nicht etwa den Arbeitszeiten. Man lässt also schon einmal die Arbeit zwar nicht liegen, aber ruhen, um sich der Anwesenheit Gottes bewusst zu werden. Die Arbeit soll zum Gebet werden. Die Heiligung der Zeit nennt Schwester Philippa das. Was für ein schöner Gedanke.

Und wenn sich die Welt trotzdem hineindrängen will in die Gemeinschaft der Nonnen? Dann kann man sich ein Stück davon zwar durchaus hinter die Klostermauern holen, aber nur, soviel gut ist und wann es gut ist. Während der Fußball-WM haben die Bingener Benediktinerinnen »kein einziges interessantes Spiel« verpasst. Jene, die mit den Gebetszeiten kollidierten, wurden eben aufgezeichnet. Die Spannung war haargenau dieselbe.

Wichtig ist für Schwester Philippa, dass gerade in einem Kloster trotz strenger Einheitstracht die einzelne Persönlichkeit erkennbar bleiben soll. »Bei uns wird viel gelacht, wir sind eben alle rheinische Frohnaturen, und sind hier ja auch nicht in Bayern.« Höre ich da etwa einen kleinen Seitenhieb heraus? Ich seh's sportlich, den einen hat sie bei mir gut, aber nur wegen der Sache mit dem Channeling vorhin.

Körperliche Berührungen unter den Schwestern sind in Bingen durchaus üblich und werden auch gezeigt. Wer seine Gefühlswelt unterdrückt, sagt Schwester Philippa, der sollte nicht ins Kloster gehen, sonst fühlt er sich bald wie in einer Zwangsjacke. Es kann auch, gibt sie überraschend offen zu, eine Gratwanderung sein, irgendwo muss man ja hin mit seinen Gefühlen. Aber das darf dann nicht umschlagen in eine personifizierte Liebe. Auch dieses Thema wird deshalb in der Noviziatsausbildung besprochen. Regelmäßig gibt es drei bis vier Interessentinnen, die das Benediktinerinnenkloster in Bingen eine Zeit lang wie Satelliten umkreisen, bis sie sich dann entschließen, ins Noviziat einzutreten. Oder eben nicht.

Inga hat plötzlich diesen *Na bitte!*-Blick aufgesetzt. Nein, Inga, die Frage nach lesbischen Beziehungen unter Nonnen stellen wir jetzt nicht. Würden wir ja in unserer Welt auch nicht machen.

Und Austritte?

Nach der *Profess*, dem eigentlichen Gelübde, kommt das in Bingen kaum noch vor. Aber im Noviziat verlässt die Hälfte das Kloster wieder, und meist liegt es an der *stabilitas loci*, wir erinnern uns, die Beständigkeit des Ortes. Für manche, die nicht so viel erlebt haben und gereist sind wie Schwester Philippa in ihrem früheren Leben, kann das hart sein und viel Bereitschaft zum Verzicht erfordern. Manchmal zu viel.

Deshalb sind die Nonnen von Bingen bei eintrittswilligen Frauen, wenn sie noch jung sind, auch vorsichtig. Bei mir würden sie vermutlich gleich merken, dass ich immer den Wind um die Nase brauche. Schwester Philippa dagegen, die PR-Frau, ist sogar darum bemüht, nicht allzu viel Wind ins Kloster zu lassen, vor allem nicht den, der oft durch die Medien entsteht. »Die heben einen aufs Podest, das könnte einem leicht zu Kopf steigen.«

Schwester Philippa sieht ihr bescheidenes und zurückgezogenes Leben im Kloster als Stellvertretung für alle Menschen, die ihren wahren Glauben noch nicht gefunden haben. Für die betet sie. Im Kloster ist sogar ein Fürbittentelefon eingerichtet, da kann jedermann anrufen und die Nonnen darum bitten, für sich selbst oder wichtige Mitmenschen zu beten. Das Fürbitte-Prinzip ist in der christlichen Kirche uralt, und bis heute begegnet man ihm an jedem Wallfahrtsort. Und in jedem Gottesdienst, wenn man denn hingeht.

In Bingen ist aus dem Fürbittentelefon allerdings ziemlich schnell eine Art Telefonseelsorge geworden. »Viele wollen einfach nur mal mit jemandem reden.« Schlimm genug. Vielleicht sollte ich die Nummer meiner Freundin Gisa geben, die mir oft stundenlang am Telefon die Ohren vollquatscht und über ihr Leben klagt. Nein, das wäre gemein. Gegenüber der armen Schwester, die hier am Telefon sitzt. Als wir uns verabschieden, lädt Schwester Philippa uns noch für den nächsten Morgen um 7.30 Uhr zur Frühmesse ein. In diesem Fall dankend abzulehnen geht nicht, das wäre nach der vielen Mühe, die sie sich mit uns gegeben hat, einfach unhöflich. Also, wir kommen und wir freuen uns.

»Ja«, nickt Inga folgsam. »Wir freuen uns.«

Eines will ich aber doch noch wissen. Das mit dem Glauben. Wieso soll der christliche Glaube etwas anderes sein als all die anderen Seelentröster, die sich auf dem Markt so tummeln? So frage ich das natürlich nicht.

Schwester Philippa sitzt ja gewissermaßen an der Quelle. Denn hier kommen laufend Esoterikbeseelte vorbei und salbadern ihren gutgläubigen Reisegrüppchen selbstgebastelte Legenden vor. Die Schwester registriert sehr wohl, dass ihr eigener Glaube dagegen manchmal als moralinsaure Welt von gestern verstanden wird, während sich andererseits die Esoterik immer interessanter macht – mit Erfolg.

Von dieser Art Selbsterlösungsversuchen, zum Beispiel durch Meditation, hält Schwester Philippa natürlich gar nichts.

»Das ist wie Diät«, sagt sie. »Erst hat man eine Erleuchtung, und dann fällt man wieder in ein Loch. Jo-Jo-Effekt. Was Hildegard uns gelehrt und vorgelebt hat, ist ja gerade, dass die Wandlung in Wahrheit eine Entscheidung fürs Leben sein muss und dass man sie vor allem im Alltag umsetzen muss. Das tägliche Brot ist Schwarzbrot.«

Gut gesprochen. Mahlzeit.

Da das Gästehaus des Klosters gerade vergrößert wird und deshalb nicht zur Verfügung steht, empfiehlt sie uns ein kleines Hotel mitten in den Weinbergen. Dort esse ich erst mal ein richtiges Schnitzel, und danach machen Inga und ich noch einen Abendspaziergang. Im Rhein spiegeln sich die Weinberge und der Vollmond.

Die Heiligung der Zeit, sinniere ich. Was für ein wirklich schöner Gedanke.

Danach geht's auch schon ab ins Bauernbett mit Baldachin. Inga kann kaum noch die Augen aufhalten, kein Wunder, die ganze Strecke, und dann auch noch quasi im Blindflug. Als ich sie bitte, den Wecker auf sechs Uhr zu stellen, wegen der Frühmesse, murmelt sie noch irgendetwas Bejahendes, und bald schon hört man nur noch ihr regelmäßiges Atmen. Selbst die SMS an Roberto fällt heute aus. Ich dagegen kann lange nicht einschlafen, weil unten in der Weinstube eine Touristengesellschaft prima Laune hat.

* * *

Aufwachen tue ich von allein.

»O Gott! Inga, raus, die singen ja schon!«

Es ist kurz vor acht. Wir raffen unsre Klamotten zusammen, Katzenwäsche, zahlen – und dann ohne Frühstück los. Zum Glück merkt keiner, dass wir zu spät sind, weil das Chorgestühl so im Raum steht, dass man von dort den Eingang der Kirche nicht sehen kann.

Der Gesang, zumindest das, was wir noch miterleben, ist glockenhell. Man könnte sich tatsächlich vorstellen, jetzt einfach abzuheben. Nur ganz nebenbei registriere ich anschließend den alten Priester, dem man nach jedem Kniefall vor dem Altar wieder auf die Beine helfen muss. Inga zischt mir leise zu, wie *un-mög-lich* sie es findet, dass sogar in einem Nonnenkloster nur ein Mann die Messe lesen darf. So brummelt sie noch eine Weile vor sich hin, und ich lasse sie. Ich weiß ja, was los ist. Es wird ein Weilchen dauern, bis sich die Stimmung zwischen uns wieder aufgehellt hat. Wegen des nicht gestellten Weckers habe ich sie ganz schön zusammengestaucht – jetzt muss sie irgendwo ein bisschen

Dampf ablassen. Und warum nicht hier? Ich dagegen bin mit allem versöhnt. Was für ein schöner Gesang.

* * *

Von wegen Klosterfrau-Melissengeist-Schnarchnasen! Dass in Klöstern hochintelligente Menschen lebten, die wertvolle Wissensschätze angelegt haben, weiß ich spätestens jetzt. Auch wenn es nicht alle zu der Meisterschaft einer Hildegard von Bingen brachten, waren doch die Nonnen und Mönche des Mittelalters generell eifrige Sammler und fantasiereiche Erfinder – und vor allem Bewahrer von Rezepten. So kommt es, dass gerade die Klostermedizin ein Feld ist, das trotz allem pharmazeutischen Fortschritt bis heute noch immer dazu beiträgt, neue Medikamente ausfindig zu machen und alte, in Vergessenheit geratene wieder zur Anwendung zu bringen.

Um mehr darüber zu erfahren, machen wir noch einen Abstecher nach Würzburg, wo wir einen Termin im Institut für Medizingeschichte der Universität Würzburg haben, also sozusagen im »normalen Leben«. Wir haben – man ahnt den Grund – einige Schwierigkeiten, die Adresse zu finden, die sich irgendwo mitten in einem Wohngebiet befindet. Endlich, nach langem Gekurve und Gefrage, kommen wir an.

Hier leitet seit 1999 Dr. Johannes Maier die Forschungsgruppe Klostermedizin, kurz »Forschungsgruppe KM« genannt, die zu hundert Prozent vom Arzneimittelhersteller *Abtei* finanziert wird. (Und nein, der gehört nicht der katholischen Kirche.) Die Forschungsgruppe KM versteht ihre Arbeit als pharmazie- und medizinhistorische Grundlagenforschung im Dialog mit pharmazeutisch-klinischen Studien. Dr. Maier führt uns in sein kleines, fast klosterzellenartiges Büro und erklärt uns, dass seine Aufgabe darin besteht, die

Folianten und Handschriften der alten Klosterbibliotheken nach Rezepturen und Einzel- sowie Wechselwirkungsweisen zu durchforsten. Was dann folgt, ist eine Gemeinschaftsarbeit von Philologen, Pharmazeuten und Ärzten, und die ist gar nicht so einfach, zumindest in Deutschland. Denn hierzulande wurden bekanntlich die meisten Klöster samt Bibliotheken im 19. Jahrhundert zunächst einmal aufgelöst. Deren Schriften wanderten – zumindest in Bayern – überwiegend nach München in die Staatsbibliothek. Und leider lassen sich die meisten der Schriften, die nicht zurückgegeben wurden, heute ihren Klöstern und damit dem Umfeld, in dem sie entstanden, nicht mehr zuordnen. Besser sieht es da schon in der Schweiz und Österreich aus, wo alle Originalbibliotheken bis heute erhalten sind.

In St. Gallen zum Beispiel, schwärmt Maier, ist er auf großartige Faksimiles gestoßen, in denen der ideale Klostergarten skizziert wurde, Pflege und Ernte waren genau beschrieben. Die meisten Klöster mit eigenem Kräutergarten findet man heute allerdings in Italien, zum Beispiel im Kloster Monte Oliveto Maggiore bei Siena, wo es außerdem eine der umfangreichsten Bibliotheken zu diesem Thema gibt. Und da in Deutschland heute nur noch wenige Klöster über einen eigenen Kräutergarten verfügen und diese Kultur erst ganz langsam wieder für sich entdecken, hat die Forschungsgruppe bei Bamberg nach altem Vorbild selbst einen Klostergarten angelegt.

Klostermedizin ist in erster Linie Pflanzenheilkunde, die außerhalb der Klostermauern längst verloren gegangen wäre. Ganz nebenbei sind die Produkte auch preiswerter – und moralisch einwandfreier – als das, was manche Pharmakonzerne heute mühsam in den Urwäldern Mittel- und Südamerikas suchen oder den Indios abschwatzen und dann patentieren lassen.

Über das Thema habe ich schließlich mal einen Film gemacht, der mir neben sehr vielen interessierten auch einige ganz schön unfreundliche Zuschauerzuschriften einbrachte. Das sei alles Lüge, das habe ich mir aus den Fingern gesogen. Nur merkwürdig, dass mir die Medizinmänner diverser Stämme detailliert berichteten, welche Fragen die *Pharma-Scouts* ihnen stellten. Die wollten beispielsweise haargenau wissen, mit welchen Pflanzen sie blutende Wunden stillten, was bei Verstauchungen half und welches Krötensekret für die Schmerzlinderung verwendet wurde.

Eigentlich ist es gar nicht verwunderlich, dass man in alten Klosteraufzeichnungen auch heute noch fündig wird. Denn bis ins Hochmittelalter hinein trugen Nonnen und Mönche die alleinige Verantwortung für die medizinische Versorgung der Bevölkerung. Wieder war es der heilige Benedikt, der mit seiner Regel den Anstoß gab: *Die Sorge für die Kranken steht vor und über allen Pflichten.* Und nicht etwa nur aus Nächstenliebe, sondern durchaus ganz praktisch gedacht, denn die benediktinischen Klöster – *stabilitas loci!* – waren ja auf sich allein gestellt, lebten von der Scholle und mussten in allem für sich selbst sorgen. Benedikt war es auch, der forderte, dass in jedem Kloster ein besonderer Raum für Kranke eingerichtet werden sollte. Auch ein Diener hatte stets zur Hand zu sein. Aus dem Raum entwickelte sich mit der Zeit das Klosterspital, und aus dem Diener wurden der Klosterapotheker sowie der Mönchsarzt. (Aus Letzterem wiederum mutierten durch nie vollständig aufgeklärte Umstände irgendwann die sogenannten »Halbgötter in Weiß«, aber das ist eine andere Geschichte.)

Maier findet viel. Und was er findet, überrascht ihn immer wieder. Schon im 9. Jahrhundert erfand zum Beispiel ein Mönch das erste Antibiotikum. Und überhaupt: Alles, was uns heute über Ayurveda oder die Geheimnisse der chinesischen Medizin wieder als neu verkauft wird, inklusive der allgemeinen Ernährungs- und Fastenregeln, war den Mönchen und Nonnen des Mittelalters längst bekannt. Nur haben wir es dann einfach vergessen, oder es hat uns nicht mehr interessiert. Jetzt interessiert es uns wieder.

Die Funde des Instituts sind chronologisch geordnet, von den Anfängen in frühen Abteien bis zu den ausführlichen Beschreibungen der Hildegard von Bingen. Die erwähnte zum Beispiel als Erste die Heilkraft der Ringelblume, die heute noch in der Calendula-Salbe verwendet wird, aber auch die erstaunliche Wirkung verdampfter Fenchel- und Dillsamen bei Erkältungen. Erst kürzlich entdeckte Maier bei seinen noch andauernden Recherchen in Zusammenarbeit mit dem Labor von *Abtei* die enorme Wirkung von Salbei bei Lähmungen und Schlaganfällen. Auch ein erstes Kloster-Produkt für Neurodermitiker gibt es bereits auf dem Markt. Bei der Wunderdroge handelt es sich um nichts anderes als Johannisbeerkernöl, das mit seinem hohen Anteil an Linolensäure generell bei Juckreiz hilft.

Oder zum Beispiel *Humofix*. Wer jetzt denkt, das sei der Witzeerzähler bei Asterix, hat leider falsch geraten. *Humofix* hieß zu den Zeiten seiner Entdeckung auch garantiert nicht so und ist streng genommen überdies kein Mittelchen für das unmittelbare Wohlbefinden. Aber trotzdem etwas sagenhaft Gesundes und ökologisch Wertvolles. Es handelt sich um einen Kompostierbeschleuniger. Das Rezept wurde durch schieren Zufall bei der Übersetzung einer Klosterchronik in England gefunden, und die wiederentdeckte Mixtur hatte dort einen derart durchschlagenden Erfolg, dass die Benediktinerinnen von Fulda sich erfolgreich bemüht haben, das Wundermittel auch in Deutschland vertreiben zu dürfen. Die Zutaten für das mirakulixische Zauberpulver finden sich nämlich fast alle im eigenen Klostergarten: Schafgarbe, Brennnessel, Baldrian, Löwenzahn sowie Kamillenblüten und Eichenrinde. Für Hobbygärtner: Alles schön trocknen, pulverisieren und mit etwas Zucker und Milchhonig versetzen, dann das Gemisch in Wasser auflösen und in Lagen über die Kompostabfälle gießen. Danach noch ein paar Wochen warten und Tee trinken – und fertig ist der Humus. Alternative: Einfach ein Päckchen in Fulda bestellen, kostet nicht viel.

Ach, übrigens: Die Arzneipflanze des Jahres ist die weiße Rosskastanie. Ein Gewächs mit spannender Vergangenheit. Ursprünglich fand man sie in ganz Europa, doch während der Eiszeit überlebte sie nur im Mittelgebirge Griechenlands, Mazedoniens und Albaniens. Erst allmählich kehrte sie in unsere Breiten zurück, weil nämlich die Osmanen den Kastanienbaum als Futter und Medizin für ihre Pferde nutzten und ihn auf ihren Feldzügen mitbrachten.

Irgendwie kommt mir die Geschichte der weißen Rosskastanie ein bisschen vor wie die Geschichte, die ich selbst gerade zu erzählen versuche. Aber wem das jetzt zu verquast oder zu um die Ecke gedacht ist, der kann sich auch einfach nur eine Rosskastanie um den Hals hängen. Hilft gegen Gicht, heißt es.

# 5. Der letzte Dominikaner

Wir verlassen die Autobahn bei Bornheim, einem kleinen Ort in der Nähe von Köln. Nirgends, aber auch nirgends findet sich ein Hinweisschild auf das Kloster Walberberg. Das gibt's doch gar nicht! Irgendwo hier muss es sein, die können sich ja schlecht in Luft aufgelöst haben. Und immerhin ist Walberberg eigentlich eine Burg aus dem 12. Jahrhundert. Die müsste man doch sehen. Erst 1926 übernahmen die Dominikaner das Anwesen und funktionierten es zu einem der bedeutendsten deutschen Klöster ihres Ordens um, im Laufe der Jahre sogar mit eigener philosophisch-theologischer Hochschule.

Endlich taucht vor uns ein ebenso riesiger wie leerer Parkplatz auf, eingerahmt von einer korrekt geschnittenen Hecke, über der ein Kirchturm hervorlugt. Na also!

Wir steigen aus, stülpen die Kapuzen gegen den immer noch währenden Dauerregen hoch und eilen über den Kiesweg auf das riesige Gebäude zu, in dem man mindestens 300 Mönche unterbringen könnte. Kein Mucks ist zu hören, nur das laute Gluckern in den kupfernen Regenrohren.

Die gläserne Eingangstüre, auf der in großen Lettern *Tagungsstätte Walberberg* steht, ist fest verschlossen, die Pförtnerkabine verwaist. Inga klopft sinnloserweise trotzdem an die Scheibe und ruft laut *Halloho?* Natürlich nichts. Ich schaue derweil in einige Fenster im Erdgeschoss. Ebenfalls nichts. Keine Menschenseele.

Ingas Handy klingelt. Aha, da tut sich was, vermutlich sind die Mönche auf Betriebsausflug und wir bekommen einen neuen Treffpunkt durchgegeben. Aber es ist nur Roberto. Inga wendet sich ab, und ich höre, wie sie ihn begrüßt, mit Ciao natürlich.

Danach Pause.

»Hmhm.«

Pause.

»Hmhm.« Inga öffnet ihre Handtasche und kramt einen Taschenrechner hervor. Sie lauscht.

»Hmhm.«

Pause.

»Waaaas? Die sind wohl nicht ganz dicht! Das rechnet sich ja nie und nimmer! Also, du sagst denen jetzt, wenn die nicht …«

Das kann wohl noch dauern. Also zücke auch ich mein Handy und wähle die Nummer von Pater Rufus, mit dem wir hier verabredet sind. Und siehe da, er geht sofort dran.

»Ich habe Sie schon erwartet. Bin gleich bei Ihnen.«

Es dauert tatsächlich nur einen Moment und Pater Rufus öffnet uns das Tor zu seinem Kloster. Er ist noch ziemlich neu hier, erst im vergangenen Oktober hat er das Amt als hiesiger Prior angenommen. Ein Hoffnungsträger, wie es bei seiner Wahl hieß. Hoffentlich kann er uns auch schön viel erzählen.

»Tut mir leid«, begrüßt er uns, »aber ich bin ganz allein.«

Seine Stimme ist etwas belegt, wie bei einem, der gerade aufgewacht ist oder eine Weile nicht gesprochen hat. »Und es ist ziemlich weitläufig hier. Am besten gehen wir gleich in mein Büro.« Pater Rufus ist bestimmt über 60, und sofort fallen einem seine offenen, freundlichen Augen auf. Er trägt den typischen schwarz-weißen Habit der Dominikaner – und eine große Herzlichkeit vor sich her.

Mit hallenden Schritten folgen wir ihm durch endlos lange Flure, Inga vorerst einen halben Meter hinter uns, sie muss offensichtlich noch ihr Telefonat verdauen. Ganz schön kalt hier. Vielleicht hätte ich ausnahmsweise den Rat meiner Mutter beherzigen und mir tatsächlich einmal etwas Warmes um die Nieren ziehen sollen. Einige Türen stehen offen, und ich werfe einen Blick in Seminarräume, Speisesäle und Aufenthaltszimmer.

Überall gähnende Leere. Wo sind denn nur die anderen?

»Das ist hier ja wie in *Shining*«, flüstert mir Inga zu.

Na ja, wie der verrückt gewordene Nicholson kommt mir unser Pater zwar nicht gerade vor, aber etwas »spooky« ist es trotzdem. Ich weiß schon gar nicht mehr, wo wir eigentlich sind. Mitten in einem der Gänge bleibt der dominikanische Hoffnungsträger plötzlich stehen. An der Wand hängen zwölf düstere, mannshohe Bilder, sie zeigen die Leidensstationen Christi auf dem Weg zur Kreuzigung. »Fällt Ihnen etwas auf?«, fragt Pater Rufus unvermittelt.

Was sollte mir auffallen? Frühes 20. Jahrhundert, schätze ich, expressionistischer Realismus oder so. Nicht gerade mein bevorzugter Stil. Irgendwie zu holzschnittartig, geradezu derb. Ich schaue mir die Signatur an. Neben dem Künstler Peter Strausfeld ist das Datum 1935 angegeben. Oh, da lag ich wohl falsch.

»Der Typ da unterm Kreuz sieht ja aus wie Goebbels«, platzt es da aus Inga heraus. Ich bin kurz davor im Boden zu versinken, jedoch:

»Stimmt genau«, meldet sich Pater Rufus, noch bevor ich mir eine Entschuldigung zurechtlegen kann. Nanu? Aber als ich selbst ein bisschen genauer hinschaue, stelle ich fest, dass einem da sogar noch eine ganze Reihe anderer Gestalten seltsam vertraut vorkommen. Pontius Pilatus, der gerade seine Hände in eine Waschschüssel taucht, trägt sogar ein Hitlerbärtchen.

Was für eine perfide kleine Idee! Und was für eine gute! Auf diese Weise haben die Mönche hier also damals die politischen Verhältnisse ihrer Zeit kommentiert. Und sind offensichtlich sogar damit durchgekommen. Auch der Künstler Peter Strausfeld übrigens, wie ich mittlerweile weiß, in der Emigration. Nach dem Krieg machte er sich einen ziemlichen Namen als Schöpfer zahlreicher berühmter Filmplakate. Seine Spezialität waren Linol- und Holzschnitte. Expressionistischer Realismus – in die Ecke, Susanne!

»In der Nazizeit unterhielten die Mönche von Walberberg enge Verbindungen zum Widerstand im Dritten Reich«, klärt unser Gastgeber uns auf. »Streng genommen kann man sogar sagen, sie gehörten dazu.« Er erzählt uns, dass in den letzten Kriegsjahren, als immer deutlicher wurde, dass die Tage des Dritten Reiches gezählt waren, sich hier eine Gruppe von Menschen traf, um für die Zeit nach dem unweigerlich in einer Katastrophe endenden Krieg Ideen zu entwickeln, wie man in Deutschland eine friedliche und gerechte Gesellschaft aufbauen könnte. Unter Billigung des Provinzials der norddeutschen Dominikanerprovinz versammelte sich genau hier der sogenannte »Kölner Kreis« der katholischen Arbeiterschaft, um auf die Zukunft vorbereitet zu sein. Im Mittelpunkt stand dabei die brisante Schrift *Was nun?* des Walberberger Bruders Eberhard Welty, die auch nach dem Krieg noch weiterwirken sollte. Die Zusammenkünfte indessen fanden ein jähes Ende, nachdem am 20. Juli 1944 das Attentat auf Hitler gescheitert war. Einige Mitglieder des Kölner Kreises wurden hingerichtet, andere ins KZ geschickt. Bruder Weltys Mitwirkung blieb der Gestapo indessen verborgen, er überlebte.

Und sofort nach dem Krieg wurde seine Schrift *Was nun?* gedruckt und den Priestern für ihre Predigt zur Verfügung gestellt. Sie sollte den Menschen Hoffnung geben, dass es nach dieser Apokalypse dennoch weitergehen konnte, politisch wie wirtschaftlich, und vor allem auch moralisch. Konrad Adenauer übernahm viel daraus für das erste Parteiprogramm der neu gegründeten CDU. Und weil die bekanntlich auch die ersten Wahlen gewann, kann man mit Fug und Recht sagen, dass ein Dominikaner die politische Ordnung der Bundesrepublik Deutschland maßgeblich mitgeprägt hat, vor allem die Impulse zur sozialen Marktwirtschaft. Bruder Weltys Hauptanliegen war ein gerechtes Staatswesen mit einer ebenso gerechten Eigentumsordnung, die dem Gemeingut angemessen und förderlich für alle sein sollte. Ein ungebremster Kapitalismus, zügelloser Wettbewerb und hemmungsloses Gewinnstreben sollten überwunden werden.

Inga ist schwer beeindruckt. Dass gerade ein Mönch auf ihrem Fachgebiet so Großes geleistet hat, stimmt sie mehr als nachdenklich.

Endlich erreichen wir das Büro von Pater Rufus. Hier ist wenigstens geheizt. Ansonsten sieht alles schwer nach Auflösung aus: keine Bücher in den Regalen, keine Vorhänge an den Fenstern, nur noch ein hölzerner Christus über dem verwaisten Schreibtisch. Darauf ein betagtes grünes Telefon.

Pater Rufus entschuldigt sich, dass er uns nichts Warmes mehr zu trinken anbieten kann, aber der Wasserkocher ist auch schon verpackt, genau wie alles andere.

Die Tagungsstätte Walberberg ist nämlich bereits geschlossen, und auch das Kloster selbst wird Ende des Jahres aufgeben. Die letzten Brüder, die am Ende noch übrig waren, sind inzwischen ausgezogen. Nur Pater Rufus ist noch da und wickelt ab. Der Abschlussgottesdienst ist für Totensonntag angesetzt. Zuletzt belief sich das jährliche Defizit auf über 120 000 Euro, die Mönche sind schlichtweg pleite. Anfangs hatte man noch überlegt, einen größeren Teil des

Gebäudes als Reha-Anstalt oder Altersheim zu nutzen, aber der Umbau rechnete sich noch weniger als Robertos hellenischer Fischzug. Als »zweites Standbein« hatte man die Tagungsstätte einst für gesellschaftliche und politische Vereinigungen gegründet. Allerdings stand Walberberg deshalb auch immer wieder in der internen Kritik – ein profitorientiertes Seminarhotel verträgt sich eben nicht so recht mit den »Satzungen« eines Bettelordens.

Gerade ist man in Verhandlungen mit einem Bonner Bildungswerk, mit irgendwelchen Ökoleuten und Friedensbewegten. Für einen Moment leuchten die freundlichen Augen von Pater Rufus auf. Da würde er sich gerne noch einmal einbringen, etwas bewegen. Vermutlich wird es am Ende aber doch darauf hinauslaufen, dass er wie geplant in eine Zweizimmerwohnung zieht und als Dorfpfarrer eine kleine Gemeinde betreut.

Armer Pater Rufus.

In den 60er-Jahren lebten hier allein 120 Hochschulmitglieder, davon 80 Studenten, erzählt er stolz von der Zeit, als er selbst als junger Mönch hier studiert hat. Früher, erinnert er sich, ist man ganz selbstverständlich in die Religiosität hineingewachsen, man war Außenseiter, wenn man *nicht* dazugehörte. Heute ist es umgekehrt, was nicht zuletzt den Dominikanern ihre Nachwuchssorgen beschert hat. Aber auch innerhalb der Kirche beklagt er einen Mangel an Aufbruchsstimmung. »Die Kleingläubigsten sitzen in den kirchlichen Amtsstuben«, ereifert er sich, weil er findet, dass die Oberen das nahende Ende der Volkskirche ausgerechnet durch Bürokratisierung hinauszuzögern versuchen. »Aber wie soll man die Kirche offensiv nach außen vertreten, wenn man nach innen keine Visionen hat?«

Für die private, allein vom Orden finanzierte theologische Hochschule in Walberberg kämen aber alle Visionen ohnehin zu spät. Sie wurde bereits 1975 aufgelöst, weil sie sich nicht mehr trug. Das ist auch deshalb ganz besonders traurig, weil die ganze Entstehung des Ordens wesentlich auf den wissenschaftlich-theologischen Aspekt der Predigt zurückzuführen ist. Und das kam so:

In Calaruega nahe dem nordspanischen Burgos wurde 1170 im heute noch bestehenden »Torre de Guzman« Domingo, der älteste Sohn eines spanischen Adelsgeschlechts und spätere Gründer des Dominikanerordens, geboren. Heute befindet sich dort ein modernes Kloster – Inga und ich haben es bereits vor einigen Monaten besucht –, das weltweit führende Zentrum der dominikanischen Idee. Es beherbergt die größte Sammlung an Schriften der Dominikaner, darunter die ältesten Abschriften der Originalbriefe von Dominikus aus dem 12. Jahrhundert.

Es war eine unserer ersten gemeinsamen Reisen und ich erinnere mich noch gut, wie mir Inga am Abend mit großer Flamenco-Gebärde ihre ersten Notizen überreichte:

*Espana, Calaruega, Torre de Dussmann (?), Domingo Adeliger, gründet Kloster und sammelt alte Schriften. 12. Jhd. Olé.*

Und dafür die 1200 Kilometer Fahrt. Inga und ich hatten damals ein längeres, ziemlich intensives Gespräch, haben uns dann aber anschließend doch wieder so weit zusammengerauft, dass wir noch irgendwo einen Happen essen gehen konnten. Inzwischen sehen ihre Notizen erheblich anders aus und deshalb bin ich, zumindest was die Ordensgeschichte betrifft, relativ fit.

Von dem jungen Augustiner-Chorherrn Domingo heißt es, dass er ein zurückhaltender Mann war, dem es nicht lag, sich in den Mittelpunkt zu stellen. Als er jedoch während einer Reise nach Rom mit seinem Bischof durch Südfrankreich kam, geriet er unversehens mitten ins Zentrum der Katharer, oder, aus dem Griechischen übersetzt, der »Reinen«, deren Namen wir in unserem Wort Ketzer wiederfinden. Diese gnostische Sekte feierte geheime Messen, erkannte nur ihr eigenes Taufsakrament an und betrachtete die römische Kirche mit ihrem weltlichen Machtanspruch als Werk des Teufels. Der Papst hatte sich damals gegenüber dem Kaiser durchgesetzt, was dazu führte, dass die Kirche mehr und mehr weltlichen Luxus übernahm und spirituell immer unglaubwürdiger wurde. Viele Menschen wandten sich deshalb von ihr ab und schlossen sich vor allem in Südfrankreich den Katharern an, die dort mit dem Aufbau einer Gegenkirche begonnen hatten.

Die Katharer prangerten jedoch nicht nur die Verkommenheit des Klerus an, sondern setzten dem eine konsequente asketische Lebensweise entgegen. Und da sie ihre Lehren, ganz anders als damals üblich, in der Landessprache verbreiteten, erfuhren sie rasch großen Zulauf, nicht nur in Frankreich, sondern zum Beispiel auch in Deutschland. Dominikus war entsetzt über das Ausmaß dieser Bewegung – aber, ob er wollte oder nicht – auch beeindruckt von der Konsequenz dieser Menschen, die Wasser predigten und auch tatsächlich Wasser tranken.

Schnell wurde ihm klar, dass dieser Gefahr mit der Verdammung der Katharer allein kaum beizukommen war, sondern nur mit einer argumentativ gefestigten, positiven Darstellung der christlichen Idee. Dafür wollte Dominikus einen Orden gründen, dessen Mitglieder die Abtrünnigen durch sogenannte »Predigten auf Augenhöhe« wieder in den Schoß der Kirche zurückführen sollten. Doch die Grundlagen dafür schüttelte man nicht so einfach aus dem Ärmel. Deshalb wurde das Studium der Theologie und Philosophie, Didaktik und Rhetorik später Grundvoraussetzung für jedes Mitglied des neuen Predigerordens. Damit unterschieden sie sich sowohl von den etablierten Benediktinern als auch von dem zur gleichen Zeit gegründeten Franziskanerorden, der völlig andere Ziele hatte.

Dominikus ließ sich, unterstützt von seinem Bischof, im französischen Languedoc, dem Kernland der Katharer, nieder und begann zunächst ein einfaches Leben als Wanderprediger. Es dauerte eine Weile, bis die Leute begriffen, dass da einer aus der »offiziellen« Kirche eigentlich fast dieselben Werte predigte wie die »Reinen« und überdies öffentliche Diskussionen mit ihnen nicht scheute. Schließlich gründete er in Prouille nahe Toulouse sein erstes Kloster – es war ein Frauenkloster, in dem bekehrte Katharerinnen Aufnahme fanden. Doch seine Idee des ehrlichen Gesprächs, des gleichberechtigten Austauschs von Argumenten zwischen den Konfessionen, entsprach zwar dem Evangelium, nicht aber der Machtpolitik der Kirche. Und da auch der tapfere Dominikus den sich immer weiter ausbreitenden Flächenbrand nicht stoppen konnte, wurde dieser schließlich von Papst Innozenz III. im sogenannten Katharerkreuzzug brutal und blutig erstickt. Dominikus' Worte wurden Lügen gestraft, denn wie so oft standen letztlich höchst weltliche Interessen im Vordergrund, und die ließen sich eben nur mit weltlichen Mitteln durchsetzen. Den verheißungsvollen religiösen Gesprächen war damit ein jähes Ende gesetzt.

Trotzdem ließ Dominikus sich nicht von seinem Vorhaben abbringen und gründete 1215 in Toulouse den Predigerorden. Er setzte durch, dass die Dominikaner durch Lehrstühle an den bestehenden Universitäten und durch die Einrichtung eigener Generalstudien bald eine führende Rolle in der mittelalterlichen Wissenschaft spielen konnten. Bestes Beispiel: die großen Dominikaner Albertus Magnus und Thomas von Aquin, Letzterer liegt übrigens im Gründungsort Toulouse begraben. Als Dominikus starb, besaß sein noch junger Orden schon über sechzig Niederlassungen in ganz Europa, vor allem in den großen Universitätsstädten. Eine Erfolgsgeschichte.

Nach einer Erfolgsgeschichte hatte es auch in Walberberg einmal ausgesehen. Jetzt aber heißt es, Rufus allein zu Hause. Ich kann ihm gut nachfühlen. Vielleicht sogar besser, als er ahnt. Da ist nämlich etwas, was ich bislang nicht erwähnt habe, irgendwie war nie der rechte Moment. Aber in den letzten Tagen haben sich urplötzlich einige Dinge in meinem Leben verändert, alle zum Schlechteren. Es ist nämlich tatsächlich passiert. Unsere Wohngemeinschaft ist am Ende. Rumms! Mein nunmehriger Exfreund Ludwig hat mir den Laufpass gegeben und ist auch gleich ausgezogen. Unser Mitbewohner, mein Freund Martin, wird sich ebenfalls von dannen machen, er hat einen neuen Job in Berlin. Und meine vierbeinige und vielleicht beste Freundin Marnie ist tot. Vom Balkon gestürzt. Immerhin, es war ein Tod aus Liebe. Unten im Garten lief ihr Galan vorbei, der Golden Retriever Paul. Als sie am Geländer hochgesprungen ist, hat sie wohl ihre dreizehn Jahre nicht gespürt. Eigentlich kein schlechter Tod.

Und was wird jetzt aus mir?

Ich könnte etwas menschliche Wärme gebrauchen. Der Mönch mit seinen freundlichen Augen könnte so jemand sein, an den man sich jetzt gern anlehnen würde. Unter anderen Umständen natürlich.

Bevor Pater Rufus das Himmelfahrtskommando hier in Walberberg angetreten hat, war der studierte Psychologe nämlich unter anderem lange Zeit in der Ehe- und Sozialberatung tätig. Das volle Programm, von Therapiewochenenden über Gestalttherapie bis hin zum Psychodrama. Was immer Psychodrama auch sein mag, es hört sich im Moment an, als wäre es wie für mich gemacht, ja als hätte ich es erfunden – *I wrote the book*, wie ein amerikanischer Freund von mir immer sagt. Vielleicht sollte ich Pater Rufus doch mal fragen, ob er nachher noch ein halbes Stündchen Zeit hat, für ein privateres Gespräch.

Leider keine gute Idee. Denn rückblickend musste der Pater, wie er im nächsten Moment erzählt, einsehen, dass ihm letztlich doch einige entscheidende Erlebnisse und Erfahrungen fehlten, um den Paaren wirklich bis in die tiefsten Winkel Ratschläge erteilen zu können. Ist ja auch logo. Und nein, es geht nicht um Sex, das wäre ja einfach. Es geht um die kleinen Machtschiebereien, die sich in jede Beziehung irgendwann einschleichen. *Auf die Idee bist du doch nur gekommen, weil ich dich drauf gebracht habe, du solltest mir die Füße küssen. Ich mache viel mehr für dich, als du für mich. Wer ist eigentlich mit der Gartenarbeit dran? Ach hör doch auf, wo wärst du denn heute, wenn ich damals nicht* … da capo sine fine.

Sex kann sich auch ein Pater wahrscheinlich durchaus vorstellen, dafür reicht die Fantasie und vielleicht auch die eigene Erinnerung. Aber möglicherweise kaum, wie brutal Menschen einander zerfleischen können, wenn sie ungebremst – einer wie Benedikt würde sagen, ohne Regel – aufeinander losgehen. Und was da alles ausgegraben wird. *Wir stünden ganz anders da, wenn du damals nicht* … Kann ja eigentlich gar nicht klappen, so eine Beziehung. Oder?

Pater Rufus lächelt mich an, als könnte er meine Gedanken lesen. »Um innerlich im Lot zu sein, ist das Wichtigste vor allem anderen die Liebe. Und Gott ist die Liebe.«

O nein, nicht schon wieder. Schwester Klarissa lässt grüßen. Und was fange ich jetzt damit an?

»Einer der entscheidenden Punkte unseres Ordenslebens ist, die Liebesvereinigung mit Gott täglich zu leben, um dadurch die anderen immer wieder an dieses Ziel zu erinnern. Gott hat uns aus Liebe erschaffen und er möchte wiedergeliebt werden. Denn immer, wenn wir lieben, säen wir dieses positive Gefühl um uns, das dafür sorgt, dass es uns gut geht.«

Ich sehe verstohlen zu Inga, aber sie verzieht keine Miene und lässt nur gewissenhaft ihren Stift übers Papier fliegen.

»Wie vielen Menschen, glauben Sie, ist es bewusst, dass es letzten Endes nur darauf ankommt? Wie viele verlieren dieses Ziel und damit den Sinn des Lebens völlig aus den Augen und bleiben an irgendwelchen Dingen am Wegrand hängen, die aufs Ganze gesehen doch gar nichts bringen.«

Ich wahrscheinlich gerade. Na ja, es stimmt schon. Je mehr Liebe ich selbst in den unangenehmen Dingen, zum Beispiel den Streitereien mit meinem Freund, aufbringen kann, desto weniger wird es mich ärgern und mein Leben negativ beeinflussen. Vielleicht sollte man weniger sagen: *Ärger dich nicht,* und öfter: *Liebe mehr!*

Wenn das nur so einfach wäre. Seinen Chef mehr zu lieben, der Unmögliches von einem verlangt, seinen Partner, dem man nichts recht machen kann, seine Mutter, die einen mit ihren Ängsten nervt, oder die Nachbarn, deren Baby schon wieder so laut schreit, dass man kaum arbeiten kann. Die soll man alle mehr lieben?

Aber wenn man das könnte, immer und zu jeder Situation und sich eben nicht aufregen würde, wäre das nicht toll? Wenn wir tatsächlich aus Liebe gemacht sind, dann wäre das doch unser natürlicher Zustand, zu dem wir eigentlich immer wieder zurückfinden müssten? Werde ich gerade ein bisschen weich?

Pater Rufus jedenfalls fühlte sich nach 16 Jahren als Paartherapeut nur noch ausgebrannt und wandte sich stattdessen seiner ganz persönlichen Leidenschaft zu: der Mystik. Beim Erzählen kommt er regelrecht ins Schwärmen und erwähnt sogar etwas, wovon ich bislang überhaupt noch nie gehört habe: die erotische Mystik, etwa die des Spaniers Johannes am Kreuz, der gemeinsam mit Therese von Avila den Orden der unbeschuhten Karmeliter gründete. Und auch die drei großen deutschen Mystikerinnen Gertrud von Helfta, Mechthild von Magdeburg und Mechthild von Hackeborn aus dem Kloster Helfta, das er uns dringend für unseren Reiseplan empfiehlt, besangen die Liebe zu Gott in regelrechten Minneliedern und widmeten ihr innige Liebesgedichte. Das größte Vorbild von Pater Rufus ist und bleibt jedoch Meister Eckhart, der zwischen dem 13. und 14. Jahrhundert lebte und von dem solch wunderbare Sätze überliefert sind wie dieser:

*Erkenne dich selbst, und wo du dich findest, da lass von dir ab.*

Wie so oft in der Mystik, egal welcher Religion, gelingt es mir auch bei diesem Satz nicht, bis in den tiefsten Kern seiner Bedeutung vorzudringen, aber wie so oft in der Mystik hinterlässt er dennoch ein herrlich warmes Gefühl im Bauch. Ja, Susanne, erkenne dich selbst, und wo du dich findest, da lass von dir ab. Genauso werde ich es machen.

Trotzdem, ein bisschen Skepsis bleibt. Ist das Ganze nicht auch eine Art Flucht vor der Wirklichkeit? Wenn ich meinem Ex heute Abend eine Minne-Mail schreibe, kann es mir glatt passieren, dass er mir einen vor den Koffer gibt und es mir danach noch dreckiger geht. Bei Gott passiert so was nicht.

Pater Rufus sieht auf die Uhr. Er hat noch einen Termin

und möchte sich rasch umziehen. Inga packt ihre Unterlagen zusammen, und wir verabschieden uns. Die Stimmung ist immer noch ein bisschen gedrückt, aber vielleicht liegt das auch an mir.

»Machen Sie sich nicht zu viele Sorgen«, rät Pater Rufus mir zum Abschied. »Sie auch nicht«, kann ich da nur zurückgeben.

»Nein«, er lacht. »Jetzt beginnt noch mal ein neues Kapitel in meinem Leben. Darauf bin ich schon sehr gespannt.«

Wenn er das mit weit über 60 Jahren sagen kann, dann ich ja wohl erst recht. Also bitte, Susanne.

Auf dem Flur begegnen uns überraschend ein paar Männer. Wo kommen die denn auf einmal her? Es sind, wie sich herausstellt, Mitarbeiter des örtlichen Vergnügungsparks »Phantasialand«, an dessen Verwaltung der Orden einen der verwaisten Flügel des Klosters kurzfristig hat vermieten können. Als wir näher kommen, sehen wir, dass sie alle Krawatten mit Mickymäusen und Häschen tragen. Schon merkwürdig, wenn man sich vorstellt, dass sich früher hier an der gleichen Stelle Mönche zur Prozession in Richtung Kirche aufgestellt haben.

Ich muss an ein buddhistisches Kloster in Indien denken, wo ich mal für Filmaufnahmen war. Die Mönche dort lebten eigentlich recht sorgenfrei ausschließlich von den Almosen der Menschen um sie herum, nur damit sie meditierten. Sonst nichts. Etwaige karitative oder soziale Dienste versahen sie nicht. Doch niemand würde es je zulassen, dass ihr Kloster geschlossen würde.

Sind Häschen-Krawatten der Preis für unsere aufgeklärte, säkulare, westliche Gesellschaft? Und wie hoch ist der eigentlich?

Als wir an der Kirche vorbei zurück zum Parkplatz gehen, stelle ich mir Pater Rufus vor, der am Totensonntag hier seinen Abschiedsgottesdienst hält. Ob er wohl an diesem Tag auch Gott lieben und preisen wird, oder ist er nicht vielleicht doch ein klein bisschen sauer auf ihn?

# 6. Jesses Maria

Am Telefon hatte selbst ich als waschechte Bayerin einige Schwierigkeiten, unseren Kontaktmann Frater Florian zu verstehen. Er stammt aus Niederösterreich, und wie es ihn ausgerechnet hierher verschlagen hat, mitten ins Ruhrgebiet, ist eine der Geschichten, die ich gerne erfahren möchte. Immerhin meinte ich verstanden zu haben, dass wir im Bochumer Zisterzienserkloster Stiepel auch übernachten dürfen. Also schleppen wir jetzt bei strömendem Regen unser Gepäck quer durch den Innenhof und läuten an der Klosterpforte. Nichts. Wir zerren das inzwischen halb aufgeweichte Gepäck wieder zurück zum Vordertrakt, wo in einem Büro eben noch Licht brannte. Der Büroleiter versucht, Frater Florian aufzutreiben, aber der scheint sich in Luft aufgelöst zu haben. »Dann muss ich wohl ein bisschen privater werden«, flachst der Mann grinsend, und tatsächlich findet er Florian im Privatissimum der Mönche, der Klausur. Zutritt für Frauen strengstens verboten. Doch wenigstens ins Gästehaus wird uns Einlass gewährt.

Die Zelle, die man uns zuweist, ist – wie könnte es anders sein – sehr einfach und erinnert mich ein wenig an meine früheren Fahrten ins Schullandheim. Offenbar sind aber seit meiner Zeit die Schullandheime um mindestens zwei Sterne aufgemotzt worden, denn Inga, die wegen der Sache mit dem nicht gestellten Wecker und meiner anschließenden Gardinenpredigt psychisch ohnehin noch ein wenig angezählt ist, kommen beinahe die Tränen. Aber da muss sie jetzt durch, wir sind schließlich bei den Zisterziensern, und wie sagte schon eines ihrer berühmtesten Ordensmitglieder, Bernhard von Clairvaux:

*Halte aber das Paradies der inneren Wonne nicht für einen körperlichen Ort. Diesen Garten betritt man nicht mit Füßen, sondern mit dem Herzen.*

Immerhin, es gibt einen kleinen Schreibtisch, und Inga macht sich gleich gesenkten Hauptes an die Vervollständigung unseres weiteren Reiseplans. Wir wollen nämlich anschließend außerplanmäßig noch nach Marienstatt, zur dortigen Wallfahrt.

Als wir beiden eigentümlichen, aus der Rippe des Mannes geformten Wesen (wer das nicht versteht, bitte in 1. Mose 2, Vers 18 ff. nachschlagen) dann den ebenfalls schullandheimeligen Speisesaal betreten, lässt zum Auftakt ein offenbar etwas schüchterner Mönch, der zum Küchendienst eingeteilt ist, vor Schreck einen Stapel Teller fallen und schiebt sich rückwärts zurück in die Küche. Hallo, wir sind's doch bloß, hat uns denn keiner angekündigt? Das Abendessen ist – wie könnte es anders sein – sehr einfach. Die kulinarische Ausbeute besteht aus Nescafé und Beuteltee, Brot, Dreieckskäse und Plastikwurst. Doch wie gesagt, Inga, wir sind bei den Zisterziensern und nicht im Münchner Tantris. Immerhin verwöhnt uns Frater Florian als Begrüßungstrunk mit einem original österreichischen Aprikosenschnaps.

Kloster Stiepel wurde erst 1988 von Mönchen des Stifts Heiligenkreuz gegründet, die erste Neugründung dieser bedeutenden österreichischen Zisterzienser nach 661 Jahren! Wir werden ihnen noch begegnen. Der Anfang in Stiepel war nicht einfach. Das noch junge Bistum Essen, dessen erster Bischof – der beliebte und äußerst couragierte Kardinal Franz Hengsbach – die Gründung des Klosters jahrelang angeregt hatte, steckte in einer ernsten wirtschaftlichen Krise. Der neu angelegte Kreuzweg wurde bei Nacht und Nebel durch Vandalismus zerstört. Ständig gab es Führungswechsel. Doch mit der Hilfe ihres Mutterstifts haben es die Zisterzienser vom Kohlenpott geschafft. Bis heute ist Kloster Stiepel allerdings als Priorat nur teilweise selbstständig und untersteht formell nach wie vor dem Abt von Stift Heiligenkreuz in Österreich. Und damit ist nun auch klar, wie der Dialekt von Frater Florian sich ausgerechnet hierher verirrte, wo die Leute *Hömma!* rufen, wenn sie finden, dass Inga ihnen die Vorfahrt genommen hat.

Da Prior Maximilian uns nicht vor 22 Uhr empfangen kann – vorher hat er leider keine Zeit –, machen wir nach dem Abendessen erst einmal einen kleinen Verdauungsspaziergang über das Klostergelände und durch das Bochumer Nobelviertel Stiepel. Der Himmel hat ausnahmsweise aufgehört zu weinen, und der Mond, der hier im Kohlenpott auch Säufersonne genannt wird, lugt hinter den Wolken hervor.

Inga ist ausgenommen friedlich gestimmt. Eine gute Gelegenheit, mich noch einmal auf mein Gespräch mit dem Abt vorzubereiten, indem ich mit ihr ein bisschen Stoff über die Zisterzienser und den asketischen Bernhard von Clairvaux wiederhole. »Der war zwar nicht der Gründer, aber ohne ihn hätte der Orden seine schwierige Anfangszeit nicht überlebt«, doziere ich. »Der Anstoß für die Entstehung der Zisterzienser war seinerzeit das prunkvolle und nur noch auf die Liturgie ausgerichtete Leben des Benediktinerklosters von Cluny im französischen Burgund.«

Eigentlich hatte ich an dieser Stelle Widerspruch erwartet, wenigstens Erstaunen. Kommt denn gar nichts? Endlich tut mir Inga den Gefallen und spielt mit.

»Wie, prunkvoll? Neulich hieß es doch noch, dass dieser Benedikt so scharf aufs Maßhalten war.«

Das stimmt. Aber wie das eben gehen kann bei den Menschen und offenbar auch bei den Mönchen: Selbst in einer schönen Idee steckt garantiert ein Teil, der noch schöner ist als der ganze Rest. Warum sich nicht auf den konzentrieren? Wenn ich die Kruste vom Schwarzbrot abschneide, esse ich ja trotzdem immer noch Schwarzbrot, und das ist ja wohl gesund.

Das »Licht der Welt«, so hatte Papst Urban Cluny im Jahr 1100 genannt, das einflussreichste religiöse Zentrum des gesamten Mittelalters und Ausgangspunkt einer der bedeutendsten Klosterreformen. Im Zentrum stand die Rückkehr zu den ursprünglichen Ideen des heiligen Benedikt. Man wollte der Verweltlichung des Klosterlebens entgegentreten. *Ora et labora*, bete und arbeite. Im Laufe der Zeit jedoch schlingerten die Mönche von einem Extrem ins andere, und bald schon betete jeder von ihnen 215 Psalmen am Tag, obwohl Benedikt selbst nur 37 vorgeschrieben hatte. Das *Labora* wurde demgegenüber vollkommen vernachlässigt und fortan von Laien erledigt. Durch seine immer größere Prachtentfaltung übte das Kloster zudem auch eine wachsende Anziehung auf Adelige aus und erhielt in der Folge immer reichere Schenkungen. Ein Teufelskreis.

Auch einige der Mönche selbst vermochten in dem, was sich in Cluny abspielte, nur noch wenig von dem zu erkennen, was doch einmal die Grundidee gewesen sein sollte. Ohne langes Zögern beschlossen sie, unter der Führung von Robert von Molesme in den Wäldern von Citeaux im Burgund ein neues Kloster zu bauen, wo sie wieder gemäß der Regel maßvoll und in Demut vor Gott und der Schöpfung leben konnten.

Mit eigener Hände Arbeit rodeten sie den Wald, doch ein strenger Winter, knappe Lebensmittel und Krankheiten trieben sie beinahe ins Verderben. Viele Mönche starben, und die Bewohner der umliegenden Klöster höhnten, weil keine neuen kamen, um die Plätze der Verstorbenen einzunehmen. Ihr Abt Steven Harding war kurz davor aufzugeben, als es eines Nachts an die kleine Holztür klopfte. Draußen standen 30 Männer und baten um Einlass. Sie wurden angeführt von dem Adeligen Bernhard de Fontaine, der schon früh beschlossen hatte, den Weg Benedikts einzuschlagen und nun in Citeaux genau den richtigen Ort für seine Gesinnung gefunden hatte.

Mit der tatkräftigen Hilfe von Bernhard und seinen Gefährten ging es bergauf, und die neue Gemeinschaft konnte endlich ein geistlich ausgerichtetes und gleichzeitig autarkes Leben führen. Bereits drei Jahre später wurde Bernhard ausgeschickt, ein Tochterkloster (für Männer) zu gründen. Mit einer Schar Mönche drang er in einen dichten Wald vor, den sie unter größten Entbehrungen rodeten und schließlich in ein »Lichttal« verwandelten, und unter diesem Namen, *Clairvaux,* sollte Bernhard dann auch in die Geschichte eingehen.

Unter seiner Leitung wurde Clairvaux zu einem mächtigen religiösen Zentrum, das schließlich als Mittler zwischen Königen und Fürsten wirkte, die Wahl von Bischöfen und Päpsten beeinflusste und über Glaubenslehren mitbestimmte. Und Bernhard selbst wurde zum Symbol einer Massenbewegung, die Adel und Volk gleichermaßen ergriff und schließlich im Zweiten Kreuzzug münden sollte. Zu dem hatte Bernhard im Jahre 1146 selbst im Auftrag des Papstes aufgerufen und gar das ritterliche Ideal beschworen, welches das Sterben für Gott als besonderes Verdienst darstellte. Eine Welle der Kreuzzugs-Begeisterung schwappte durch ganz Europa. Selbst der französische König Ludwig VII. machte sich auf. Bernhard hatte sie alle mit den Worten befeuert:

*Ein Ritter Christi tötet mit gutem Gewissen; noch ruhiger stirbt er. Wenn er stirbt, nützt er sich selber; wenn er tötet, nützt er Christus.*

Bernhard Bin Clairvaux, feixt Inga, und so ganz unrecht hat sie damit nicht. Wenn man in diesem Zitat nur zwei kleine Wörtchen austauschen würde, wäre das noch heute die perfekte Rechtfertigung für islamistische Selbstmordattentäter. Den Muslimen wollten sie damals ja auch ans Leder, und wenn wir heute so stolz sind auf die kulturellen und geistesgeschichtlichen Errungenschaften unserer christlich-abendländischen Zivilisation, muss man leider sagen: Das gehört auch dazu, ebenso wie die Pogrome gegen die Juden, die in der Kreuzzugseuphorie gleich mit umgebracht wurden. Nach heutigen Maßstäben könnte man Bernhard, wenn auch nicht den ganzen Bernhard, mit Fug und Recht als Hassprediger bezeichnen, und ich frage mich gerade, ob ich mich vielleicht ein bisschen zu viel von meiner Faszination für diese »fremde« Religion hier habe einlullen lassen. Demut? Für's Erste nein danke.

Ich erinnere mich auch wieder an ein paar merkwürdige Gemälde, auf die ich während meiner Recherche zu Bernhard gestoßen bin, zum Beispiel *Maria Lactans*. Darauf wird Maria gezeigt, wie sie aus ihrer Brust dem verzückten vor ihr knienden Bernhard Milch direkt in den Mund spritzt. Kein Wunder, dass er sich selbst dann auch »Mariens getreuer Bernhard« nannte. War das jetzt eine besondere Form mittelalterlicher religiöser Minne oder Sublimierung pur? »Das werden wir schon rauskriegen«, meint Inga und verzieht das Gesicht. Wenn dann hier. In Stiepel ist nämlich nicht nur das neue Kloster beheimatet, sondern auch das berühmte Gnadenbild der »Schmerzhaften Mutter von Stiepel«, eine etwa 70 Zentimeter hohe spätgotische Marienskulptur aus dem 15. Jahrhundert.

Seitdem die Schmerzhafte Mutter von Prior Maximilian und seinen Mönchen gemanagt wird, ist hier in Stiepel die Hölle los. Besser gesagt, die neu erblühte Wallfahrt, auch Beten mit Füßen genannt, ist zu einer regelrechten Touristenattraktion geworden. Die Stiepeler Anwohner sahen das rege Treiben anfangs mit gemischten Gefühlen, denn fortan waren die ehedem ruhigen Vorortstraßen plötzlich regelmäßig verstopft. Beten mit Bussen. Jahr für Jahr melden über 400 Gruppen ihren Besuch bei der Madonna und den Mönchen von Stiepel an: Sie kommen, um zu bitten und zu danken, Gottesdienste zu feiern und Andachten zu halten, den Kreuzweg zu gehen und am Chorgebet der Mönche teilzunehmen. Oder vielleicht auch, um einfach nur mal zu gucken, wie es so bei Mönchs zugeht.

Zurück im Kloster dürfen wir nun endlich zu Prior Maximilian. Ein seltsamer Vogel, so verklärt. Und offenbar hat er auch gar nichts dagegen, dass wir das merken. Er wirkt wie ein Mann, der seine Bestimmung gefunden hat und sich damit sehr wohl fühlt. Die Bestimmung von Prior Maximilian ist die Marienspiritualität. Inga wirft mir einen triumphierenden Blick zu, den ich aber tunlichst ignoriere. Mach keinen Mist, Inga.

Prior Maximilian erzählt uns noch einmal die ganze Lebensgeschichte der Muttergottes, die ich eigentlich zu kennen glaubte. Trotzdem kommt es mir vor, als hätte ich sie *so* noch nie gehört. Außerdem schwärmt er für alte Marienfiguren, die er sammelt und dann liebevoll restaurieren lässt.

Für eine Fatimastatue, die er vor einiger Zeit geschenkt bekam, hat er sogar eigens eine Lichterkettenprozession organisiert. Und dann ist da noch die jeden 11. im Monat stattfindende Wallfahrt »seiner« Schmerzhaften Mutter von Stiepel, für die er das Mariengebet höchst selbst verfasst hat. Prior Maximilian ist kaum noch zu bremsen. Inga dreht sich auch schon zum Fenster weg und putzt sich ausgiebig die Nase. Könnte es sein, dass der kleine Max ein bisschen in Maria verknallt ist? Wäre doch gar nicht so schlimm.

Eigentlich bin ich davon ausgegangen, dass wir unseren Termin mit Prior Maximilian allein haben würden, aber während wir reden, scharwenzelt ständig ein junger, hübsch anzusehender Mitbruder um ihn herum, der anscheinend auch mal was sagen will. Was macht der eigentlich hier? Aber die Frage kann ich ja wohl schlecht so bringen, also frage ich stattdessen: »Und was machen Sie so hier?«

Mit koketter Kopfbewegung stellt sich unser neuer Freund als »Mädchen für alles« vor. Aha. Und was beinhaltet das so alles? Da lächelt er nur, ein bisschen verlegen. Ganz klar, der ist unsicher. Sofort erwacht die Jägerin in mir. Jetzt nachsetzen, die Beute stellen. Auf meine zugegeben nicht ganz politisch korrekte Frage, wie es denn eigentlich vor seiner Berufung mit den Frauen aussah, wird der arme Kerl prompt rot und schwärmt mir eilig haspelnd etwas von der Großfamilie vor, die er früher gerne einmal gehabt hätte, wenn nicht ... Inga beißt sich auf die Lippen und hat schon wieder was in der Nase. Das »Mädchen für alles« senkt schamvoll den Blick. Ungerührt will ich wissen, ob für ihn die Marienverehrung eine ähnlich große Bedeutung hat wie für den Prior.

»Ja, äh, also ...«

Vielleicht wird gerade unser Auto geklaut. Auf jeden Fall

hat Inga da draußen etwas entdeckt, was ihre Aufmerksamkeit nunmehr voll in Anspruch nimmt.

»Mensch, was warst du gemein!«, flüstert Inga mir zu, kaum dass wir das Büro des Priors verlassen haben. »Die arme Seele so in die Mangel zu nehmen. Der hatte doch überhaupt keine Chance gegen dich.«

»Ich mache einen Film«, zische ich zurück. »Da muss man dranbleiben. So ist das nun mal.«

Kaum sind wir in unser karges Schlafgemach zurückgekehrt, wirft Inga sich auf ihr Bett und prustet los.

»Hast du gehört, wie der Typ von Maria geschwärmt hat?«, kreischt sie und strampelt, auf dem Rücken liegend, mit den Beinen. »Wie manche Männer von Marlene Dietrich.«

Ja, lustig. Mein Killerinstinkt ist von einer Sekunde auf die andere verflogen und macht einem seltsam flauen Gefühl Platz, das jeder kennt, der ahnt, was ihm gleich blühen wird. Man schämt sich zwar nicht, noch nicht, weiß aber, spätestens in ein paar Stunden wird man sich wie der größte Arsch vorkommen und den Blues kriegen. So sicher wie das Amen in der Kirche.

Um Inga in ruhigere Bahnen zu lenken und mein aufkeimendes schlechtes Gewissen zurückzudrängen, erinnere ich sie ausführlich daran, wie nett die Leute hier doch alle zu uns waren. Sogar übernachten lassen sie uns bei sich.

»Ist ja wohl keine Kunst«, kontert Inga. »*Wir* sind für die doch keine Gefahr. Das war doch eben original aus *La cage aux folles*.«

»Keine Ahnung«, gebe ich, jetzt schon ziemlich pampig, zurück. »Und selbst wenn, das geht uns nicht die Bohne an. Außerdem gibt es das Zölibat, fertig. Was machen eigentlich die Kotflügel?«

Licht aus.

Mit Einschlafen ist bei mir aber Fehlanzeige. Tja, so ist das, geht es mir durch den Kopf, wenn jemand sich für ein anderes, vielleicht sogar besseres, anständigeres, auf jeden Fall aber bewussteres Leben entscheidet. Da schaut unsere angeblich so liberale Welt dann aber ganz genau hin. Macht ja auch Spaß, gerade so jemanden in die Pfanne zu hauen, der durch sein schieres Anders-Leben-Wollen unsere konfektionierte Baukasten-Freiheit infrage stellen könnte. Wenn ein junger und etwas schüchterner Mönch, der sich von diesem ganzen Zirkus bewusst abgewandt hat, rot wird, dann wollen wir es natürlich ganz genau wissen.

Sexuelle Bekenntnisse, egal in welcher Form, wer wo was reinsteckt, landen gerne mal ganz vorne auf den Bestsellerlisten und werden uns als Befreiungsschlag suggeriert. Der Hedonismus irgendwelcher Stars gilt als ein Muss, sonst wären sie ja nicht interessant. Eine ganze Medienindustrie lebt schließlich davon, wer mit wem.

Ehrlich gesagt hatte ich gehofft, um das Thema Sex bei Priestern und Nonnen einfach herumzukommen. Aber das geht wohl nicht, dafür habe ich blöde Kuh ja eben selbst gesorgt. Bei den Brüdern von Stiepel ist die Antwort ganz einfach, glaube ich. Die schaffen das locker, sie haben ja Maria. Manche schaffen es aber auch nicht, und dann wird es übel, vor allem, wenn andere darunter leiden, Kinder und Jugendliche, die sich nicht wehren können. In solchen Fällen hat das Krisenmanagement der Kurie oft versagt.

Viel zu oft wurde versucht, die Sache zu bemänteln wie etwa in den USA, was die gesamte katholische Kirche dort durch drohende Schadensersatzklagen buchstäblich in den Ruin treiben könnte. Oder im Fall des Wiener Kardinals Hans Hermann Groer, an dem der Vatikan sogar noch festhielt, als die Hinweise, er sei ein Kinderschänder, sich schon haushoch türmten. Erst Johannes Paul II. fand klare Worte.

Und was ist mit ganz normalem Sex? Also dem zwischen Erwachsenen, egal, in welcher Kombination?

Biblisch betrachtet ist eigentlich alles klar. »Was die Jungfrauen angeht, habe ich kein Gebot des Herrn!«, schreibt Paulus an die Korinther. So weit, so gut, doch er fährt fort: »Ich sage aber meine Meinung, als der ich die Barmherzigkeit erlangt habe von dem Herrn, ein Getreuer zu sein. So meine ich nun, es sei gut um der kommenden Not willen – es sei dem Menschen gut, ledig zu sein.«

Also. Kein Gebot des Herrn. Zudem muss man wissen, dass Paulus und überhaupt die gesamte christliche Urgemeinde noch der Parusie anhing, also dem Glauben, dass Jesus wenn nicht nächste Woche, dann aber bestimmt schon bald zurückkehren und die Menschheit erlösen würde. Wozu dann noch heiraten und Kinder machen? Zumal die Not tatsächlich groß war, denn die ersten Christen in Jerusalem hatten sich in Erwartung der baldigen Rückkehr Jesu nicht mehr groß um weltliche Belange gekümmert, sondern stattdessen in einer Art Edelkommunismus gelebt. Konnte ja nicht mehr lange dauern. Deshalb musste man in allen neuen Gemeinden, von Korinth bis Ephesus, für sie sammeln – die Geburt der Kollekte.

Auf alle Fälle ist das Zölibat für Priester kein biblisches Gebot, sondern eine Weisung der katholischen Kirche, an der sie aus pragmatischen Gründen bis heute festhält. Bei der Homosexualität sieht die Sache allerdings anders aus, die wird in Altem und Neuem Testament gleichermaßen geächtet.

Der geschlechtlichen Liebe gefrönt haben Priester und Bischöfe aber trotzdem, wenigstens immer mal wieder. Von Papst Alexander VI. ist bekannt, wie innig er nicht nur seine Mätresse Giulia Farnese liebte, sondern auch seine sechs Kinder. Trotzdem stellte der Bruch des Zölibats natürlich ein Problem dar, das auch früh in Angriff genommen wurde. Schon in einem römisch-germanischen Pontifikalbuch aus dem 10. Jahrhundert sind die Strafen so akribisch aufgelistet wie im Bußgeldkatalog der Verkehrspolizei.

*Wenn ein Kleriker mit einer Frau Unzucht treibt, ohne dass sie schwanger wird, muss er drei Jahre bei Wasser und Brot fasten, ein Mönch muss fünf Jahre, ein Bischof zwölf Jahre fasten.*

Eine harte Strafe. Doch auch hier obsiegte schließlich das Allzumenschliche, denn:

*Ein Jahr Fasten lässt sich auch abgleichen, indem der Sünder drei Tage an der Grabstätte eines Heiligen zubringt, ohne zu essen und ohne zu trinken und ohne seine Kleider abzulegen. Während der Zeit muss er Psalme singen.*

Anders sieht die Sache bei homosexuellen Beziehungen aus, die – obzwar unter Römern und Griechen offen akzeptiert und weit verbreitet – Paulus strikt ablehnte. Doch Homosexualität gab und gibt es nun einmal trotzdem, und paradoxerweise kann man heutzutage beinahe den Eindruck gewinnen, als sei die – natürlich inoffizielle – Haltung innerhalb der katholischen Kirche in dieser Frage inzwischen entspannter als in der Frage des Zölibats. Konnte einen noch vor einigen Jahren allein die Anerkenntnis, dass es *möööglicherweise* schwule Priester gebe, das Amt kosten, wird im Vatikan und auch in den Klöstern heute mittlerweile mehr oder weniger offen über Schwule im Amt gesprochen. Selbsthilfegruppen wie HUK (Homosexuelle und Kirche) werden ganz offiziell gefördert. Trotzdem bleibt Schwulsein auch weiterhin eine Sünde, doch die Kurie hat präzisiert, dass ein keusch lebender Homosexueller einem keusch lebenden Heterosexuellen in nichts nachsteht. Eine kleine Sensation, hinter der allerdings vielleicht auch diplomatisches Kalkül steckt. Denn wenn man die Homosexualität weiterhin mit derselben Ächtung belegt wie die Pädophilie, dann könnte nicht nur der Stammtisch, sondern auch die öffentliche Wahrnehmung allgemein beide in einen Topf werfen – und dann Gute Nacht, Mari(a).

Doch genug davon. Nur eins noch. Man kann zum Zölibat ja stehen wie man will, aber schon der Versuch, sich dem uns Menschen von der Natur oder vielleicht auch Gott aufgezwungenen Trieb (der noch dazu Spaß macht) zu widersetzen, verdient zunächst einmal großen Respekt, und keinen Hohn. Mahatma Ghandi hat auch irgendwann beschlossen, keusch zu leben, und der hatte sogar eine Frau. Auch danach noch. Gute Nacht, Susanne.

Den nächsten Morgen verbringen Inga und ich ziemlich einsilbig und irgendwie verkatert auf unserem Zimmerchen, mit Käsekuchen von gestern und einer Wassermelone. Raus trauen wir uns zum Frühstück nicht. Endlich schaffe ich es, mich bei Inga für die Abfuhr von gestern zu entschuldigen. Eigentlich hat sie nur unverdientermaßen meine Wut über mich selbst abgekriegt.

Innerlich haben wir uns schon für den Moment gestählt, da es an der Tür klopft und wir kühl aufgefordert werden, das Kloster jetzt doch bitte baldigst zu verlassen, der Pflicht des Christenmenschen, den Wandernden aufzunehmen, sei Genüge getan. Stattdessen lädt uns der immer fröhliche Frater Florian zum Mittagsgebet und anschließenden Essen ein. Das Mittagsgebet werde ich allein bestreiten, Inga muss noch ein paar Anrufe tätigen.

Die Kirche ist erstaunlich voll. Prior Maximilian, Frater Florian und ihre Mitbrüder zelebrieren das Chorgebet in lateinischer Sprache. »Mädchen für alles« kann ich allerdings nirgendwo entdecken. Dafür habe ich endlich die Gelegenheit, mir die weinende Madonna von Stiepel, die auf einem Seitenaltar steht, in Ruhe anzusehen. Die sitzende, von einem Schleier umgebene Maria hat ihren toten Sohn auf den Knien, dessen Kopf sie mit ihrer rechten Hand im Nacken stützt. Ihr Gesicht sieht eigentlich gar nicht schmerzerfüllt aus, schon gar nicht entsetzt oder gar hysterisch, wie man es bei einer solchen Tragödie erwarten sollte. Eher abwesend und ein bisschen verloren. Und unglaublich zärtlich. Das Gesicht einer Mutter, die weiß, dass das, was ihr widerfahren ist, Bestimmung war. Die trauert und trotzdem Trost findet. Oder spinne ich jetzt gerade?

Als wir nach dem Gottesdienst unsere Siebensachen verstaut haben und in den Speiseraum kommen, winkt uns aus der Küche schon Frater Florian zu, er klopft gerade mit blutigen Fingern unsere Schnitzel.

Juhuu, Schnitzel.

* * *

»Ave Maria, voll der Gnade. Der Herr ist mit dir. Gebenedeit bist du unter den Frauen. Gebenedeit ist die Frucht deines Leibes …«, plärrt die Stimme eines Paters über batteriebetriebene Lautsprecher durch den Westerwald. Mindestens 500 Stimmen wiederholen die Formel im Chor. Es sind hauptsächlich Wallfahrer aus den verschiedenen Dörfern und Städtchen rund um das Zisterzienserkloster Marienstatt.

Viele haben sich bereits um drei Uhr morgens auf den Weg gemacht. Die Hachenburger allerdings sind erst seit sechs Uhr auf den Beinen, die Stadt liegt nur etwa drei Stunden Fußmarsch entfernt. Deshalb sind mit den Hachenburgern auch Inga und ich unterwegs. Wenn die Strecke flach ist, spielt ein Posaunenchor, bei steileren Stücken hört man die Musikanten nur hecheln und schnaufen. Wir hecheln und schnaufen mit.

Die meisten Teilnehmer sind über 50 und nehmen jedes Jahr Blasen und aufgescheuerte Fersen in Kauf, nur um auch diesmal wieder dabei zu sein. Inga war oberschlau, sie hat sich extra vorher noch bequeme neue Joggingschuhe gekauft, Markenware. Das verraten wir unseren Mitwallfahrern aber besser nicht, denn wie ich unterwegs von einigen der Älteren höre, hat man sich früher sogar getrocknete Erbsen in die Schuhe gelegt, damit man auch richtig was spürte.

Inga hält das für voll beknackt, wie überhaupt das ganze Unterfangen hier. Was für ein Radau, da ist man schon mal in der Natur und hört nicht einmal mehr die Vögel, selbst die Rehe im Wald sind bestimmt längst stiften gegangen. So was konnten sich auch nur die Christen ausdenken.

Dafür gibt es einen Minuspunkt.

Wallfahrten gibt es nämlich in allen Religionen. Sie gehen auf den alten Glauben zurück, dass übernatürliche Mächte ihre Kraft an bestimmten Orten besonders stark entfalten. Im Islam ist das zum Beispiel Mekka, die Geburtsstadt des Propheten, aber auch »unser« Jerusalem, trotz der Kreuzzüge. Im Hinduismus ist es Benares am Ganges. Für die Buddhisten Bodhgaya, der Erleuchtungsort Gautama Buddhas. Wie bei uns gibt es aber in allen anderen großen Religionen zahllose weitere Stätten, und überall stehen zentrale Figuren im Mittelpunkt, von denen man sich eine Mittlerrolle zwischen Mensch und Gottheit erhofft. Im katholischen Glauben sind dies die Heiligen, unter denen Maria, die Mutter Jesu, die vornehmste ist. Daneben wird eine Wallfahrt aber auch immer als ein soziales Ereignis erlebt und führt zu Begegnungen und Austausch zwischen Menschen, die sich sonst vielleicht nie getroffen hätten.

»Und dafür muss man in aller Herrgottsfrühe durch den Wald traben«, quengelt neben mir die Prinzessin auf der Erbse. Offensichtlich sind die neuen Schuhe doch nicht so bequem, wie sie sich erhofft hatte. Selbst schuld, weiß doch jeder, dass man neue Schuhe erst einmal einlaufen muss. Der Typ mit der Posaune neben uns legt wieder los, und wir verlangsamen beide unseren Schritt. So viel zum Thema Austausch.

Interessant ist, dass gerade die Marienwallfahrt nicht etwa von einer weltlichen oder geistlichen Obrigkeit gegründet oder vorgegeben worden ist, sondern durch die einfachen Gläubigen selbst entstand und wuchs. Eine Massenbewegung. Und es sind auch nicht Erscheinungen oder Wunder gefragt, auch wenn solche oft den Wallfahrtsstätten zugrunde liegen. Vielmehr geht es schlicht und ergreifend um zwei Dinge. Bitten – und danken. Die Menschen kommen her und sagen danke, weil sie aus großer Gefahr gerettet oder wieder gesund wurden, weil ihre Liebe wieder erblüht ist oder sie vielleicht sogar im Lotto gewonnen haben. Es gibt so vieles, wofür man dankbar sein kann, wenn man erst einmal anfängt, drüber nachzudenken. Eine Wallfahrt ist nicht die schlechteste Möglichkeit, diese Dankbarkeit zum Ausdruck zu bringen. Und je mehr Erbsen, desto stärker bringt man zum Ausdruck, wie sehr man sich der Tatsache bewusst ist, dass es auch ins Auge hätte gehen können. Egal was.

Inga schaut mich von der Seite an. Ganz klar, sie zweifelt gerade an meinem Verstand. Ich lasse sie und verweile stattdessen bei meinem schönen Gedanken.

Denn auch ich habe eigentlich vieles, wofür ich dankbar sein kann. Dass ich zum Beispiel diese interessante Reise machen darf und sogar Geld dafür kriege. Dass ich gesund bin, keine Pickel habe, keine Blasenentzündung oder was richtig Schlimmes. Dass ich vorerst nicht am Hungertuch nagen muss, tatsächlich schon für mich allein eine hübsche Wohnung gefunden habe und der Vermieter sogar gleich das Garagenschloss repariert hat. Dass ich gerade jetzt gute Freunde habe, die mir die Stange halten. Dass ich nur drei Minuten vom See weg wohne, noch näher als früher, und demnächst im Sommer jeden Morgen schwimmen gehen kann. Dass ich nachts eigentlich gut schlafe und heute sogar ausnahmsweise mal die Sonne scheint. Dass ich endlich die Warteschleife der Service-Hotline überwunden und meine neue Telefonanlage zum Laufen gekriegt habe. Nicht, dass man wegen eines Telefons unbedingt gleich eine Wallfahrt unternehmen muss, aber hätte mir nach der tagelangen Dudelei eine Computerstimme am anderen Ende versprochen, mit einer Wallfahrt sei das Problem ein für allemal gelöst, auf Socken wäre ich losgelaufen. Gelobt sei das Fürbittentelefon von Bingen.

Natürlich gibt es da auch die andere Seite. Wallfahrten dienen erheblich der Finanzierung von religiösen Stätten oder auch kirchlichen Orten wie zum Beispiel Klöstern. Eine eindeutige *Win-win*-Situation, würde Inga sagen, aber die sagt im Moment nichts. Die einen dürfen dankbar sein und dies auch in einer Geldspende zum Ausdruck bringen, die anderen reparieren davon ihr Dach.

Das Zisterzienserkloster von Marienstadt konstituierte sich als Wallfahrtsort bereits im 15. Jahrhundert, als durch päpstlichen Indult, einen Gnadenerweis also, die Mönche die Erlaubnis erhielten, an bestimmten Tagen des Jahres die Kirche zu öffnen und das Vesperbild der Maria öffentlich zugänglich zu machen. Dieses Vesperbild, die Darstellung der Mutter Jesu mit dem Leichnam ihres Sohnes, ist im deutschen Sprachraum aus der Passionsfrömmigkeit der spätmittelalterlichen Frauenmystik entstanden. Bei der Zuordnung der Horen, der Stundengebete im Kloster zu bestimmten Stationen der Passion Christi, wurde die abendliche Kreuzesabnahme Christi der Vesper zugeordnet, dem Gebet zur Abendstunde: *De cruce deponitur hora vespertina*. So kam es für die Darstellung des Moments, als Maria ihren toten Sohn in Empfang nimmt, zur Bezeichnung »Vesperbild«. Ursprünglich sollte bei der Verehrung dem Betrachter das Leiden Christi vor Augen geführt werden, um ihn zur emotionalen Teilnahme mit dem Dargestellten einzuladen. Erst gegen 1400 veränderte sich der Bedeutungsgehalt der Vesperbilder zum Gnadenbild Mariens, die uns Trost für unser eigenes Leid spendet, weil sie solches im Übermaß erfahren hat.

Angefangen hatte alles, als die Pest hier in Marienstatt wütete und die Menschen nach irgendeinem Halt suchten, der ihre Not linderte. Da weder Ärzte noch Priester den schwarzen Tod aufhalten konnten, rief man in höchster Not nach der Muttergottes, denn wer kannte sich mit Schmerzen besser aus als sie? Und dann ist sie wahrscheinlich tatsächlich jemandem erschienen. Und dann noch einem und noch einem ... und noch einem.

Die Liste der bisherigen Marienerscheinungen will nicht abreißen. 1991 tauchte sie auf einem Feld im südbosnischen Medjugorje auf, wohin sich seitdem ein unablässiger Wallfahrerstrom von hilfesuchenden Menschen wälzt. Auch die, wie Ufologen das wohl nennen würden, »Sichtung« eines erst Zwölfjährigen im nordphilippinischen Agoo sorgte dafür, dass fortan Tausende dort hinpilgern. Im Dorf Gradina etwa hundert Kilometer östlich von Zagreb sahen spielende Kinder auf einer Wiese eine Viertelstunde lang die Jungfrau Maria, gehüllt in ein durchsichtiges blaues Kleid und einen Kopfschleier. Prompt erinnerten sich auch die Erwachsenen an ein grelles Licht und das Zeichen des Kreuzes. Im italienischen Civitavecchia gelang es bis heute weder dem Bischof noch den Kriminalisten zu erklären, wie 1995 eine Madonnenfigur aus Gips Blut weinen konnte. Auf der anderen Seite des italienischen Stiefels, in Pesaro an der Adria, gewahrte eine immerhin schon 23-jährige Italienerin während der Messe zu ihrer eigenen Hochzeit in der Kirche eine »himmlische Frau«, worauf sie *stante pede* den ihr just angetrauten Ehemann stehen ließ und ins Kloster ging. Und in Costa Rica kam es vor einigen Jahren sogar zu einem regelrechten Marienunfall, nachdem Priester den dortigen Gläubigen verkündet hatten, dass an jedem ersten Freitag im Monat in San Miguel de Sarapiqui die Muttergottes im Sonnenlicht erscheine. Stundenlang starrten die Menschen in die Sonne – einige erblindeten.

Wer aber denkt, dass die katholische Kirche sich grundsätzlich einfach so zur Schirmherrin des Marien-Spottings machen würde, irrt. Jeder Fall wird gewissenhaft geprüft, und in der überwiegenden Zahl der Fälle wehrt sie auch ab. Im Tessiner Giubiasco zum Beispiel sträubt sich der Bischof von Lugano im Verbund mit der Gemeinde beharrlich gegen die Behauptungen eines gewissen Pino Casagrande, der indessen nicht davon abzubringen ist, dass ihm die Muttergottes auf der Alm begegnet sei. Aber was soll man sagen, der Devotionalienhandel mit der Alm-Madonna blüht! In Mexiko Stadt entdeckten einige übereifrige Gläubige das Abbild der Madonna gar in einer Wasserlache in der U-Bahn. *Nada!* Die Kirche untersuchte, machte aber keinerlei theologisch stichhaltigen Beweise für eine göttliche Erscheinung aus. (Man stelle sich allerdings auch einmal die logistischen Herausforderungen zum Erhalt einer Wallfahrtsstätte rund um eine Wasserlache in einer U-Bahn-Station vor!)

Ob echte Erscheinungen oder nur metaphysische Übersprungsfantasien – die katholische Kirche ist mit gutem Grund vorsichtig. Für sie steht nach langwierigen Untersu-

chungen von Wunderheilungen wie etwa denen in Lourdes fest, dass Maria nun einmal keine Wunder vollbringt, *basta*. Doch das kümmert die Marienanhänger wenig. 1997 forderten in einer Unterschriftenaktion fast fünf Millionen Gläubige aus 157 Ländern, darunter 500 Bischöfe und 42 Kardinäle, unter Berufung auf alte kirchliche Glaubenspraxis, dass die »göttliche Maria« neben Jesus als Miterlöserin anerkannt werden solle. Aus der Dreifaltigkeit, der Trinität von Gott, Vater, Sohn und Heiligem Geist wäre somit eine Vierfaltigkeit geworden und Maria von der bloßen Mittlerin zur eigenständigen Gottheit aufgestiegen.
Pssst, unter uns Gebetsschwestern: Der Gedanke hat doch was, oder? Allein aus Marketingsicht ein Muss, würde Inga sagen! Wir Frauen sind ein Riesenmarkt.

Johannes Paul II. beauftragte zur Klärung dieser Frage immerhin eine eigene Theologenkommission, die sich an einem berühmten Ort des Marienkults, nämlich im polnischen Tschenstochau versammelte, um über das fünfte Mariendogma zu beraten. Eindeutiges Ergebnis: Nein! Maria sei schließlich selbst erlöst worden und so zum Urbild der Kirche geworden. Als Erlöste könne sie aber nicht auch gleichzeitig Erlöserin sein, nur ein Werkzeug der Erlösung.

Tja, das war's, ihr Mit-Rippen. Keine Göttin ist unter uns.

Aber immerhin hat Johannes Paul II. sich dafür eingesetzt, dass Maria der Titel »Mutter der Kirche« erhalten bleibt. Denn auch er war zeitlebens der felsenfesten Überzeugung, Maria habe schon vor der Zeugung Jesu ein Keuschheitsgelübde abgelegt. Jesus sei durch den Heiligen Geist gezeugt worden und Maria, seine leibliche Mutter, als Jungfrau gestorben.

Sein Nachfolger Benedikt XVI. allerdings, als er noch der Universitätsprofessor Joseph Ratzinger war, konnte mit dieser Schwärmerei wenig anfangen. Seiner Meinung nach hätte es dem Status und der Verehrungswürdigkeit Jesu keinerlei Abbruch getan, wenn er aus einer ganz normalen Ehe hervorgegangen wäre. Und da hatte er ja vermutlich auch recht. Aber schade wäre es schon, so wenig romantisch, so ... profan!

Endlich haben wir Marienstatt erreicht. Die Glocken läuten, und hinter der bemoosten alten Klostermauer ragt die gotische Kirchturmspitze auf. Das Zisterzienserkloster gibt es bereits seit 1198, seine Gründung geht direkt auf das Mutterkloster Citeaux zurück.

Der Einzug der verschiedenen Wallfahrtsvereine ist wirklich beeindruckend. Jeder wird persönlich von einem extra abgestellten Mönch des Klosters begrüßt und zieht sodann nicht ohne Stolz mit aufgestellter Fahne durch die wunderschöne Platanenallee in die Kirche ein. Über 5 000 Leute sind inzwischen eingetroffen, und nicht etwas nur 60 plus, sondern auch viele Jugendliche und Kinder. Was ein bisschen fehlt, sind die dazwischen, die arbeitende Bevölkerung. Die Kinder haben am Oktavtag nach Maria Himmelfahrt schulfrei und die Alten sowieso immer.

Es ist inzwischen neun Uhr geworden. Der große Hauptplatz vor dem Kloster gleicht einem Bienenkorb, jeder Zentimeter ist belegt. Auf einem Volksfest könnte kein größerer Trubel herrschen. Und tatsächlich verkaufen an einem Stand die Damen vom Kolpinghaus selbst gemachte Waffeln mit Puderzucker, an einem anderen gibt es Biosäfte. Gleich nebenan werden Rosenkränze feilgeboten. Wer aus dem Fernsehen oder eigener Anschauung noch die Bilder vom Weltkatholikentag im Kopf hat, muss sich das nur in Klein vorstellen. Alle hier suchen ganz offensichtlich die Gemeinschaft der Mitgläubigen. Ich kann das gut verstehen, auch wenn ich persönlich mich ausgerechnet in Menschenmassen immer am einsamsten fühle.

Gerade hier, unter all den Menschen, muss ich an mein nicht mehr existierendes früheres Zuhause denken. Das ehemalige gemeinsame Haus ist praktisch leer geräumt. Mein Exfreund hat in einer Nacht- und Nebelaktion all seinen Kram abgeholt, und mein Lebensfreund Martin weilt schon in Berlin. Mir graut davor, das leere Haus noch einmal zu betreten, meine letzten Sachen abzuholen und dann einfach die Tür hinter einem ganzen Lebensabschnitt zuzuschlagen, in dem ich die meiste Zeit sehr glücklich war.

Inga, die wohl merkt, dass ich gerade durchhänge, hat sich ganz diskret entfernt und am Bierausschank, der übrigens nicht weniger Zulauf hat als die Kirche, zwei Gläser echtes Marienstätter Halbgäriges ergattert. Trotz meiner bajuwarischen Herkunft bin ich eigentlich keine besondere Bier-Liebhaberin, da mich meist schon nach wenigen Schlucken eine bleierne Müdigkeit überfällt. Aber jetzt ... rein damit.

Auch Inga nimmt einen kräftigen Schluck. Anschließend zieht sie ihre Schuhe aus und deutet mit übertriebener Theatralik auf zwei dicke Blasen, an jeder Ferse eine. Eine erfahrene Wallfahrerin am Nebentisch hat Mitleid und reicht ihr zwei Blasenpflaster, die auch sofort ihrer Bestimmung zugeführt werden. Man hilft sich eben in der Gemeinschaft der Gläubigen. Und dafür kann Inga doch zum Beispiel dankbar sein.

Danach betreten wir die Kirche, die im typisch schlichten Zisterzienserstil gehalten ist, ganz wie es Bernhard von Clairvaux vorschwebte. Inga erinnert der Bau, auch wenn er viel moderner ist, an die Abtei Fontenaye im Burgund, die wir in Frankreich gemeinsam besucht haben, ein perfekt erhaltenes Beispiel zisterziensischer Architektur: still, beinahe rationalistisch und doch monumental, in ihrer Schlichtheit vollkommen. Bernhard hatte damals vernichtende Urteile über die reich geschmückten Kirchen der Benediktiner gefällt, unter anderem stammt von ihm der legendäre Satz: »Es ist ein Kreuz aus Holz gewesen, das die Welt erlöste, nicht eines aus Silber.«

Wozu eigentlich Feng Shui? Wir haben das doch alles selbst.

Geduldig stehen die Menschen in einer langen Warteschlange, bis sie an der Reihe sind, um vor dem Vesperbild eine Kerze zu spenden. Eigentlich hat sich gar nicht viel verändert im Vergleich zu den Anfängen, nur dass es nicht mehr die Pest ist, sondern heutige Nöte, Krankheiten, Fragen und Zweifel, die man vor die Muttergottes bringt. Und offensichtlich sind diese Menschen hier ebenso überzeugt wie damals, dass Maria ihre Sorgen mitträgt. Viele, die hier wieder weggehen, gehen getröstet. Ich auch?

Schwierig. Wahrscheinlich würde ich mich eher bei einer guten Freundin ausheulen und hoffen, dass sie mir recht gibt, wenn ich über die Ungerechtigkeit der Welt jammere. Tue ich ja auch gerade ausgiebig, wenn man mich lässt. Vielleicht würde ich mich sogar noch eher bei meiner *eigenen* Mutter ausheulen. Ich stifte eine Kerze.

Inga ebenfalls. Da staune ich aber. Draußen vor der Kirche kann ich mich nicht mehr bezähmen. »Was war das denn gerade? Eine Kerze für die Muttergottes? Du?«

»Die ist für meine Mutter«, bekennt Inga leise.

Über ihre Mutter hat Inga mir gegenüber noch nie gesprochen. Ihr Vater ist ein guter Freund von mir, so kam diese Verbindung ja überhaupt zustande – oder die Fügung, wer weiß? Aber auch der hat sich immer bedeckt gehalten und mir nur erzählt, dass er Inga praktisch alleine großgezogen hat.

Zögernd und mit etwas umflorten Augen erzählt Inga mir jetzt, was sie sich eben da drinnen vorgenommen hat.

Sie will zum ersten Mal ihre leibliche Mutter besuchen. Die lebt in einer betreuten Wohngruppe. Mehr sagt sie dazu nicht, und das muss sie auch gar nicht. Ihr ganzes Leben lang hat sie ihrer Mutter Vorwürfe gemacht, weil sie, selbst als Inga noch ein kleines Kind war, nie für sie da war. Aber jetzt hat Inga beschlossen, damit aufzuhören, es bringt einen ja auch nicht weiter.

»Heilige Maria, Mutter Gottes, bitte für uns Sünder, jetzt und in der Stunde unseres Todes. Amen.«

Ja. Amen. So sei es.

Jetzt muss ich doch ein bisschen schniefen. Und dabei war ich doch schon fast durch.

# 7. Heiliges Kölle

Der Tag des Herrn, die Kirchenglocken läuten. Und wenn sie alle zusammen läuten in Köln, dann wird es ganz schön laut. Das *hillije Kölle* beherbergt 250 Kirchen und stellt mit dieser größten Ansammlung von Gotteshäusern in einer einzigen Stadt einen Weltrekord auf.

Gegen 11 Uhr Vormittag erreichen wir die Domstadt am Rhein und irren eine Weile herum, bis wir das Belgische Viertel finden, wo mein alter Freund Mikel wohnt, der uns bei sich übernachten lässt. »Mit Navi hätten wir …« Inga hat wieder ihren Panzer übergestreift. Aber das macht nichts, ich habe ja nun gesehen, was sich dahinter verbirgt. Etwas sehr Verletzliches. Und sehr Liebenswertes.

Per Handy versuche ich, Pater Marcel zu erreichen, den uns Pater Rufus am Schluss noch ans Herz gelegt hat. Keine Antwort – Mist. Inga frotzelt, dass offenbar sogar den Mönchen der Sonntag heilig ist. Haha, guter Witz! Für Köln steht noch kein einziger Termin, außer dem morgen früh in der Uni, im Thomas-von-Aquin-Institut. Dafür sind alle Straßen vollgestellt, und wir suchen bestimmt eine halbe Stunde nach einem Parkplatz, dann zerren wir wieder mal unser Gepäck durch den strömenden Regen.

Mikel, den ich schon seit meiner Studienzeit an der Münchner Filmhochschule kenne, empfängt uns herzlich und es gibt natürlich viel zu erzählen, denn wir haben uns lange nicht gesehen. Zur Feier des Tages zieht er sogar die

Kochschürze an und kredenzt uns ein wunderbares Mittagessen. Und was gibt es? Genau! Allerdings vom Kalb und in edler Limonensauce. Inga sitzt etwas gelangweilt dabei, aber vielleicht nutzt sie auch die Zeit um abzuschalten. Habe ich eigentlich auch nötig. Und als Mikel begeistert von dem neuen Scorsese-Film erzählt, den er gestern gesehen hat, beschließen Inga und ich spontan, auch mal einen stinknormalen Kinoabend mit Popcorn und Cola einzulegen. Der Film ist ein Desaster.

Am nächsten Morgen klingelt bereits um sieben das Handy und reißt mich aus einem Traum, in dem ich Jack Nicholson gerade wegen des vielen vergossenen Filmbluts die Meinung geige. Pater Marcel von den Kölner Dominikanern ist dran und freut sich, uns mittags zu sehen. Na bestens. Inga ist gleich mit aufgewacht und will, wo wir schon einmal hier sind, unbedingt noch den Kölner Dom sehen.

Allein vom Hochschauen wird mir schwindlig – 157 Meter! Auf der Domplatte davor, einem in Beton gegossenen Architekturverbrechen, das genauso aussieht wie der Name »Domplatte« vermuten lässt, herrscht buntes Treiben. Skateboardfahrer nutzen jede Kante, Gruppen aus aller Herren Länder stellen sich vor dem gewaltigen gotischen Bau in Positur und grinsen in Kameras. Ein Obdachloser packt seine Habseligkeiten zusammen, wird Zeit, sich ein ruhigeres Plätzchen zu suchen. Wie wohl jeden Tag wird gerade die mobile Kölner »Klagemauer« aufgebaut. Dafür stellt ein älterer Mann einige Töpfe hin, Stangen rein, Pappschilder an die gespannte Kordel – fertig. Hier kann sich jeder auf einem Karton verewigen, der etwas gegen die Ungerechtigkeiten in der Welt verlautbaren will. Vielleicht eine Art Fürbitten der säkularen Welt.

*Dalai, bleib am Ball!*

Also wirklich jeder.

Von einem redseligen Kölner erfahren wir, dass der streitbare Kölner Kardinal Meisner, der überhaupt gerne polemisiert, bereits öfter ein Verbot der inzwischen auch schon verkleinerten und jeden Abend abgeräumten, aber grundsätzlich unausrottbaren Protestaktion vor seinem Hause durchsetzen wollte. Aber der Kölsche an sich, ein Gemütsmensch und natürlich katholisch, lässt sich gleichwohl ungern von der Geistlichkeit bevormunden.

Altklug fragt Inga mich, ob ich weiß, dass hier im Dom in einem goldenen Schrein eine der bedeutendsten Reliquien der katholischen Kirche weltweit liegt. Klar weiß ich das: die Gebeine der Heiligen Drei Könige. Auch ein Grund, weshalb sich hier schon damals die Gläubigen aus aller Welt gegenseitig auf die Füße traten. Ein größeres Haus musste her – der neue gotische Dom, bis heute eine ewige Baustelle.

Der Grundstein für den neuen Kölner Dom wurde bereits 1248 gelegt, im selben Jahr also, als einer der größten Dominikaner, Albertus Magnus, nach Köln kam, und zwar mit einem besonderen Auftrag: Er sollte hierselbst das Ordensstudium der Dominikaner gründen – die Geburtsstunde der späteren Kölner Universität. Apropos Universität. Dort waren wir ja verabredet. Also nichts wie los. Wir nehmen ein Taxi.

Die Kölner Uni am Albertus-Magnus-Platz ist ein typischer Nachkriegsbau, eine schmucklose Lehranstalt im wörtlichen Sinne ihres Auftrags. Davor sitzt in Bronze gegossen der »große Albert«, mit einem Buch auf den Knien.

Wir gehen schnell noch einmal seine Geschichte durch. In Lauingen an der Donau geboren, interessierte er sich von Kindesbeinen an für die Erforschung der Natur. Als Student wurde er von Jordanus von Sachsen, dem unmittelbaren Nachfolger des heiligen Dominikus, für den Orden gewonnen. Man kleidete ihn ein und schickte ihn nach Köln – damals die größte Stadt Deutschlands –, das für den jungen Albertus zur zweiten Heimat werden sollte. Hier absolvierte er sein Noviziat und ein Studium und lebte später als wackerer Predigerbruder, was ihn jedoch nicht davon abhalten konnte, mit Eifer weiter seine wissenschaftlichen Studien zu betreiben.

Schließlich wurde er auf einen der beiden Lehrstühle des Ordens an der Universität Paris berufen, damals das Mekka des theologischen Abendlandes. Dort setzte Albertus sich mit den wiederentdeckten und gerade frisch übersetzten Schriften des Aristoteles auseinander, die damals als eine ernste Gefahr für das christliche Denken gesehen wurden. Für Albertus dagegen bedeutete Aristoteles, dessen Denken eine universale Wissenschaft anbot, eine Verbindung von Götterlehre, Naturwissenschaft, Logik, Sprachwissenschaften, Biologie und Empirie. Zu seinen Füßen als Student saß damals übrigens kein Geringerer als Thomas von Aquin.

Als einer der ersten großen Universalgelehrten war Albert gleichzeitig Philosoph und Naturforscher, der neugierig herumexperimentierte und nicht nur über Logik schrieb, sondern beispielsweise auch über Holzteergewinnung. Der Nachwelt hat er ein bis heute einflussreiches Werk, einen Meilenstein der Geistesgeschichte hinterlassen: *Über die Natur des Guten*, ein Buch über die Schöpfung und die Stellung des Menschen. Das brachte ihm schon zu Lebzeiten den Beinamen *Magnus* ein. Trotzdem musste er sich auch gegen Kritik aus den eigenen Reihen zur Wehr setzen. »Einige Faulenzer, die eine Entschuldigung für ihre Faulheit haben wollen«, notierte er einst empört, »suchen in den Büchern nur Dinge, die sie tadeln können. In Trägheit erstarrt, suchen sie, um mit ihrem Nichtstun nicht allein dazustehen, den Erwählten einen Makel anzuheften.«

Das kommt mir irgendwie bekannt vor. Drehbuchsitzungen haben oft eine ähnliche Attitüde. Doch das sagt man natürlich nicht laut.

Solche Äußerungen sind selten hilfreich, das musste auch Albertus am eigenen Leib erfahren. Er wurde vor die Inquisition gezerrt und musste vieles widerrufen.

Wir sind direkt zu seinen Füßen mit Prof. Andreas Speer verabredet, dem Leiter des Thomas-Instituts, das zur philosophischen Fakultät gehört. Er kommt mit dem Fahrrad, seine Büchertasche auf den Gepäckträger geklemmt. Der typische Intellektuelle, schmal und etwas fahrig. Da er nicht viel Zeit hat, lädt er uns ein, an seinem Seminar über »Glauben und Wissen bei Thomas von Aquin« teilzunehmen und damit einen ersten Eindruck von dem großen Denker zu gewinnen. Inga rümpft die Nase – schon wieder Uni. Immerhin hat sie gerade vier Jahre Paukerei hinter sich. Kann man verstehen.

Der Hörsaal ist proppenvoll. Aber nicht etwa Ökos oder Pickelgesichter mit Nickelbrillen, sondern ganz im Gegenteil ziemlich viele gut aussehende und gar nicht doof wirkende junge Männer. »Und alle zu haben, im Gegensatz zu den Klosterbrüdern«, kichert Inga. Nur leider nicht ganz meine Altersgruppe. Aber vielleicht sollte ich mich in meiner Situation da auch gar nicht so festlegen, schießt es mir durch den Kopf. Doch darum geht's hier ja nicht, sondern um einen Dominikaner, der schon seit über 800 Jahren tot ist.

Die Biografie des aus Italien stammenden Thomas von Aquin ist in gewisser Weise typisch für das frühe 13. Jahrhundert. Thomas war von zwei Ideen fasziniert: Wissenschaft und Glaube, und wie diese beiden »Kontrahenten« auf einen Nenner zu bringen sind. Gegen den Willen seiner Eltern, die ihn mit allen Mitteln davon abzuhalten versuchten und ihn eines Nachts sogar – vergebene Liebesmüh – mit einer schönen Frau einsperrten, trat er in jungen Jahren in den Dominikanerorden ein. An der Universität von Paris – wir erinnern uns, dass das Studium Grundvoraussetzung für jeden Dominikaner war –, traf er auf Albertus Magnus und begleitete ihn als Assistent nach Köln. Weil er kein Deutsch sprach, etwas kräftiger gebaut war und sich nur in seine Arbeit vertiefte, lief er bei seinen kölschen Kommilitonen gleich unter »der stumme Ochse«.

Wie schon Albert erkannte Thomas, dass es notwendig war, das aristotelische System für die christliche Theologie fruchtbar zu machen, also einen Weg zu finden, der Glaube und Wissenschaft vereinen und *beweisen* würde, dass sie gerade nicht in Opposition zueinander standen. Eine Frage übrigens, die – kaum war sie in der Welt – nie mehr verstummen sollte, bis heute.

Sehr verkürzt sagte Thomas von Aquin Folgendes: Glauben ist nicht unvernünftig, sondern öffnet uns für Wissensinhalte, die wir zunächst einmal als Hypothesen annehmen müssen, die sich dann aber durch die Wissenschaft bewahrheiten müssen. Diese stößt natürlich immer wieder an Grenzen. So ist der Glaube auch ein kritisches Korrektiv für jede Wissensgesellschaft, weil er uns darauf aufmerksam macht, dass es bestimmte Dinge gibt, die sich eben doch der letzten Einsicht des Forschers entziehen. Und dann müssen wir uns entscheiden, ob wir wissen wollen oder glauben. Glauben ist laut Aquin natürlich reicher und deshalb in jedem Falle besser. Der Mensch als Ebenbild Gottes besitzt eine Vernunft – und damit aber auch die Fähigkeit zur Glaubenseinsicht. Glaube ist nach Thomas also gewissermaßen die Demut des Forschenden.

Tag und Nacht hat Thomas damals oft acht Schreibern gleichzeitig seine Thesen zu diesem Thema in die Federn diktiert. Wenn man alle frommen Legenden beiseitelässt, die sich im Laufe der Zeit um ihn gerankt haben, könnte man ihn auch als ersten *Workaholic* des Abendlands be-

zeichnen, der durch zu viel Arbeit seine Gesundheit ruinierte und folgerichtig in einem relativ frühen Alter starb, einfach an Erschöpfung.
Sollte ich mir vielleicht auch hinter die Ohren schreiben. Zu viel Arbeit ist ungesund. Und zu viel denken erst recht, sagt zumindest meine Freundin Gisa, die in einem Frankfurter Luxushotel ausgebrannte Manager massiert. Die leben nur noch im Kopf, klagt sie immer, und wissen überhaupt nicht mehr, was Fühlen ist. Dafür haben sie keine finanziellen Sorgen, antworte ich dann meist, und Gisa muss sich dann noch mehr aufregen.

Während des Managers höchste Auszeichnung Beteiligungen oder dicke Sondergratifikationen sind, werden die Verdienste eines Kirchenmannes im Idealfall mit Heiligsprechung gewürdigt. Thomas wie auch sein Lehrer Albertus sind solche Heilige. Was für ein seltsames Attribut, zumindest im heutigen Sprachgebrauch. Die zwei erscheinen mir eher wie zwei ziemlich intelligente, neugierige Typen. Aber Heilige? Würden sie heute leben, wären sie wahrscheinlich einigermaßen frustriert, wenn jemand über sie sagte: »Ach, der Thomas ist vielleicht heilig«, oder »Ach der Albert – das ist doch ein Heiliger.« Das kommt ja noch hinter »stummer Ochse«, sogar hinter Messdiener. Komisch, oder?

Andererseits sind uns ziemlich viele Sachen in unserem Leben durchaus »heilig«. Zum Beispiel:

Meine Familie und meine Freunde. Meine Ungebundenheit. Mein Sonntag. Mein Kinotag. Muttertag. Vatertag. Der 3. Oktober. Wer wird Millionär. Dinner for One. Mein Nickerchen. Mein Feierabend. Mein Haus. Meine Badewanne. Meine Musikanlage (also Finger weg!). Mein Friseur (in München gibt es sogar den »Hairgott«). Die Callas. John Lennon. DSDS. Und selbstredend Tokio Hotel, denn die haben ja schließlich »Heilig« im Repertoire, bei dem die Teenies reihenweise umkippen.

Im Judentum war heilig zunächst einmal schlicht das Wort für »etwas Besonderes«. Bei den Christen bedeutet es alles, was zur göttlichen Macht gehört oder von ihr erfüllt ist. Alles andere ist profan. Aber wie man sieht, die Grenzen haben sich verwischt.

Ursprünglich war die Idee jedoch Folgende: Derjenige, der die Vereinigung mit Gott schon auf Erden verwirklicht, der hat ein heiliges Leben geführt. Das kann eigentlich jeder durch Askese und überbordende Nächstenliebe erreichen. Aber ob dieser Mensch dann auch heiliggesprochen wird, entscheidet nicht etwa der liebe Gott, sondern ein eigens eingerichtetes Gremium in Rom. Eine Prozedur mit Haken und Ösen, die katholischen Fernsehfans würden das Format vermutlich VSDS nennen. Letztlich spricht dann der Papst ein Machtwort und der Auserwählte bekommt den Titel »Heiliger«. Aber das kann dauern. Bei Albertus Magnus dauerte es bis 1931. Bei Thomas ging es immerhin schneller.

Der, der dann auf mich zukommt und mich freundlich grüßt, ist garantiert noch nicht heiliggesprochen, er trägt auch keinen Heiligenschein. Aber strahlen tut er trotzdem, und wie.

Pater Marcel, ein lustiger Luxemburger, den wir nach dem Thomas-Seminar in St. Andreas treffen, der wichtigsten Dominikanerkirche, direkt im Schatten des Doms. Noch bis vor Kurzem waren die Domprediger des Kölner Doms Dominikaner, beginnt er sofort, uns mit Wissenswertem zu füttern.

Der rundliche Mönch hat den Schalk in den Augen. Und dieser Akzent! Flirtet der etwa? Er fragt, ob wir vielleicht zuerst einen »fair gehandelten Tee« trinken wollen. Nein, bitte gleich in die Kirche. Mit wehendem Gewand und sichtbarem Stolz schreitet er voran, und gibt uns eine komplette private Führung. Da ich knapp hinter ihm gehe, um auch ja kein Wort zu verpassen, muss ich vorsichtig sein, ihm ja nicht auf sein Gewand zu treten.

Pater Marcel erklärt uns die verschiedenen Heiligenfiguren, die er natürlich blind auseinanderhalten kann. Wir nicht. Obwohl es angeblich ganz einfach ist. Thomas von Aquin wird immer mit einer Sonne oder einer Taube dargestellt, Dominikus mit einer Lilie, einem Stern auf der Stirn oder einem schwarz-weißen Hund, und Petrus von Mailand mit einer Kopfwunde, da er einst hinterrücks erschlagen wurde. Neben der Eingangstüre fällt mir ein Steinkopf mit einem riesengroßen Ohr auf. Welcher Heilige das wohl ist? Pater Marcel lacht. Das sei alles andere als ein Heiliger, sondern erinnere an eine der tragischsten Epochen für sämtliche europäische Orden, den Kulturkampf. Der Kopf stelle Bismarck da, der mit großem Ohr das Ordensleben bespitzelte und die meisten Klöster Anfang des 19. Jahrhunderts aufheben ließ.

Na gut, ich bin ja erst am Anfang, und werde schon noch einen schärferen Blick entwickeln.

In der Sakristei hängt in einem Glaskasten das Leichengewand von Albertus Magnus, der hier in der Krypta seine letzte Ruhestätte hat. Pater Marcel gesteht uns, dass er es schon mal heimlich übergestreift hat, bevor es der Öffentlichkeit zugänglich gemacht wurde. Tja, so hat eben jeder seine Marotten.

Die Krypta ist natürlich das Wichtigste hier in St. Andreas. Jetzt, da wir so viel über den »Großen« wissen, ist es schon ein erhebendes Gefühl, hier vor seiner Reliquie zu stehen. Auf seinem Sarkophag liegen diverse kleine Zettel mit Fürbitten. Neugierig und nicht ganz ohne schlechtes Gewissen lese ich eine. Sie ist von einem Mathematikstudenten, der sich von Albertus eine gute Note für seine Diplomarbeit wünscht. Warum eigentlich nicht, schließlich ist er ja der

Patron der Wissenschaftler, Studenten und Bergleute. Ich frage mich, ob es nicht auch einen für Filmemacher und Autoren gibt, fürchte aber, die müssen selber schauen, wie sie klarkommen. Hilf dir selbst, dann hilft dir Gott.
Ich bin heute ein bisschen auf Krawall gebürstet. Da gibt es noch etwas beim »großen Albert«, was mir nicht so gefällt, und das sage ich Pater Marcel auch. Albertus hat sich nämlich auch, was die Frauen betraf, ein bisschen zu sehr von den Vorstellungen seines geliebten Aristoteles beeinflussen lassen, und die sahen kurz gesagt so aus: Ist der menschliche Zeugungssame in Ordnung, bildet sich ein Mann. Ist dieser Zeugungssame in seiner Wärme, also dem aktiven Prinzip, und in seiner Feuchtigkeit, dem stofflichen Prinzip, gestört, bildet sich hingegen eine Frau. In erster Linie strebt die Natur danach, einen Mann hervorzubringen. Da aber die Zeugung ohne Frau nicht möglich ist, wurde sie ihm als Hilfe gemacht. Die Frau, also auch ich, ist also sozusagen ein Mann, bei dem in der Entwicklung irgendwie was schiefgelaufen ist. Diese Sicht der Dinge machte sich der heilige Albertus in seiner Naturphilosophie zu eigen. Und was der griechische Philosoph nicht weiter ausgeführt hatte, übernahm dann der Kirchenlehrer.

Dem eben noch so charmanten und lustigen Pater Marcel wird nun doch ein gaaanz klein bisschen mulmig. Ich soll das doch nicht alles so wörtlich nehmen. Gleich kommt wahrscheinlich das Argument, dass es eine andere Zeit war, dass man abstrahieren müsse, etc. Aber dass im 13. Jahrhundert eine Gleichberechtigung der Geschlechter nicht zu erwarten war, wäre nun wirklich ein schwaches Argument. Und ebenso wenig will ich jetzt bitte hören, dass die Authentizität dieses Textes gar nicht letztgültig geklärt sei und es sich hier nur um ein *Reportatum*, eine Vorlesungsnachschrift handle. Dieser Passus könnte also auch vom Schreiber des Reportatums eingefügt worden sein. Für alle, die es immer noch nicht kapiert haben, hier die albertinische *Summa theologiae* mit der Brechstange:

*Daher, um es kurz zu sagen, muss man sich vor jeder Frau wie vor einer giftigen Schlange und einem gehörnten Teufel hüten.*

Das Positivste, was Albertus immerhin auch über die Frau zu sagen hatte, findet sich in seinem Buch *De homine*, wo er sich fragt, warum die Frau eigentlich aus der Rippe des Mannes geformt wurde und nicht etwa aus dem Fuß oder einem anderen Glied. Antwort: Sie wurde wegen der Rechtsgleichheit aus der Mitte des Mannes genommen. Wäre sie aus dem Haupt genommen, würde sie sich für vornehmer als der Mann halten, wäre sie aus dem Fuß genommen, würde sie sich für geringer erachten.

Da kann man doch nicht meckern.

Und da wir schon mal beim Thema sind: Wie war das eigentlich mit der Inquisition und der Hexenverfolgung? Da hatten die Dominikaner ja auch mächtig ihre Finger mit drin. Von Anfang an haben sie sich den Kampf gegen die Ketzer auf die Fahnen geschrieben, und nicht umsonst wurden sie später *domini canes* genannt, »die Hunde des Herrn«, nachdem Papst Gregor IX. sie ganz offiziell mit der Inquisition betraut hatte. Da hätte ich von einem seiner Nachfahren gerne mal ein paar klärende Worte gehört. Für die Hexenverfolgung hat sich später sogar Johannes Paul II. entschuldigt. Ein bisschen spät zwar, aber immerhin.

Vor einiger Zeit ist ein Buch des Kirchenhistorikers Arnold Angenendt mit dem Titel »Toleranz und Gewalt« erschienen, erzählt uns Bruder Marcel. Angeblich hat Kardinal Lehmann sogar die gesamte erste Auflage aufgekauft und den deutschen Bischöfen geschenkt. Der Autor relativiert im Gegensatz zu den meisten Historikern die landläufigen Vorstellungen von den Grausamkeiten der Inquisition, bezeichnet sie sogar als fortschrittlich, frauenfreundlich und effizient. Bevor jetzt jemand ausflippt, erst mal zuhören.

Gemessen am bis dahin historisch Üblichen war die Inquisition tatsächlich ein Schritt in Richtung Rechtsstaatlichkeit. Die sogenannten Ketzer hatten einerseits im Volk großen Erfolg, andererseits wurden sie ohne ordentlichen Prozess oft einfach nur zum Tode verurteilt. Beides war nicht gerade wünschenswert. Papst Innozenz III. glaubte, eine Lösung gefunden zu haben, indem er die Inquisition installierte, die »Nachforschung«. Und zwar durch die theologisch hoch geschulten Dominikaner. Eigentlich kein dummer Einfall. Vor allem auch für die vom Volk als »Hexen« verdammten. Ein Phänomen, das noch im 11. Jahrhundert durch die Kirche verboten war und erst wieder hochkam, als die unteren Stände im späten Mittelalter eine Stimme bekamen. Allein lebende Frauen wie Witwen, Hebammen oder Unverheiratete hatten keinen Schutz und wurden gerne denunziert und zu Sündenböcken für jede Art von unerklärlichem Unglück gemacht. Besonders während des 30-jährigen Krieges und der daran anschließenden Hungersnot machte man »Hexen« dafür verantwortlich und lieferte sie an die Inquisitionsgerichte aus.

Nur verselbstständigte sich, wie so oft in der Geschichte, das System immer mehr. Durch Folter erpresste Geständnisse und qualvolle Tode waren an der Tagesordnung. Schließlich fraß das immer neurotischer werdende Monster sogar die eigenen Leute: Auch Dominikaner wie Giordano Bruno und Savonarola landeten auf dem Scheiterhaufen.

Spannende Geschichten. Und wahrscheinlich im Lauf der Jahrhunderte mal so und mal so gesehen. »Aber war es nicht auch der letzte vorpäpstliche Job des Kardinal Ratzinger, über die theologische Reinheit des Glaubens zu wachen?«, frage ich ganz unschuldig. Die kleine Spitze kann ich mir nicht verkneifen.

Pater Marcel grinst. »Ist es nicht völlig egal, wie man im Einzelnen zu den Entscheidungen von Machthabern steht? Einer muss sagen, wo es langgeht, sonst gibt es Keilerei. Das müssen Sie von Ihrer Arbeit doch kennen.«

O. k., ich habe auch mal bei Dreharbeiten in der Wüste Gobi »da lang« gesagt, und danach sind wir drei Tage im Kreis gefahren. Da muss man durch. Auch wenn hinterher alle brüllen: Fehlentscheidung! Schiri raus! Schwang-erschafts-be-ra-tung! Und vielleicht sogar recht haben, denn anders als beim Fußball ist in solchen Fragen der Schiri nicht immer am nächsten dran.

Inga sieht schon zum wiederholten Mal auf die Uhr. Wir haben noch einige Kilometer Fahrt vor uns, außerdem eine lange Nacht und wollen vorher auch noch was essen. Da ich mich aber irgendwie noch nicht von Pater Marcel trennen will und auch das Gefühl habe, ein bisschen zu oft auf Angriff geschaltet zu haben, frage ich ihn versöhnlich, ob er nicht Lust hat, mit uns zu Mittag zu essen.

Und jetzt wird es vielleicht doch noch was mit dem Heiligenschein, denn der Pater strahlt bis über beide Ohren. Ohhhh ja, mit dem größten Vergnügen sogar, und darf er vielleicht etwas vorschlagen?

Klar.

»Ja also, das ist nämlich so. Bei uns im Kloster gibt es aus Rücksicht auf die älteren Mitbrüder eigentlich überwiegend weiche Kost, sozusagen nur Breiiges. Ich würde so gern mal wieder ein richtig herzhaftes Stück Fleisch essen.«

»Schnitzel?« Das Wort entfährt Inga wie ein Peitschenhieb.

Wir einigen uns auf ein Steakhaus.

# 8. Die Hexen von Waldniel

Ich bin bester Laune. Gleich werden echte katholische Nonnen ums lodernde Feuer tanzen. Und Susanne ist live dabei. Kann man eigentlich als Ausländerin den Pulitzerpreis kriegen? Inga weiß es auch nicht, macht sich aber allen Ernstes eine Notiz.

Heute ist der 21. Juni. Sommersonnenwende. Eigentlich ja ein heidnischer Tag. Wenn auch angeblich die Geburt Johannes des Täufers auf dieses Datum fällt, und auch Weihnachten, die Geburt des Herrn, nicht ohne Hintersinn auf einen heidnischen Feiertag gelegt wurde, die Wintersonnenwende. Aber dass gerade Dominikanerinnen an so einem Tag ums Feuer tanzen wie ehedem die Hexen auf dem Brocken und heute Bibi Blocksberg, findet in diesem Fall nicht nur Inga »krass«.

Denn Rituale dieser Art wurden – wir erinnern uns – im Mittelalter von den männlichen Mitgliedern eben dieses Ordens radikal verfolgt. Immerhin waren Dominikaner die Verfasser des *Malleus Malificarum*, auch Hexenhammer genannt, der die Inquisition erst so richtig in Schwung brachte. Es handelte sich um eine Sammlung von »Beweisen«, die zur Hand genommen wurde, wenn man Beschuldigte der Hexerei überführen und den Satan austreiben wollte. Ein praktisches Vademekum, das die Zeichen Gottes deutete – und oftmals in ein grausames Spiel mündete. Wenn etwa bei der Wasserprobe die (oder auch der) Beschuldigte schwamm, war die Hexerei erwiesen. Ging man unter, war dies der Nachweis der Unschuld – allerdings um den Preis des Ersaufens.

Als Mensch mit einer feministischen Grundsozialisation weiß ich natürlich, dass es oft jene als Hexen bezeichneten Frauen waren, die bis zum 15. Jahrhundert die Medizin bestimmt haben. Das Heilen mittels Kräutern und die Entdeckung neuer Medikamente waren eine weibliche Domäne. Es waren die Frauen, die die Heilkräuter, ihre Anwendung und Dosierung kannten. Heilkräuter, die zum Beispiel bei der Geburt eines Kindes gebraucht wurden. Oder auch zur Empfängnisverhütung. Das verlieh ihnen eine gewisse Macht, die Unkundigen Angst machte. So galten sie oft als Herrinnen über Leben und Tod. Vielleicht hatten sie sogar einen direkten Draht nach oben, oder – wer weiß – auch nach unten? Kein Wunder also, dass man sie dämonisierte und oft als alt und hässlich an der Seite des Teufels bei heidnischen Ritualen darstellte.

Aber aus welchem Grund tanzen heute christliche Nonnen ums Feuer? Schwester Klarissa, die uns eingeladen hat, wird uns bestimmt aufklären. Ich freue mich riesig auf sie.

Über unsere Begegnung am Frankfurter Hauptbahnhof habe ich seitdem noch oft nachgedacht. Die Szene, wie sie ohne mit der Wimper zu zucken einen betrunkenen Obdachlosen in den Arm nahm, hat bei mir einiges ins Rollen gebracht. Seitdem sehe ich manche meiner Mitmenschen mit anderen Augen und achte auch mehr darauf, mich nicht über andere zu stellen. Ich versuche es zumindest.

Von Köln ist es gar nicht weit bis nach Waldniel, wo die Dominikanerinnen von Bethanien, denen auch Schwester Klarissa angehört, ein Kinderdorf leiten. Klarissa war viele Jahre lang Kinderdorfmutter, bevor sie die Aufgabe in der

Bahnhofsmission annahm. Nachdem ihre zwölf Kinder groß und sozusagen aus dem Haus waren, wollte sie trotz wesentlich gemütlicherer Angebote in der Administration des Ordens weiterhin den direkten Kontakt zu den Menschen, die Hilfe brauchen. Dennoch blieb natürlich Waldniel ihr Zuhause.

Die Kinderdörfer der Dominikanerinnen von Bethanien entstanden nach dem Zweiten Weltkrieg in Deutschland, den Niederlanden und Belgien aus schierer Not, weil Abertausende von Kindern plötzlich ohne Eltern dastanden. Es waren die ersten Kinderdörfer überhaupt, denn bisher hatte es nur Heime gegeben, fein säuberlich getrennt nach Säuglingen, Kleinkindern und Heranwachsenden. Doch weil die Kinder durch die fremde Unterbringung ohnehin schon genug traumatisiert waren und man auch Geschwistergruppen nicht auseinanderreißen wollte, entwickelten die Schwestern die Idee einer neuen, familiären Lebensform. Kinder unterschiedlichen Alters sollten wieder wie in einer großen Familie zusammenleben, in einem Einfamilienhaus und mit einer Mutter. Der später als »Erfinder« der SOS-Kinderdörfer geltende Hans Gmeiner hatte damals sogar bei den Bethanienschwestern gelernt.

Wir treffen Schwester Klarissa hinter dem Hauptgebäude auf einer von alten Bäumen umstandenen Wiese, im Kreise ihrer mindestens zwanzig vollständig in Rot gekleideten Freundinnen. Darunter befinden sich ganz normale Hausfrauen, die meisten so um die fünfzig, es sind aber auch Ordensschwestern dabei. Das Holz für das Sonnwendfeuer liegt bereit. Auf einem langen Tisch stehen leckere Speisen und Getränke, daneben sind Zelte aufgebaut. Überall liegen Luftmatratzen und Schlafsäcke herum – scheint eine lange Nacht zu werden.

Schwester Klarissa ist eigentlich – das hat man damals am Bahnhof gar nicht so gemerkt – eine bekennende feministische Theologin. Das heißt, sie sucht in religiösen Texten nach Botschaften, die den Frauen die Möglichkeit geben, mehr ins Leben zu kommen. Und interessanterweise war es Dominikus, ihrem Ordensgründer, ja auch erst einmal um das Heil von Frauen gegangen. Schwester Klarissa hat nun für sich entdeckt, dass Frauen besonders in den archaischen Schöpfungsfesten ihr Heil finden können, indem sie zum Beispiel jedes Jahr neu den Jahreskreis von Frühling, Sommer, Herbst und Winter zelebrieren.

»Feministische Liturgie findet nicht nur im Kopf statt«, erklärt sie uns, »sondern muss umgesetzt werden in Rituale, Tanz, Musik und Gebete. Ich muss fühlen können, dass ich als Frau gewollt, von Gott geliebt bin und dass ich das Leben, das in mir steckt, entfalte zum Wohle der Erde.«

Als die Menschen sich erstmals des Göttlichen bewusst wurden, fährt sie fort, war dieses natürlich weiblich. Denn schließlich ist es die Frau, die das Leben schenkt. Es gab verschiedene Göttinnen, die man dem Jahreskreis zuordnete. Die weiße Göttin der jungfräulichen Frühlingszeit, die rote der fruchtbaren Sommerzeit (aha, daher die roten Klamotten) und die schwarze der Zeit, in der das Leben sich wieder erneuert.

Jetzt bloß nichts Falsches sagen, Inga. Doch die hört hochinteressiert zu, während ich immer noch nicht verstehe, was das alles mit der Lebensgestaltung einer katholischen Schwester zu tun haben soll. Doch Schwester Klarissa sieht da kein Problem. Das Ganze basiere schließlich auf der Schöpfungstheologie. Die Sommersonnenwende soll uns zum Beispiel daran erinnern, Wendepunkte im Leben zu bejahen, zu akzeptieren, dass das Leben nicht unendlich aufwärts geht, sondern dass es auch immer wieder abwärts gehen muss. Dass die Gesetze der Natur uns Höhepunkte und wilde und fruchtbare und erotische Zeiten ebenso bescheren wie dann auch wieder die anderen.

Schön, das leuchtet ein, allerdings hätte ich bei allen guten Geistern nie im Leben erwartet, dass ich irgendwann mal ausgerechnet einer Dominikanerin gegenübersitzen würde, die davon überzeugt ist, dass das Wissen um die Kräfte und das Wirken der Natur eine weibliche Eigenschaft ist, und die will, dass diese Tradition fortlebt. Die dafür ums Feuer tanzt.

»Und was ist mit den Männern, mit den Priestern, Bischöfen, Kardinälen, die bei Ihrem Verein ja schließlich den Ton angeben?« Die ketzerische Frage kann ich mir nicht verkneifen.

Da wird Schwester Klarissa doch ein klitzekleines bisschen aufgebracht, und das, was sie wahrscheinlich wirklich denkt, würde in meiner Welt womöglich sogar in dem Satz »Alle Männer sind Machos« münden. Aber so etwas käme ihr natürlich nie über die Lippen. Stattdessen gibt sie sich diplomatisch.

»Es ist schade, dass die Herren der Schöpfung in der heutigen Zeit nicht mehr Gleichberechtigung zulassen, sodass wir immer noch eine starke männliche Ausdrucksweise im Gebet und in der Liturgie haben. Ich denke, die Kirche bringt sich damit selbst um einen sehr wichtigen Teil. Mehr Weiblichkeit bedeutet mehr Ganzheitlichkeit. Mittlerweile habe ich mich jedoch damit abgefunden und gelernt, diese männlichen Rituale zu akzeptieren, möglicherweise sogar die Männer. Und ich sage Ihnen, die Schwarze Göttin hat mir dabei geholfen. Ich bin eine Frau! Und eine Frau legt die Bibel anders aus. Unser weiblicher Blick hat den gleichen Stellenwert wie der der Herren Mitbrüder, denn vor Gott sind wir doch alle gleich. Also bitteschön, wie im Himmel, so auf Erden.«

Die Alice in mir klatscht Beifall. Die anderen Stimmen meiner möglicherweise multiplen Persönlichkeit fragen ausnahmsweise im Chor: Rote und schwarze Göttin???
Dass Schwester Klarissa mit mindestens zwei Beinen auf dem Boden steht, wird allerdings im Verlauf des weiteren Gesprächs schnell klar. Sie tut nicht nur ihren Dienst in der Frankfurter Bahnhofsmission, sondern engagiert sich auch bei der Organisation Südwind, die sich mit den Problemen des wirtschaftlichen und politischen Nord-Süd-Gefälles auseinandersetzt. Außerdem ist sie Mitglied bei »Ordensleute für den Frieden«, und mitunter kann es sogar geschehen, dass sie ihre weniger abenteuerlustigen Mitschwestern mit sanftem Druck zur Teilnahme an einer Demo »überredet«.

»Ist nicht immer einfach«, schmunzelt sie, »aber damals bei der Räumung eines Asylantenheimes, da sind sie alle mit zur Sitzblockade gekommen. War auch gut so. Die haben aufgepasst, dass mein Temperament nicht mit mir durchging.«

Wir lachen beide. Mittlerweile kann ich mir gut vorstellen, dass Schwester Klarissa in diesem Punkt kein bisschen übertreibt. Schließlich verlief schon ihr Eintritt ins Kloster nicht ganz ohne Reibung. Denn eigentlich hatte die westfälische Bauerntochter einmal den elterlichen Hof übernehmen sollen. Und auch der Zukünftige war bereits gefunden, ein strammer Münsterländer. Immerhin hatte sie ihrem Vater abgetrotzt, eine Lehre machen zu dürfen. So wurde sie Erzieherin. Und bei einem Besuch im Kinderdorf von Waldniel ist es dann passiert: Sie wollte Dominikanerin von Bethanien werden und sich um elternlose und vernachlässigte Kinder kümmern.

»Obwohl ich diesen Mann zu lieben glaubte, überkam mich plötzlich das überwältigende Gefühl, berufen zu sein. Ich kann es nicht anders ausdrücken. Für Ihre Ohren hört sich das wahrscheinlich komisch an.«

Na ja, irgendwie schon. Aber ich bin auch momentan kein ernst zu nehmender Gesprächspartner wenn es um das Thema Männer geht. Ich muss erst mal meine Wunden lecken. Ganz auf sie zu verzichten, kann ich mir allerdings selbst jetzt nicht vorstellen.

»Ich fühlte mich berufen, mein Leben Gott und der Liebe zu den Menschen zu weihen. Vielleicht war ja meine Liebe einfach zu groß für einen einzelnen Menschen, auch wenn er ein gestandener Bauer war, der viele Kinder mit mir machen wollte …« Sie prustet los wie ein Schulmädchen. »Ich habe den armen Kerl einfach stehen lassen und die Verlobung gelöst.«

Der junge Mann sollte nicht der Letzte sein, der bei ihr auf der Strecke blieb. Und mich beschleicht langsam der Verdacht, dass ihre Begeisterung für die feministische Theologie auch einen durchaus handfesteren Erfahrungshintergrund haben könnte. Denn nach der Wende hat Schwester Klarissa in Leipzig sogar mal ein geschwisterliches Klosterprojekt auf die Beine gestellt, wo Schwestern und Brüder des Dominikanerordens gemeinsam unter einem Dach lebten. Doch lange ging das nicht gut, und als sie sich an diese Zeit erinnert, kommt Schwester Klarissa nun doch ein bisschen in Wallung.

»Die Brüder ließen sich von vorne bis hinten bedienen und zeigten aber auch nicht die geringste Bereitschaft, sich mit uns Frauen, unseren weiblichen Empfindungen und unserer Intuition auseinanderzusetzen. Es war nicht zum Aushalten. Als wir uns schließlich weigerten, die braven Hausfrauen zu spielen, nicht mehr kochten und die Herren selbst ihre Betten machen mussten, gab es Zoff. Ich war die Erste, die rausflog. Hat mir ganz schön zugesetzt damals. Trotzdem war es ein Abenteuer, das ich nicht missen möchte.«

Eine Mönch-Nonne-WG! Ich fall um! Und natürlich ist

sie in die Binsen gegangen. Meine ist ja auch hops. So etwas ist offensichtlich nicht für die Ewigkeit angelegt, Schwesterherz. Aber ich muss gestehen, ich finde einen gewissen Trost darin, dass selbst eine Wohngemeinschaft, deren Mitglieder das kleine Einmaleins der Nächstenliebe sozusagen auswendig können, gescheitert ist.

Inzwischen ist es dunkel geworden, der Mond zeigt sich gespenstisch hinter den hohen alten Bäumen. Etwa zwanzig rote Gestalten stehen im Kreis ums Feuer und murmeln irgendwelche unverständlichen Worte. Dann plötzlich Trommeltöne (aus einer im Gebüsch versteckten Musikanlage, wie ich nach einem kurzen Moment der Irritation feststelle). Hier lässt man trommeln. Das Spektakel beginnt. Ein bisschen indianischer Regentanz, ein bisschen Freestyle, ein bisschen Irish Dance. Nicht immer im Rhythmus, aber dafür mit viel Spaß und Begeisterung. Ich bin kurz davor mitzumachen, komme mir dann aber doch ein bisschen komisch vor.

Wo ist eigentlich Inga? Die hat sich in eine dunkle Ecke verkrochen. Da hockt sie auf einem Campingstuhl, verspeist ein Stück Erdbeerkuchen und überlegt vermutlich, wie sich das, was sie hier gerade erlebt, in eine prägnante SMS komprimieren lässt.

Der Tanz wird immer heftiger, ekstatischer. Ich kann mir nicht helfen, aber die roten Gewänder erinnern mich an ein Filmabenteuer, das ich mal in Indien hatte, in Poona, dem spirituellen Eldorado der Deutschen. Damals, in den 70er- und 80er-Jahren, haben sie dort ebenfalls ganz in Rot dem Baghwhan Rajneesh gehuldigt. Und bis heute – der einstige Ashram nennt sich inzwischen *Osho Meditation Center* – suchen dort immer noch viele Menschen wenn nicht nach Erleuchtung, so doch wenigstens nach Lebenserklärungen. Ich sollte dort im Auftrag eines deutschen Produzenten eine

DVD-Serie herstellen und Aufnahmen von indischer Vipassana-Meditation, persischem Sufitanz, japanischem Zen sowie hawaiianischen Massagen machen. War ja auch nicht uninteressant, doch bei näherer Betrachtung stellte sich die Sache recht schnell als ziemlich ideologisch und zwanghaft heraus. Wer bei der Meditation niesen oder sich räuspern musste, flog raus. Kinder waren sowieso nicht erlaubt, und wer die strenge Kleiderordnung nicht genau beachtete, wurde zum Umziehen auf sein Zimmer geschickt. Strenge Regeln, selbst für Filmemacher. Und so kamen wir irgendwie nicht zusammen, der mächtige *Inner Circle* des Osho Meditation Center und ich. Wir trennten uns noch vor Ende der Drehzeit. Natürlich in Frieden, *no bad feelings*. Om. Das dort entstandene Filmmaterial hat leider nie das Licht der Öffentlichkeit erblickt. Ist vielleicht auch besser so.

Auch hier beim klösterlichen Feuerstanz gibt es gewisse Restriktionen. So werden zum Beispiel hier keine Männer zugelassen. Auf mein fragendes Gesicht hin klärt mich Schwester Klarissa auf, dass sie später noch ein Ritual ausführen wollen, um die Kraft des Feuers in sich aufzunehmen. Und dabei sei männliche Energie einfach störend.

Verstehe! Als sie mich auffordert, doch auch daran teilzunehmen, beschließe ich spontan, dass ich jetzt eigentlich sehr müde bin und lieber in mein Bett möchte. Feuerkraft hin, Feuerkraft her. Außerdem bin ich sowieso schon hitzig genug, wie meine Mitmenschen mir schon öfter bestätigt haben. Und schließlich ist es schon nach Mitternacht. Wo ist eigentlich Inga? Auf dem Campingstuhl sitzt jetzt jemand anderes. Ich gehe sie suchen.

Dabei treffe ich auf ein bekanntes Gesicht. Die kenne ich doch – obwohl die ganz offensichtlich auch hier zum Kloster gehört. Sie hilft mir auf die Sprünge. Vom Fernsehen.

Aber klar, natürlich. Es ist Schwester Jordana, die im WDR für das Wort zum Sonntag zuständig ist – und in dieser Funktion eine höchst erfreuliche Ausnahme zu den dynamischen Fliege-Adepten, die sich sonst dort tummeln. Schwester Jordana ist ungefähr in meinem Alter und kommt auch gerade aus Köln, von der Aufzeichnung ihrer letzten Sendung.

Als ich sie frage, was sie denn von diesem Feuerzauber hält und ob sie sich vorstellen könnte, da auch mitzumachen, schüttelt sie den Kopf. Nein, das sei nicht so ganz ihr Ding, aber wenn es Schwester Klarissa und ihren Freundinnen guttäte, warum nicht.

Das finde ich erstaunlich. Dass selbst die katholische Samstagabend-Beauftragte offen für die »Querdenkerinnen« ihres Ordens ist. Aber ich muss sowieso anfangen, mein inneres Bild von Nonnen und Mönchen umzustricken. In jedem Orden gibt es und gab es schon immer Menschen, die das Evangelium etwas anders ausgelegt haben und damit neue Aspekte mit hineingebracht haben. Orden selbst haben sich ja oft sogar gegründet, um eingefahrenen Mustern der etablierten Kirche etwas Neues entgegenzusetzen. Und warum nicht auch eine feurige Huldigung der Elemente und damit der Schöpfung?

Wo steckt denn bloß Inga? Die wird doch nicht an diesem Ritual teilnehmen und in Zukunft noch mehr Feuer spucken? Um Himmels willen.

* * *

Beim Aufwachen riecht alles nach kaltem Rauch, Haut, Haare und die Klamotten von gestern. Nichts wie unter die Dusche, Frühstück, und dann ab ins Auto. Wir haben gestern noch erfahren, dass wir die Oberin der Schwestern von Bethanien nicht in Waldniel, sondern in einem zweiten Kinderdorf in der Nähe von Bergisch Gladbach treffen sollen.

Ein trister Backsteinbau. Es regnet mal wieder.

Wortlos führt uns ein kleines und offenbar verschüchtertes, vielleicht sogar zurückgebliebenes, auf jeden Fall aber zurückge*lassenes* Mädchen bis vor das Zimmer, in dem wir verabredet sind. Dabei hält es meine Hand. Schwitzehändchen, rührend. Ich meine nicht süüüß, sondern rührend. Es rührt mich. Aber was macht man da? Zum Abschied hocke ich mich hin und drücke die Kleine, ganz fest. Lach doch mal. Nein.

Im Besucherraum riecht es irgendwie modrig, oder bilde ich mir das nur ein, weil mir hier unwohl ist? Wie dieser Raum, stelle ich mir vor, müssen sich die Kinderheime vor vierzig oder fünfzig Jahren angefühlt haben. Eigentlich sollte ich meinem Schöpfer auf Knien danken, dass ich Eltern haben durfte. Eine Mutter, die heute noch darum besorgt ist, dass ich mir bloß keine Verkühlung hole, und einen Stiefvater, der mir, wann immer Not am Mann ist, mit seiner umfangreichen Do-it-yourself-Ausrüstung beim Kücheneinbau und sonstigen Aktivitäten hilft, bei denen Männer eben doch unverzichtbar sind. Und noch einen Vater, der mir irgendwann, vor vielen Jahren, die unvergleichlichsten Monate meines Lebens geschenkt hat.

Auftritt Schwester Thusnelda. Huch, eine echte Gouvernante. Das genaue Gegenteil von Schwester Klarissa und trotzdem der gleiche Orden. Erstaunlich. Belustigt registriere ich, dass die vorlaute Inga diesmal reagiert wie eine Pawlow'sche Klavierschülerin. Artig gibt sie Pfötchen und ansonsten keinen Mucks mehr von sich. Hihi, so kenne ich sie ja gar nicht. Von dieser Seite droht wohl vorerst keine Gefahr.

Von der anderen aber schon, will mir scheinen. Schwester Thusnelda riecht nach Kernseife und ist bewehrt mit einem handgeschmiedeten Schottenrock, einer cremefarbenen Bluse samt dazugehörigem Schlaufenkragen und einer stacheligen Strickjacke aus der Kollektion des Retro-Labels *Noli Me Tangere*. Und mit einem Schild, das nur ich sehen kann, auf dem aber in großen Lettern steht:

SIE STÖREN!

Also lächle ich mein ehrlichstes Lächeln und entrolle ein Spruchband, das ich für solche Fälle immer dabei habe:

WIR KOMMEN IN FRIEDLICHER ABSICHT.

Es klappt. Schwester Thusnelda ringt sich nun auch ein Lächeln ab und beginnt ein bisschen über sich zu erzählen. Sie ist bereits mit 23 Jahren ins Kloster gegangen. Vielleicht auch weil sie da wenig mit den Männern zu tun hatte, überlege ich.

Trotzdem war ihr großes Vorbild dann doch ein Mann, allerdings ein überaus gütiger, vor dem man keine Angst zu haben brauchte. Nein, nicht Jesus, sondern der französische Dominikanermönch Jean-Joseph Lataste. Als sie beginnt, uns seine Geschichte zu erzählen, fangen ihre Augen plötzlich zu leuchten an, und es kommt mir vor, als säße dort plötzlich eine ganz andere Frau.

Dieser Jean-Joseph Lataste war Mitte des 19. Jahrhunderts ins Gefängnis geschickt worden. Genauer gesagt, ins Frauenzuchthaus von Cadillac bei Bordeaux, wo er im Auftrag seines Ordens ausgerechnet Diebinnen, Kindsmörderinnen und anderem kriminellen Gesindel seelsorgerische Hilfe und Exerzitien zukommen lassen sollte. Und bei aller Nächstenliebe, diese Flintenweiber waren ihm wirklich aus tiefstem Herzen zuwider – bis er feststellte, dass die meisten von ihnen gegen jede Erwartung und behördliche Prognose durchaus zur Reue fähig und viele wegen ihrer Taten sehr beschämt waren. Nichts mehr ersehnten sie sich als Vergebung – vor Gott, aber auch vor den Menschen.

Bei Gott war die Sache gar nicht so schwer, denn der ist ja barmherzig. Anders die Menschen. Lataste beobachtete recht bald, dass diese vom rechten Wege Abgekommenen, auch wenn sie ihre Strafe längst gebüßt hatten, »draußen« weiter geächtet blieben. Er beobachtete auch, dass es sich insbesondere bei den Kindsmörderinnen zumeist um ehemalige Dienstmägde handelte, die von ihren Herren geschwängert und dann, wenn sie die gerade geborenen Bastarde aus schierer Verzweiflung umgebracht hatten, perfide angezeigt worden waren. Als Mörderin des eigenen Kindes hatte man keine Chance mehr, weil man nicht nur für lange Zeit eingesperrt, sondern einem überdies der Pass entzogen wurde, ohne den man nie wieder eine Anstellung fand. Damit war das Schicksal dieser Frauen eigentlich besiegelt. Viele brachten sich um.

Jean-Joseph Lataste hingegen galten diese Sünderinnen fortan als »meine Schwestern«, ganz wie einst Jesus Maria Magdalena, eine stadtbekannte Hure, in Liebe angenommen hatte. Weder jene Maria allerdings noch die berühmte Muttergottes waren Namensgeberinnen seines neuen Ordens, sondern eine dritte, die Schwester des aussätzigen Lazarus, den Jesus, wie (hoffentlich) jedermann bekannt ist, nach drei Tagen wieder zum Leben erweckte. Gemeinsam mit ihrer Schwester Martha lud diese Maria aus Bethanien Jesus in ihr Haus ein, wagte es aber aus Scham – sie war ja die Verwandte von Aussätzigen – trotzdem nicht, sich selbst zu den »Gerechten« an den Tisch zu setzen. Stattdessen fiel sie Jesus zu Füßen und weinte und weinte und weinte so sehr, dass sie ihm mit ihren Tränen die staubigen Füße abwaschen konnte. Die trocknete sie dann mit ihren Haaren und salbte sie anschließend mit einem kühlenden Balsam ein, damals der höchste Luxus. Die Jünger ereiferten sich und wollten dem Treiben in vorauseilendem Gehorsam ein Ende bereiten. Jesus aber hielt sie zurück und würdigte Marias Geste als größte aller Ehrerbietungen. Schön, oder? Steht übrigens im Neuen Testament.

Dass Frauen, die sich für unwürdig hielten und darin auch von ihrer Umgebung auf das Entschiedenste bestätigt wurden, vor ihm auf die Knie fielen, hatte auch Pater Lataste erlebt. Und es stellte sich bald heraus, dass ein bisschen Geld und gute Worte nicht ausreichten, um ihnen wirklich zu helfen. 1866 wurde das Haus von Bethanien eröffnet. Fortan konnten entlassene verurteilte Frauen in diesen Orden eintreten. Zunächst als »Kleine Schwestern«, die dann aber, sobald keine Zweifel mehr über ihre moralische und spirituelle Rehabilitation bestand, tatsächlich sämtliche Weihen einer vollgültigen Ordensschwester erhielten. Sie wurden also tatsächlich rehabilitiert. Vor Gott und, weil über ihre Vergangenheit Stillschweigen gewahrt wurde, auch vor den Menschen.

Und das ist bis heute so. Die Vergangenheit der Frauen, die aufgenommen werden, spielt keine Rolle und wird auch vor jeglicher Einsichtnahme von außen geschützt. Und weil dies ein so hohes Gut ist, trägt auch unsere Schwester Thusnelda, obwohl sie bestimmt kein schlimmes Vorleben hat, hier diesen interessanten Namen. Den hat sich natürlich wieder mal Inga ausgedacht – allerdings erst auf der Rückfahrt, vorerst steht sie noch stramm. Recht so.

Ich glaube, dass Inga Menschen mit solch extremer nach außen getragenen Korrektheit nur noch aus alten Schwarz-Weiß-Filmen kennt. Doch die offensichtliche Begeisterung für ihren Orden, für das, was Pater Lataste geschaffen hat und das sich offensichtlich so mit ihrer eigenen Überzeugung deckt, macht Schwester Thusnelda für mich plötzlich zu einem Menschen mit einer ganz starken positiven Persönlichkeit. Auch sie hat sich schließlich Menschen angenommen, die ohne Familie kaum eine Chance haben. Diese Ordensleute sind wirklich echt, muss ich feststellen, sie leben ihr Leben aus tiefster innerer Überzeugung. Wahrscheinlich können sie gar nicht anders. Ich kann mir nicht helfen, aber das beeindruckt mich mehr und mehr.

Draußen auf dem Parkplatz taucht plötzlich wieder Schwester Jordana auf, die nicht nur das Wort zum Sonntag spricht, sondern auch hier in Waldniel als pädagogische Beraterin arbeitet. Wir dürfen sie zu einer der Familien begleiten, die sie betreut.

Rund um eine Wiese mit riesigem Spielplatz sind ungefähr zehn größere Einfamilienhäuser aneinandergereiht. Richtig freundlich sieht es hier aus. Ganz anders als im Eingangsbereich. Auch Schwester Agnes, eine der Kinderdorfmütter, die gerade mit zwei ihrer Schutzbefohlenen vom Einkaufen kommt, hat nichts von einer strengen Heimerzieherin an sich. Im Gegenteil, sie strahlt Wärme und Geborgenheit aus.

Der kleine Ford Fiesta ist bis oben hin randvoll mit Lebensmitteln, eben alles, was eine zwölfköpfige Familie so braucht. Wir helfen mit reintragen. Inga organisiert sofort eine Schlepperkette, ein Riesenspaß. Ja, so war das früher auch in meiner kleinen Familie, wenn wir drei vom Einkaufen kamen und die leckersten Sachen dann auch sofort mal probieren mussten. Hier ist es nicht anders. Wir sitzen alle zusammen am Küchentisch und naschen Fleischsalat, Gewürzgurken und Schokolade. Alles durcheinander. Darf ich hierbleiben?

Mit Schwester Agnes komme ich gleich ins Gespräch. Sie ist einer dieser Menschen, die ihre Seele und ihr gutes Herz vor sich hertragen. Sie ist schon lange da, erzählt sie mir, hat bereits als Erzieherin hier gearbeitet, bevor sie sich entschlossen hat, in den Orden einzutreten. Doch dann hat es ihr so gut gefallen, dass der Wunsch, ganz dazuzugehören, immer größer wurde.

»Ich war immer sehr, sehr gerne in der Familie, also auch über die Arbeitszeit hinaus. Ob ich zu Hause Fernsehen gucke, oben in der Mitarbeiteretage, oder jetzt noch mit den Kindern, das war mir dann auch egal.«

Kinderdorfmutter ist kein »nine to five job« sondern eine Lebensform. Eine, die in der Heimlandschaft oder bei der Erziehung von Menschen, die aus verschiedenen Gründen nicht zu Hause aufwachsen können, das Natürlichste ist, was unsere Gesellschaft zu bieten hat. Und wenn man dann auch noch Schwester Agnes als Mutter hat, sieht der Start ins Leben vielleicht gar nicht mehr so düster aus.

»Und dann kam der nächste Schritt«, erzählt sie weiter. »Ich fand die Ordensschwestern unheimlich beeindruckend. Wie sie lebten und vor allem, wie normal sie waren. Ich hatte vorher immer geglaubt, Ordensschwestern sind nur Schwestern, sonst gar nichts. Hier in Waldniel aber hatte ich das Gefühl, das sind Schwestern und gleichzeitig Menschen, ganz normale Menschen. Drei Jahre habe ich dagegen angekämpft, in den Orden zu gehen, mich mit allen Mitteln dagegen gewehrt. Ich habe zum Beispiel versucht mir vorzustellen, dass es Gott gar nicht gibt, weil ich dachte, dann hätte ich endlich meine Ruhe. Aber das war nicht so. Es gab kein Entrinnen. Ich kann es gar nicht erklären.«

Sie lacht mich an wie ein junges Mädchen, das von einem Mann erzählt, der sich unsterblich in sie verliebt hat und nicht lockerlässt. Hatte nicht schon Schwester Klarissa genau das Gleiche gesagt?

Könnte mir eigentlich auch mal wieder passieren. Es muss ja nicht gleich der liebe Gott sein. Ein hübscher Prinz auf einem weißen Pferd würde auch schon genügen.

Als wir wieder auf der Autobahn sind, diesmal in Richtung Osten, hängen wir beide schweigend unseren Gedanken nach.

»Schon merkwürdig, dass manches so ganz anders aussieht, als es auf den ersten Blick scheint«, bemerkt Inga.

Ich muss lachen. Genau das habe ich auch gerade gedacht.

# 9. Gottes Geliebte

Wir machen einen Abstecher nach Sachsen. Auch diesen Tipp verdanken wir Pater Rufus, auch hier geht es wieder um emanzipierte Frauen, allerdings nicht um die aus unserer Zeit, sondern um solche, die schon im Mittelalter in einer von Männern dominierten religiösen Struktur eigene spirituelle Wege gingen.

Im sachsen-anhaltinischen Helfta lebten einst die drei großen Frauen der deutschen Mystik: Mechthild von Magdeburg, Mechthild von Hackeborn und Gertrud von Helfta. Diese drei haben den Ruf ihres Klosters als »Krone der deutschen Frauenklöster« begründet. Ihre Schriften zeigen, dass Mystik nicht nur ein verschwiemeltes religiöses Phänomen ist, sondern ein eigenes Verständnis vom Menschsein und seinen menschlichen Erkenntnismöglichkeiten. Keine weltabgewandte, verknöcherte Form der Frömmigkeit, sondern eine sinnliche Kraft, die ins Diesseits hineinreicht. Dass Menschen eine Beziehung zu Gott, zur Transzendenz haben können, obwohl diese Verbindung mit herkömmlichen Mitteln nicht nachzuweisen ist, steht im Mittelpunkt ihrer mystischen Praxis, die in großen Teilen eine weibliche Praxis ist, eine Erfindung von Frauen, »heiligen Frauen«.

Inga und ich sind verabredet mit Schwester Assumpta Schenkl, die mit zehn Schwestern aus meiner wunderschönen bayerischen Heimat hierher in die Diaspora der Neuen

Bundesländer gekommen ist, wo nur anderthalb Prozent der Menschen Katholiken sind. Die bayerischen Zisterzienserinnen hatten es sich zur Aufgabe gemacht, die mystische Tradition dieses Frauenklosters wiederzubeleben.

Dank Ingas rasantem Fahrstil und den vergleichsweise freien Autobahnen im Osten, sind wir früher eingetroffen als geplant. Also schlendern wir noch ein bisschen auf dem Gelände herum. Einige der alten Backsteingebäude sind noch eingerüstet, als sollten sie »fit gemacht werden für die Zukunft«, wie es ja heutzutage gerne heißt.

Während der DDR-Zeit war auf diesem Gelände eine LPG untergebracht, die keine Mittel hatte, die Gebäude zu erhalten oder gar neu instand zu setzen. Nach der Wende haben Bürgergruppen aus dem benachbarten Eisleben und Stiftungen aus dem Westen Deutschlands insgesamt 1,5 Millionen D-Mark gesammelt und aus dem völlig zerfallenen Volkseigentum innerhalb kurzer Zeit wieder einen ansehnlichen Ort für Gläubige geschaffen. Rund um den Weiher, den Mittelpunkt der Anlage, wurde kräftig investiert. Die einst völlig zerfallene Kirche St. Marien erstrahlt in neuem Glanz. Das Kloster besitzt wieder einen Kreuzgang, auch wenn der nicht gotisch, sondern eher postmodern ist. Im ehemaligen Getreidespeicher ist der Klosterladen untergebracht, die Gästehäuser wirken wie eine freundliche Hotelanlage. Und das Caritas-Pflegeheim macht den Eindruck eines ruhigen Ortes, von dem aus man sich in entspannter Ruhe gemächlich aus der Welt verabschieden kann.

Sogar ein schickes Logo hat das Kloster, und hinter vorgehaltener Hand hört man von einer gewissen Konkurrenz, weil die Leute mittlerweile vorwiegend in die Gegend kommen, um Helfta zu besuchen, und die nahe gelegenen Lutherstätten in Eisleben dann eventuell auch noch mitnehmen, vielleicht aber auch nicht. Immerhin hat jede evangelische Gemeinde im Umkreis einen Stein zum Altar der Kirche beigetragen. Daran hätte wohl sogar der einstige Nachbar Martin Luther seine Freude gehabt, der in Eisleben geboren wurde und dort auch starb.

Das wiedererstarkte Kloster Helfta will aber auch wieder ein Stein des Anstoßes ein. Und symbolisch betrachtet gibt es den schon, brusthoch und in Eisen eingefasst, damit er nicht von alleine wegrollen kann. Der Stein von Helfta ist den Rollsteinen nachgebildet, die zu Jesu Zeit die Gräber verschlossen. Er soll Sinnbild sein für die Auferstehung und das ewige Leben. Bevor er hierherkam, wanderte er durch 30 deutsche Orte von Nord nach Süd, von West nach Ost. Er erinnert daran, dass auch anscheinend Unverrückbares bewegt werden kann. So wie plötzlich eine einstige LPG wieder von Klosterschwestern bewohnt wird – und noch dazu von solchen mit einer großen mystischen Tradition.

Ob man bei den drei Mystikerinnen aus dem Mittelalter allerdings noch Antworten für unser modernes Leben finden kann? Immerhin bleibt es dabei, dass die Fragen nach dem Sinn des Lebens, dem Warum, Woher und Wohin, mit jedem neuen Erdenmenschen neu geboren werden. Daran hat sich seit Anbeginn der Zeit nichts geändert, auch nicht durch die Erkenntnisse der modernen Welt.

Gertrud von Helfta ist die einzige Frau in der Kirchengeschichte, die den Beinamen »die Große« trägt. Wie kommt es zu einer solchen Auszeichnung? Zum einen hängt es mit ihrer Persönlichkeit zusammen, zum anderen mit ihrem Wirken und Werk. Das 13. Jahrhundert war neben großen Denkern wie Albertus Magnus, Thomas von Aquin oder Bonaventura ganz besonders auch durch die Mystiker geprägt, vor allem durch die deutschen Mystikerinnen. Es hatte sich eine monastisch vertiefte Frömmigkeit entwickelt, die vorwiegend Frauen ansprach.

Ähnlich wie Hildegard von Bingen blitzartig von einem strahlenden Licht getroffen und unter dem Zwang einer inneren Stimme – *Schreib auf, was du siehst und sage, was du hörst!* – angetrieben wurde, meldete sich eine Generation später Mechthild von Magdeburg zu Wort. Auch sie geriet, von Visionen heimgesucht, in den unausweichlichen Zwang, das Gesehene und Gehörte zu Papier zu bringen. Im Gegensatz zu Hildegard wählte Mechthild jedoch eine recht persönliche Form, um ihre *Geheimnisse mit Gott* zu teilen. Ihr Leben gilt als Höhepunkt der deutschen Mystik, und ihre Sprache ist die einer Liebenden:

*Ich tanze Herr, wenn du mich führst. Soll ich sehr springen, musst du selbst voransingen.*

Immer wieder weist sie darauf hin, dass es Gott ist, der durch sie spricht, dass er die Inspiration ist: »Mir, einer armseligen Frau, befahl er, dieses Buch aus Gottes Herzen und Mund zu schreiben.«

Warum hat Gott diese Inspiration gerade in jenen Zeiten nicht einem gelehrten Mann zuteilwerden lassen, fragt man sich. Deshalb: »Es ist mir, von manchem Professor der Heiligen Schrift, der vor meinen Augen dennoch Tor ist, eine große Ehre und stärkt die heilige Kirche überaus, wenn der ungelehrte Mund die gelehrte Zunge aus dem heiligen Geist belehrt.«

Kirche von unten, vor 800 Jahren. Allerdings, so ganz von unten dann auch wieder nicht, denn die meisten Frauen, die damals in den Zisterzienserorden eintraten, waren Adelige. Viele von ihnen strebten nach Bildung, die nur Klöster boten. Außerdem konnten sie durch ihren Eintritt ihrem Schicksal als Gebärmaschinen der feudalen Heiratspolitik entrinnen. Lieber vermählten sie sich mit Jesus Christus als mit einem rüpelhaften Haudegen, dem es nur um die Sicherung und Ausweitung seiner Herrschaft ging und der dazu Nachkommen brauchte.

Mag sein, dass da auch so manches sublimiert wurde, wer will das heute noch entscheiden? Beim Lesen vor allem von Mechthilds Schriften fällt immer wieder ihre leidenschaftliche Bildsprache auf, mit der sie die Kluft zwischen Irdischem und Göttlichem überwindet. Mechthild war eine kompromisslose Geliebte Gottes, voll blühender Erotik.

*Du schmeckst mir wie eine Weintraube,*
*Du duftest wie Balsam,*
*Du leuchtest wie die Sonne,*
*Du bist ein Wachstum meiner höchsten Minne.*

Und die Menschenseele antwortet:

*O du gießender Gott in deiner Gabe!*
*O du fließender Gott in deiner Minne!*
*O du brennender Gott in deiner Sehnsucht!*
*O du verschmelzender Gott in der Einigung mit deinem Leib!*
*O du ruhender Gott an meinen Brüsten!*
*Ohne dich kann ich nicht mehr sein.*

Hui, ganz schön sinnlich. Da kann einem ja direkt anders werden. Dabei höre ich schon die Leute, mit denen ich mich sonst so umgebe, höhöhö. Klar lassen sich solche Zeilen von uns heutigen »Normalos« leicht als hoffnungslos naive Schwärmerei einer sexuell Unbefriedigten abtun. Obwohl: So naiv nun auch wieder nicht, Mechthild scheint mir durchaus gewusst zu haben, was der Körper einem so alles an angenehmen Überraschungen zu bieten hatte und wo es besondere Freuden gab.

Entschuldigung, ich meinte Spaß. Viktor, ein Bekannter von mir und ein ebenso hoffnungsloser wie hoffnungsfroher Selbstverwirklicher, hat kürzlich an einem Tantra-Kurs teilgenommen. Thema: *The art of being*. Was für ein Kick! Noch als er mich anrief, war er vollkommen aus dem Häuschen. »Da kriegst du jede Frau, die lassen sich anfassen und alles.« Ich erzählte ihm, dass ich mich gerade auf dem Weg zu einem Nonnenkloster befände, das ließ ihn für einen Moment verstummen. Aber nicht lange. »Dann frag die doch gleich mal, wie die das schaffen ohne Sex und so.«

Ja, wie schaffen die das?

Vielleicht hat Mechthild von Magdeburg ja sogar auf diese Frage die Antwort: bedingungslose Liebe. Und wer weiß, vielleicht stimmt es ja sogar und ihre wunderschöne Poesie kommt direkt von Gott. Wenn jedenfalls bei nächster Gelegenheit wieder mal einer so hedonistisch daherschwafelt, dass diese vertrockneten Weiber noch nicht mal wissen, was sie verpassen, werde ich ihm genau diese Zeilen vor den stolzgeschwellten Latz knallen. Bin mal gespannt, was dann kommt.

Tantra! In deinem Alter! Also echt.

Vielleicht ist diese Verzückung, an der Mechthild von Magdeburg uns derart geradeheraus teilhaben lässt, ja sogar eine Erklärung dafür, was die Mystik, übrigens in allen Religionen, so anziehend macht: Glaube nicht als schale Kopfgeburt oder dumpfer Gehorsam, sondern als eine entrückte und entzückte Lust. Plötzlich wird das, was wir heute Spiritualität nennen, also irgendwie an irgendwas zu glauben, ganz einfach. Helftas andere berühmte Mechthild, die von Hackeborn, legte Gott in ihrem *Buch der besonderen Gnade* folgenden schönen Satz in den Mund:

*Ich bin leichter zu erlangen als irgend etwas. Kein Faden und kein Splitter, nichts ist so klein und so gering, dass man es mit reinem Willensakt an sich ziehen könnte. Mich aber kann der Mensch mit seinem bloßen Willen an sich ziehen.*

Wunderbar! Müsste man vielleicht einfach mal ausprobieren. Wenn man sich nur trauen würde.

Beim Treffen mit Schwester Assumpta Schenkl kommen zunächst einmal nur wenige Gedanken an Erotik auf. Sie ist gut über 80, aber trotzdem noch von unglaublicher Dynamik und Entschlossenheit. Ich denke kurz darüber nach, ob es mit der Enthaltsamkeit vielleicht doch etwas auf sich hat. In irgendeiner Studie über Lebenserwartung habe ich mal gelesen, dass Ordensleute im Schnitt eine um 15 Prozent höhere Lebenserwartung haben als der Rest von uns. Am gesunden Essen allein kann es schließlich nicht liegen.

Da ist allerdings auch eine Kehrseite. In einem anderen Frauenkloster, das ich bereits besuchte habe (und dessen Name hier nichts zur Sache tut), traf ich auf lauter heitere Nonnen. Hinter vorgehaltener Hand allerdings erzählte mir die Äbtissin, dass es mit der Heiterkeit so eine Sache sei. Denn obwohl die Frauen ihr ganzes Leben gut gelaunt im Kloster zubringen, müssen sich manche beim Eintritt in die Menopause einer Therapie unterziehen oder zumindest psychologisch betreut werden. So kann es gehen, wenn man mit Jesus verheiratet ist.

Schwester Assumpta macht nicht den Eindruck, als sei dieses Thema ihr jemals zur Bürde geworden.

Ganz im Gegenteil. Sie ist der festen Überzeugung, dass das Ordensleben vor allem ein alternatives Leben ist. Das bedeutet zunächst einmal, dass es von vornherein anders ist als das der meisten Menschen. Von außen betrachtet scheint es ärmer, beschränkter, eingeengter, tatsächlich ist es jedoch, versichert sie uns, reicher und freier. Für Assumpta Schenkl bedeutet das Klosterleben die größte Fülle des Glücks und der Freude. Keine Ablenkung durch unnötige Reize von außen. Die Konzentration auf die Stimme Gottes, die nur in Stille hörbar ist. Wer es nicht kennt, kann es sich kaum vorstellen. Die Bedingung, dass man es ganz vorbehaltlos und treu lebt, ist für die Äbtissin aus dem barocken Bayern dabei völlig selbstverständlich.

Alles easy also. Für einen Moment stelle ich mir mich selbst hier vor. Das hört sich alles so perfekt an, genau nach dem, was ich jetzt brauchen könnte. Keine Probleme mit WG-Partnern oder gar der Liebe. Kein tägliches Einkaufen, keine Steuererklärung, kein Klinkenputzen bei Produzenten für ein neues Projekt. Finanzielle Sicherheit, gute Freunde, mit denen man sich nicht erst umständlich verabreden muss, kein Auto, das einem die Haare vom Kopf frisst. Am Anfang wäre es sicher nicht leicht, aber wenn man erst mal den ganzen zivilisatorischen Mumpitz nicht mehr vermisst …

Quatsch! Ingas Handy klingelt. Mit einer entschuldigenden Geste verlässt sie das kleine Besucherzimmer. Wahrscheinlich wieder Roberto, mit irgendwelchem zivilisatorischen Mumpitz.

Schwester Assumpta, die hier im Kloster regelmäßig gut besuchte Mystikseminare veranstaltet, liest mir derweil einen kurzen Absatz von Gertrude von Helfta vor, den ich mir aufschreibe, weil er so schön ist:

*Wenn ich in unversieglicher Dankbarkeit aus der Einströmung deiner Gnaden mich in dich zurückgieße gleich dem Wasser; wenn ich in der Übung der Tugenden wachse und im Grün der guten Werke blühe gleich den Bäumen; wenn ich von oben das Irdische überschauend dem Himmlischen im freien Fluge zustrebe gleich der Taube und mit diesem körperlichen Sinnen dem Getümmel der äußern Dinge entfremdet mit dem Geiste dir obliege – dann wird mein Herz dir eine Stätte geben, die köstlicher ist als alle Lieblichkeit.*

… und das nicht mal von irgendeinem angesagten *spiritual leader*, sondern von einer Nonne aus dem 13. Jahrhundert. Also auch völlig kostenfrei, keine Seminargebühr und die Urheberrechte seit zirka 700 Jahren erloschen. Was man daraus machen könnte!

Gerade habe ich noch damit geliebäugelt, mein weltliches Leben hinter mir zu lassen, aber jetzt schießt mir Folgendes durch den Kopf: Wenn sich nur mal jemand mit ein bisschen Vision und Fantasie fürs Verkaufen die Bücher der drei Mystikerinnen von Helfta vornehmen würde, könnte man damit richtig Geld machen. Verschüttetes Wissen wiederentdeckt, zurück zu den Wurzeln, pipapo. Und eine Frontfrau, die das alles glaubhaft verkörpern kann. Iris Berben oder so. Oder ich. Man müsste sich ja nicht mal verbiegen, das ist doch wirklich was Tolles, Ehrliches. Eingetragenes Warenzeichen, Seminare, Bücher, Hörbücher, CDs, … hach.

Schon im nächsten Moment schäme ich mich. Das passiert mir neuerdings immer öfter. Was bin ich doch bloß für ein verkommenes Subjekt. Nur die Vorstellung, dass der Stenz Viktor vermutlich der Erste wäre, der freiwillig dafür blechen würde, tröstet mich ein wenig. Und wer weiß – vielleicht würde es ihn diesmal sogar tatsächlich erleuchten. Hm – ob man es nicht doch mal probieren sollte? Wenn man es ganz ehrlich meint, also so *richtig* ehrlich?

Schwester Assumpta ist jedenfalls überzeugt, dass die Saat des Glaubens hier in der Nähe von Eisleben wieder aufgehen wird. Noch allerdings werden die Nonnen als Exotinnen angesehen. Nicht böswillig, einfach nur ein bisschen entgeistert.

»Am Anfang kamen die Leute zu uns auf die Baustelle und fragten, was wir hier eigentlich treiben. Ich war ehrlich schockiert. Da gab es Menschen mitten in Deutschland, die hatten noch nie eine Kirche von innen gesehen, manche wussten nicht mal mehr die einfachsten Dinge über unsere Religion. Einer hat uns sogar mal gefragt, warum die ›arme Sau‹ da am Kreuz hinge. Ich dachte, der macht einen Witz, aber er meinte es vollkommen ernst. Er hatte tatsächlich keinen Schimmer.«

Wenn das keine Einladung zur Mission ist!

Auf eine Tradition, an die sich anknüpfen ließe, können sich die Schwestern hier im Osten allerdings nicht verlassen. Es gibt nur eine Handvoll Katholiken, knapp sechs Prozent sind immerhin Protestanten. Der Rest ist, jedenfalls in konfessioneller Hinsicht, nichts. Dass die Leute nach den Jahrzehnten des staatlich verordneten Atheismus nicht mehr viel mit so etwas wie der Kirche anfangen konnten, hatten die Nonnen erwartet, nicht aber diese weitverbreitete, vollkommene Ahnungslosigkeit. Die erste Zeit über, erzählt Schwester Assumpta, sei sie sich vorgekommen, als wäre sie mit einer Zirkustruppe angereist. Ständig tauchten neugierige Schaulustige auf. Aber die Menschen waren freundlich, und inzwischen haben sie offenbar kapiert, was die Schwestern hier wollen. Mittlerweile kommen sogar schon die Pilger in Scharen. Die Vorstellung, hier ein zurückgezogenes Leben à la Gertrud und Mechthild zu leben – davon sind die Zisterzienserinnen von Helfta allerdings weit entfernt. Mit der Klausur nehmen sie es also auch nicht mehr so streng, denn das wäre schlichtweg unmöglich.

Schwester Assumpta, die zunächst Volksschullehrerin war, dann als Nonne ein weiteres Studium anschloss und später dreißig Jahre an einem Gymnasium unterrichtete, hatte sich eigentlich für die Zisterzienserinnen entschieden, weil ihr die abgeschiedene, kontemplative Seite dieses Ordens so zusagte. Jetzt aber, mit 82 Jahren, erkennt sie, dass Gott in Helfta wohl noch einiges vorhat, auch mit ihr. Die Stadt Eisleben hat die Schwestern sogar gebeten, neben dem Caritas-Pflegeheim auch die Trägerschaft des Kindergartens zu übernehmen. Und der Bürgermeister hat sich zu dem Satz hinreißen lassen, Eisleben sei zwar eine sehr arme Stadt, aber dennoch reich, weil sie jetzt das Kloster Helfta hat.

*Porta patet, cor magis* – Die Tür steht offen, das Herz noch mehr.

Inga kommt gerade noch rechtzeitig zurück, um sich von Schwester Assumpta zu verabschieden, die pünktlich um 12 Uhr zum Mittagsgebet muss. Meine treue Gefährtin sieht nicht gerade glücklich aus. Oje. Hat ihr Roberto vielleicht irgendeinen Mist gebaut? Als wir wieder draußen am Weiher sind, bittet sie mich darum, ein paar Minuten allein sein zu dürfen, sie müsse über etwas nachdenken. Ihr etwas abweisender Blick sagt mir, dass sie es ernst meint. O. k.

Dann schaue ich mir eben noch schnell die Kirche an.

Orgeltöne empfangen mich. Leider ziemlich falsche. Irgendjemand übt hier, offensichtlich noch nicht so lange. Eine Nonne in blauer Tracht, Schwester Hanna, wie ich gleich erfahren soll, putzt den Boden der Kirche. Wir kommen ins Gespräch und ich höre, dass sie gerade erst vor ein paar Monaten eingekleidet wurde und jetzt hier als Novizin lebt. Eine Spätberufene.

Sie ist nur wenig älter als ich und hat vor ihrem Eintritt als Erzieherin in einem Heim für Behinderte gearbeitet. Schon dort spürte sie interessanterweise eine Lebensfreude und Lebensbejahung, die draußen in der »normalen« Welt einfach nicht so erfahrbar war. Gerade diese Menschen hatten sie darauf aufmerksam gemacht, was wirkliche Gottesliebe war. Und diese erfahrene Realität wollte sie noch viel, viel mehr auch für sich selbst umsetzen. In ihrem Berufsleben wäre das nicht möglich gewesen. Da hatte sie keine Zeit. Nicht für regelmäßiges Gebet und auch nicht für einfache Stille. Irgendwann, sagt sie, hat der Herr sie dann nach Helfta geführt und sie spürte: Ja, das ist es, hier soll ich verweilen.

Auch mich hat der Herr schon an viele Plätze geführt. Aber so deutlich wie Schwester Hanna habe ich so was noch nie erlebt. Obwohl, stimmt gar nicht, einmal doch. Als ich vor einigen Jahren auf der Kanareninsel La Palma Urlaub machte und plötzlich die Möglichkeit erhielt, ein wunderschönes kleines Holzhaus zu kaufen, da muss ich wohl ein ähnliches unmittelbares Gefühl gehabt haben. Und weil ich es nicht gleich glauben konnte, obwohl ich mich schon seit Kindertagen nach einem Haus am Meer gesehnt hatte, hat mir der liebe Gott sogar noch ein Zeichen geschickt: einen mächtigen, wunderschönen Regenbogen, just in dem Moment, als die Maklerin von mir wissen wollte: Ja oder Nein?

Wer's glaubt, wird selig? Genau! In meinem Häuschen bin ich selig. Nur leider viel zu selten da.

Schwester Hanna weiß natürlich, dass ihr Entschluss auch mit einem hohen Preis verbunden ist. Doch den zahlt sie, ohne mit der Wimper zu zucken. Da wäre zum Beispiel ihr Stolz, an dem sie hier hart arbeitet. Während ihres Berufslebens bekam sie viel Bestätigung und hatte sich einen sehr guten Namen gemacht. Das fällt hier flach. Der Name hat hier einen anderen Wert, nämlich zum Beispiel den, dass Schwester Hanna mit Bodenwischen dran ist. In Demut. Für den Herrn, auf dass er sich in seinem Hause wohlfühle –

und für die Pilger, für jeden, der herkommt. Demut statt Stolz. Das ist vermutlich eine ganz schön harte Nuss.

Auch die Stille, also ganz wörtlich das Stilleschweigen nach 20 Uhr, fällt Schwester Hanna manchmal noch nicht ganz leicht, zumal Kommunikation, das Miteinander-Reden unter Kollegen, in ihrem Beruf so immens wichtig war. Und doch lernt sie sich jetzt selbst besser wahrzunehmen.

Schwester Hanna kann auch nicht einfach mal ins Auto springen, um irgendwo hinzufahren. Oder nach Lust und Laune an den Kühlschrank gehen. Es gibt feste Essenszeiten, nach denen sich hier jede richten muss. Und manchmal vermisst sie die Kinderstimmen, das Kinderlachen, die unbändige Fröhlichkeit, die Unbekümmertheit. Das gibt es hier eben nicht. Ein interessanter Gedanke für all jene, denen die lärmenden Gören mal wieder auf die Nerven gehen. Wenn man das nicht mehr hören würde? Nie mehr?

Das, was Schwester Hanna mir erzählt, klingt alles weitaus weniger mystisch und verklärt und bringt mich wieder auf den Boden der Tatsachen zurück. Der ist immerhin frisch geputzt. Aber Demut hin, Stolz her, was ist denn mit meinem freien Willen, mit der Lust zum Beispiel auf ein Eis am Stiel aus dem eigenen Tiefkühlfach um ein Uhr morgens? Wäre es etwa Demut, auf so was zu verzichten? Das kann doch wohl nicht sein.

Inga betritt die Kirche. Ich kenne sie inzwischen gut genug. Viel entspannter sieht sie nicht aus. Später erfahre ich, dass die Finanzierung von Robertos Kotflügel-Deal wackelt. Und zwar richtig.

## 10. Hinter Gittern oder Wie soll man im Sitzen laufen lernen?

*Ich werde nicht als Mensch mit einem gemachten Fehler, sondern als fehlerhafter Mensch behandelt.*

Das steht auf einem Zettel, der im Büro von Pater Georg Menke hängt. Zu dem will ich. Und das ist gar nicht so einfach.

Ein burgähnlicher, roter Backsteinbau mit zwei Türmen. Die üblichen Betonmauern mit Stacheldrahtrollen darauf, Wachtürme an allen vier Ecken des Geländes. In der Justizvollzugsanstalt Butzbach sind erwachsene männliche Straftäter untergebracht, für die eine besonders sichere Unterbringung erforderlich ist. Hier befinden sich kriminell vorbelastete, ausbruchswillige, langjährig drogenabhängige und verhaltensauffällige Straftäter. Unter drei Jahren Haft sitzt hier keiner.

Der Dominikanerpater Georg Menke arbeitet seit Jahren als Seelsorger im Knast. Erst im berüchtigten Siegburg, dann in Berlin-Plötzensee und Leipzig, seit 2005 in Butzbach. Das kann eigentlich nur bedeuten, dass er eine Menge zu erzählen hat. Falls er damit rausrückt.

Bevor ich ihm aber meine vielen Fragen stellen kann, muss ich zuerst mal reinkommen in den Bau, der schon 1884 zum ersten Mal seine Türen öffnete beziehungsweise hinter den

Verbrechern schloss. Auch damals waren die Strafanstalten schon überfüllt, deshalb musste eine neue her. Vor der Eröffnung in Butzbach, habe ich gelesen, kamen die Leute zu Tausenden zu dem neuen Gebäudekomplex gepilgert, um sich anzuschauen, wie das alles funktionieren würde. Ein neues Gefängnis oder eine Strafvollzugsanstalt zur Eröffnung besichtigen, gibt es das überhaupt noch? Wäre mir neu. Seit damals hat sich viel getan. Modernste Sicherheitsmaßnahmen, einige sichtbar, andere gut versteckt, sollen jeden Ausbruch verhindern.

Früher war man da offensichtlich noch vertrauensseliger. Über den Butzbacher Bau gibt es eine ziemlich nette Anekdote. Nach dem Tag der offenen Tür, dem letzten, den die Anstalt erleben sollte, mussten die Gitter der neuen Zellen in aller Eile noch zusätzlich mit einer zweiten Querstrebe verstärkt werden. Und von wem kam wohl der Hinweis? Von ehemaligen Berufsverbrechern, die sich auch mal umschauen wollten und danach dem Direktor steckten, dass ein einzelner Querstab völlig ungenügend sei. Erfahrung bleibt eben Erfahrung.

Inga darf nicht mit rein, und das kommt ihr sehr zupass. Erstens hat sie noch ein paar Anrufe zu erledigen, unter anderem mit ihrem Liebsten, der auf einem unterschriebenen Vertrag sitzt und dem plötzlich die zugesagte Finanzierungshilfe davongeschwommen ist. Außerdem kann sie mit diesen miesen Typen da drinnen nun wirklich gar nichts anfangen. »Die sitzen sicher nicht umsonst. Wenn mir da einer vor die Nase käme, der Frauen vergewaltigt hat, könnte ich mich vergessen. Schwanz ab, kann ich da nur sagen. Ich bleib gerne draußen, sonst vermassele ich dir noch die Tour.«

Na ja, das ist eben Inga. Und ich weiß ja, eigentlich meint sie es nicht so. Aber Inga ist nun einmal ein Mensch, der immer ein festes Urteil braucht, um sich einer Sache nähern zu können. Danach wird sie meist ziemlich schnell weich. Vielleicht unterscheidet sich ihre Grunddisposition, zumindest was ihre Entschlossenheit angeht, gar nicht so sehr von der einiger Ordensgründer, deren Geschichten wir im Verlauf unserer Reise schon gehört haben. Benedikt zum Beispiel, der lieber auf seine Mitbrüder verzichtete und sich neue suchte, als von der Gültigkeit seiner Regeln abzuweichen. Oder Dominikus und Bernhard, beides entschlossene Kämpfer, die vor nichts zurückwichen. Danach, ja danach kann man auch Gnade vor Recht ergehen lassen und den Gestrauchelten helfen, die aus eigener Kraft nicht wieder auf die Beine kommen. Aber erst mal den Saustall ausmisten.

Dem Beamten hinter der schusssicheren Scheibe des Empfangshäuschens muss ich meinen Namen zweimal sagen, denn heute ist eigentlich gar kein Besuchstag. Schließlich öffnet sich die Schleuse. Über einen Lautsprecher wird mir guten Tag gewünscht und dass ich einen Moment so stehen bleiben soll. Ich habe das unangenehme Gefühl, als würden die mich gerade durchleuchten, irgendwie von Grund auf scannen. Stimmt wahrscheinlich auch, jedenfalls dauert es eine ganze Weile, bis sich die Schleuse auf der anderen Seite öffnet.

Automatisch setze ich mich in Bewegung. Es riecht nach Scheuermittel. Der kahle Gang wirkt nicht gerade einladend, aber wer möchte hierhin schon eingeladen werden? Der Flur führt ins Nirgendwo. Ganz am Ende kommt ein Mann auf mich zu, eine große, gerade Gestalt. Mit einem zurückhaltenden Lächeln streckt er mir die Hand entgegen.

»Gehen wir in mein Büro und trinken zuerst mal einen Kaffee.« Pater Georg Menke macht auf mich einen scheuen Eindruck. Doch seine Augen sind hellwach.

Geboren ist er im Ruhrpott, in Essen, hat später Theologie studiert und ist dann in den Dominikanerorden eingetreten. Mehr sagt er nicht über sich. Trotzdem habe ich das Gefühl, er ist ein Typ, mit dem man mal so nebenbei, ganz unaufgeregt, Pferde stehlen könnte. Stille Wasser sind tief.

Sein Büro ist schlicht und funktional eingerichtet und erinnert mich an das Schülersprechzimmer meines alten Gymnasiums. Gitter vor den Fenstern gab es dort allerdings nicht.

»Zucker?«, fragt der Pater freundlich.

Ich nicke, und in aller Seelenruhe streut er einen Teelöffel in meine rosa geblümte Kaffeetasse. Wäre eine gute Zeitlupeneinstellung. Der scheint es nicht eilig zu haben. Mich kribbelt es schon wieder. Wird das hier etwa am Ende ein Verhör statt des geplanten Interviews? Ich kann die Situation nicht richtig deuten und fühle mich unwohl. Als hätte ich etwas ausgefressen. Aber wahrscheinlich ist das ein normales Gefühl, wenn man im Knast zu Besuch ist.

Soweit ich mich erinnern kann, musste ich während meiner Schulzeit nur wenige Male in besagtes Sprechzimmer, um meine Sünden einzugestehen. Einmal, weil ich mit meiner besten Freundin während der Unterrichtszeit unerlaubt das Schulgelände verlassen hatte. Wir beide waren vom Religionsunterricht befreit, was damals Mode war, und glaubten machen zu können, was wir wollten. Und so zogen wir los in eine Billardkneipe, die nicht gerade den besten Ruf hatte. Natürlich wurden wir verpetzt. Weiß Gott, von wem.

Die Menschen, die hier zu Pater Georg kommen, haben ganz andere Dinge auf dem Kerbholz. Sie sind richtig auf die schiefe Bahn geraten. Ich weiß nicht wieso, aber ich bin voller Neugierde und würde am liebsten eigentlich sofort in den Gefangenentrakt. Aber der Dominikaner vor mir hat Zeit, trinkt weiter geruhsam seinen Kaffee. O. k, wenn er Zeit hat, habe ich sie auch.

»Und was halten Sie von all den Diskussionen über ein höheres Strafmaß und die ganzen anderen Verschärfungen, die dieser Tage durch die Medien geistern? Die Ideen von Herrn Koch und so?«, eröffne ich ein bisschen provokativ.

Strafmaß. Was für ein komisches Wort, kommt mir plötzlich in den Sinn, noch bevor er antworten kann. Als säße man beim Schneider, der einem das Urteil auf den Leib schneidert. Oder gleich in den Körper stanzt wie bei Kafka.

Pater Georg indessen lässt sich nicht aufs Glatteis führen. »Da müssen Sie Herrn Koch selbst fragen. Ich kann schon verstehen, dass die Emotionen in der Öffentlichkeit manchmal hochkochen. Wissen Sie, die Rückfallquote bei bereits vorher straffällig gewordenen Tätern ist doppelt so hoch gegenüber erstmals Verurteilten.«

Hochkochen ist gut. Ich lache, er lächelt. Gar nicht so einfach, den aus der Reserve zu locken. Also dann, Frontalangriff.

»Und woran liegt das?«

Eigentlich erwarte ich jetzt wieder ein paar salomonische, besser gesagt ausweichende Versatzstücke. Aber da habe ich mich getäuscht. Auf einmal wird Pater Georg sehr deutlich. Vielleicht musste er erst mal Vertrauen fassen oder einfach nur warmlaufen. Auf jeden Fall merke ich – mal wieder –, dass ich bisher auf einem völlig falschen Dampfer war.

»Von einem meiner Kollegen«, beginnt er, »stammt der Satz: Wie soll man im Sitzen laufen lernen? Das ist doch ein treffendes Bild. Der Mensch ist nicht dazu da, eingesperrt zu sein. Und wenn er es doch wird, ist es nur zu natürlich, dass er sich nach nichts anderem als nach der Freiheit sehnt. Eigentlich versteht das auch jeder, sogar die sogenannten Scharfmacher. Die freuen sich auch, wenn zu Ostern *Der Graf von Monte Christo* im Fernsehen kommt.«

»Der war aber eigentlich gar kein Verbrecher, sondern

zu Unrecht eingesperrt, und dann hat er Rache genommen«, wende ich ein. Es nützt mir nichts.

»Dann eben *Papillon* oder Clint Eastwood in *Alcatraz*. Die waren Verbrecher. Trotzdem haben sie alles auf sich genommen, um der Grausamkeit ihrer Gefangenschaft zu entkommen. Und bis heute drückt ihnen jeder, der diese Filme sieht, die Daumen. Es ist eben alles eine Frage der Erzählweise. Der Perspektive, wenn Sie so wollen. Ich spreche von der Sehnsucht, nicht von der Schuld. Und die grundsätzliche Sehnsucht, frei sein zu wollen, versteht eigentlich jeder.«

Mit Leinwandperspektiven kenne ich mich aus. Wenn ich zum Beispiel die Geschichte von Dominikus, dem uns schon bekannten »Bezwinger« der Katharer, als Voice-over vor dem Hintergrund eines im Gebet knienden, offensichtlich mit sich ringenden Schauspielers erzählen würde, entstünde ein völlig anderes Bild, als wenn ich bei exakt dem gleichen Text meine Katharer-Komparsen vor der Originalkulisse der französischen Stadt Albi niedermetzeln ließe (was mir, mal ganz davon abgesehen, sowieso keiner bezahlen würde). Welches Bild stimmt nun? Was ist die Wahrheit? Beides? Welchem Verständnis von *Schuld* soll man überhaupt den Vorzug geben? Eher dem amerikanischen oder auch saudi-arabischen, die beide auf dem Prinzip der Sühne gründen, dem alttestamentarischen »Zahn um Zahn«? Oder unserem, in dem der Gedanke von Buße und Verzeihen im Vordergrund steht – und der der Rehabilitation? Schwanz ab? Oder Schwanz umschulen?

Bevor ich mit meinen Gedanken vollends in den Sumpf gerate, hilft mir Pater Georg, dem es in seinem Gedanken der Freiheit um etwas ganz anderes geht. »Ich bin Seelsorger«, sagt er, »kein Ausbruchsberater. Ich sorge mich um die Seele des Menschen. Mir geht es um die *innere* Freiheit. Hinter diesen Mauern steckt so viel Potenzial, aber das kann nur freigesetzt werden, wenn wir die innere Freiheit gegen das Eingesperrtsein stellen. Und in der besonderen Situation dieser Männer versuche ich, ihre Freiheit auszumachen.«

Pater Georg urteilt nicht über die Taten der Insassen, mit denen er es zu tun hat, sondern hört ihnen einfach zu. Er behandelt sie als Sünder, nicht mehr (und nicht weniger), und deshalb respektiert er unter anderem auch ihre Privatsphäre. Wenn er an eine Zellentüre kommt, erklärt er mir, klopft er erst einmal mit seinem Schlüssel ein bestimmtes Erkennungszeichen auf das eiserne Türschloss, damit der Zelleninsasse auch weiß, es ist Pater Georg. Das trägt dazu bei, mit Respekt eine Grenze zu überschreiten. Auch eine Gefängniszelle ist schließlich Privatsphäre, in die man nicht einfach hineinpoltert. Pater Georg schließt erst auf, wenn er willkommen ist.

Die letzte Grenze, die ein Seelsorger überschreitet, ist die der Person. Hier ist Respekt noch wichtiger. Da ist man nicht selbstverständlich willkommen. Vielleicht schon mal als Unterhalter, um die Langeweile zu vertreiben. Vielleicht mal als Kummerkasten fürs Alltägliche. Jeder Zellenbesuch ist anders. Jeder Mensch ist anders. Pater Georg sieht vorher keine Akten ein. Er sagt: »Ich kann nur Vertrauen geben, wenn ich keine Hintergedanken habe. Hier liegt meine Chance. Ich schaffe Raum für Gefühle und Empfindungen, Ängste und Zweifel ohne zu urteilen. Ich höre zu. Das ist der Punkt.«

Pater Georg ist nicht einfach nur ein naiver Gutmensch, er weiß, was er tut. Unter anderem besitzt er eine Ausbildung in sogenannter »systemischer Therapie«. Dabei handelt es sich um eine Art der Familientherapie, in der der Einzelne über seine Beziehungen zu anderen Menschen seine Verhaltens- und Handlungsmuster besser verstehen lernt.

Ich muss mal.

»Kein Problem«, sagt Pater Georg, »ich werde Sie begleiten.«

Begleiten? Ach ja, ich bin ja im Gefängnis. Kaum treten wir aus der Tür, kommt uns ein Beamter entgegen, in Begleitung eines jungen Mannes, der ein blaues Auge hat und auch sonst nicht gerade unversehrt aussieht. Offenbar hat es Randale gegeben. Kaum drinnen, steige ich auf das Klosett und rüttle an den Gittern. Ich muss das einfach mal ausprobieren. Bombenfest. Am Ende wasche ich mir die Hände. In Unschuld. Sicher ist sicher.

Bisher war ich nur in der Vorhölle. Bevor ich mit Pater Georg den richtigen Gefängnistrakt betrete, stellt er mich Herrn K. vor, einem etwa 50-jährigen, großen, hageren Vollzugsbeamten, der uns begleiten wird. Einige Bemerkungen von Pater Georg machen mir ziemlich schnell klar, dass es zwischen ihm und der Gefängnisleitung manchmal zu kleinen Spannungen kommt. Aber wo gibt es die nicht.

Dann geht es, für mich zum ersten Mal in meinem Leben, wirklich hinter Gitter. Direkt nach der Filmhochschule habe ich mal ein Jahr Regie bei *Aktenzeichen XY* geführt, von irgendwas musste ich ja leben. Aber im Knast war ich trotzdem noch nie.

Der erste Eindruck ist auf jeden Fall beeindruckend, zumindest architektonisch. Drei vierstöckige Gebäudeflügel mit endlosen Zellengängen, dazwischen Innenhöfe, über die Netze gespannt sind, falls sich jemand hinunterstürzt. Im Zentrum eine riesige, quietschgelb gestrichene Kontrollzentrale, die wie ein Ufo aussieht. Hinter ihren großen Fenstern sitzen drei Beamte, von denen jeder einen der Flügel im Auge hat.

Die Zellentüren stehen zum großen Teil offen, und die Gefangenen stehen davor auf den schmalen Gängen. Die meisten tragen lilafarbene Anstaltskleidung, manche aber auch modische »Jogginganzüge«. Das Gebäude wirkt ein bisschen verwahrlost. Abgeblätterte Farbe, eine kaputte Fensterscheibe, die mit Plastikfolie zugeklebt ist. »Nicht gerade ein Platz zum Wohlfühlen«, bemerke ich naiv.

»Soll es ja auch nicht sein«, antwortet Herr K. »Denen geht es doch sowieso schon viel zu gut. Jetzt darf sogar noch jeder seinen eigenen Fernseher samt Playstation in der Zelle haben.«

Dann erzählt er mir, dass immer wieder Klagen gegen unzumutbare Haftbedingungen eingehen. Da gibt es so richtig clevere Typen, die alles zum Anlass nehmen, um Verbesserungen durchzusetzen. Als einer der Insassen starb, weil irgend so ein Pyromane, der immer wieder Feuerchen in seiner Zelle legte, einen Großbrand verursachte, wurde die Gefängnisleitung wegen ungenügender Hilfeleistung verklagt. Das Resultat waren Hafterleichterungen. Seitdem dürfen die Gefangenen in ihren Zellen einen Fernseher haben. Knasttratsch.

Pater Georg hat eine Verabredung in Ingas Horror-Trakt, dort, wo Sexualdelikte und Gewaltverbrechen abgesessen werden.

Selbst hartgesottene Kriminelle verstehen da keinen Spaß. Sexualtäter haben zu anderen Zeiten Ausgang als der Rest, denn das Risiko, sonst brutal zusammengeschlagen oder selbst vergewaltigt zu werden, ist groß.

Auf dem schmalen, balkonartigen Gang vor den Zellen kann man nur hintereinander im Gänsemarsch gehen. Das soll wahrscheinlich bei eventuellen Revolten verhindern, dass die Beamten gleich einem ganzen heranstürmenden Pulk gegenüberstehen. Und solche Revolten kommen tatsächlich immer wieder vor. »Da muss nur einer eine große Klappe haben. Wenn sich dann auch noch gerade irgendwelche Revierkämpfe abspielen, springt der Funke ganz schnell über«, erzählt mir Herr K. und schließt dabei seelenruhig eine der vielen Zwischengittertüren auf, die nach jeweils etwa zehn Zellen zu überwinden sind. Den Rücken an die Wand gedrückt wartet er, bis wir durch sind, und sperrt danach hinter uns wieder ab.

Vor Zelle 485 mit dem Namensschild Olaf S. bleibt der Pater stehen. Er hat den Generalschlüssel, der zu jeder Zelle passt. Normalerweise ist er ja auch alleine unterwegs, der Beamte ist nur meinetwegen dabei. Jetzt erlebe ich, was er mir über seinen rücksichtsvollen Umgang mit der »Privatsphäre« erzählt hat. Er klopft tatsächlich einen bestimmten Takt gegen das Eisenschloss, und erst als wir von innen ein »Ja« hören, schließt er auf.

Der Boden der sechs Quadratmeter großen Zelle ist mit rotem Linoleum ausgelegt, gut und gerne fünfzig Jahre alt. Alles ist penibel sauber, und es riecht nach einer Mischung aus Putzmitteln und Zigarettenrauch. In den Zellen, die als Privaträume gelten, darf geraucht werden, draußen auf dem schmalen Gang ist es verboten. Die Füße eines alten Metallstuhls, der vor einem kleinen Tisch steht, sind mit Stofffetzen umwickelt, damit der Boden keine Kratzer abbekommt. Auch das Waschbecken ist blitzsauber, die Toilettenartikel in Reih und Glied aufgestellt.

Manche Gefangene versuchen sich hier, in ihrem kleinen Refugium, wenn man so will, eine Gegenwelt zu dem Dreck da draußen zu schaffen, flüstert mir Pater Georg zu. Und die wird dann auch schon mal zerstört, zum Beispiel von schlecht gelaunten Beamten bei der obligatorischen Zellendurchsuchung mit Drogenhunden, die dann sogar mit ihren Schnauzen durch die persönlichen Essensvorräte der Gefangenen stöbern. Natürlich gibt es auch verständnisvolle Beamte, die den Seelenschmerz ein bisschen verstehen und Pater Georg einen Wink geben, wenn sie merken, dass es jemand so schlecht geht, dass er sein Leid alleine nicht mehr tragen kann.

So war es auch bei Olaf S., in dessen Zelle wir uns inzwischen befinden. Nachdem sich sein Sohn vor zwei Jahren umgebracht hatte, war S. nur noch ein Wrack und versuchte mehrmals, sich ebenfalls zu töten. Auf einem kleinen Tisch hat er mit größter Akribie einen Schrein aufgebaut: an die Wand gelehnt die Heilige Schrift, davor ein schwarzes, auf Papier gemaltes Kreuz und Fotos von seinem toten Sohn, einige in Plastikfolie eingeschweißt, andere vergilbt und abgegriffen vom vielen Anfassen. Dann ein Schokoladenweihnachtsmann und ein paar kleine Schokoladentäfelchen. Als ich aus Versehen gegen den Tisch stoße, ist der Mann der Verzweiflung nahe, wie ein Kind, dem man seine Bauklötzchen umgestoßen hat.

Es ist mir furchtbar peinlich und ich bemühe mich so gut es geht, alles wieder aufzubauen wie vorher. Dabei schießen mir die wildesten Gedanken durch den Kopf. Was, wenn dieser S. gegenüber seiner eigenen Familie gewalttätig war und der Sohn damit nicht mehr fertig wurde und sich deshalb … Hoffentlich war es anders. Ich bete zu Gott. Trotzdem läuft es mir heiß und kalt den Rücken runter. So einem Menschen leibhaftig gegenüberzustehen, der getan hat, was auch immer er getan hat, ist schon etwas anderes, als sich zu Hause auf der gemütlichen Couch einen sozialkritischen skandinavischen Krimi im Fernsehen anzuschauen und dabei Kartoffelchips zu essen.

Ich hatte Pater Georg vorher gefragt, weshalb S. hier ist, aber da war nichts zu machen. Beichtgeheimnis, eigentlich auch klar.

S. und Pater Georg sitzen inzwischen auf dem Eisenbett, das in der gleichen schmutzig weißen Farbe angestrichen ist wie die Gittertüren draußen auf dem Gang. Der Gefangene ist bleich, etwas aufgedunsen und spricht für einen derart großen und kräftigen Mann mit sehr leiser Stimme. Seine Bewegungen sind langsam, fast wie in Zeitlupe. Was geht wohl in so einem Menschen vor, wenn er gewalttätig wird. Wahrscheinlich nicht viel, denn meist ist es ja eine Anhäufung von Hass und Machtfantasien, die irgendwann ausbrechen. Die Vorstellung war mir schon immer unheimlich, dass jemand einfach Dinge tut, die er in dem Moment nicht kontrollieren kann, dass plötzlich jegliche soziale Kompetenz ausgeschaltet ist.

Ich habe irgendwo mal gelesen, dass aus neurologischer Sicht Gewalttätern mit Therapien gar nicht geholfen werden kann. Dass die einzige Chance darin besteht, solche Menschen wegzusperren, weil sie sich sonst mit fast hundertprozentiger Wahrscheinlichkeit irgendwann ein neues Opfer suchen. Ich weiß nicht, ob das stimmt, aber für Pater Georg spielt es sowieso keine Rolle. Er sieht den Menschen. Diesen Menschen hier. Den Straftäter? Nein, den Menschen.

Für S. ist es bestimmt ein Segen, mit Pater Georg über das sprechen zu können, was ihm im Kopf herumgeht, wenn er Stunden um Stunden alleine in seiner Zelle herumwandert. Bestimmt hört das Räderwerk in seinem Kopf nie auf. Und auch wenn es mir schwerfällt, es zu akzeptieren, aber offensichtlich kennen nicht nur die Opfer, sondern auch die Täter das Elend und Leben in Not. Auch sie wollen in ihrer Lebensgeschichte verstanden und angenommen werden. Georg Menke hört ihnen zu.

Zum Zuhören scheint dieser Dominikaner wirklich geboren zu sein. Er strahlt Wärme aus in dieser kalten Umgebung. Das Schlimmste für Langzeitgefangene ist, dass all ihre Beziehungen draußen in die Brüche gehen. Jeder wendet sich von ihnen ab, Familie, Freunde, Lebenspartner – alle. Nur gerecht, mag mancher denken. Trotzdem ist es das größte Unglück dieser Menschen. Und deshalb sitzt Pater Georg hier.

Mehrere Male hat er auch schon S.s Familie besucht, mit seiner Mutter und seiner Frau gesprochen. Und nach zahlreichen Anläufen hat er es geschafft, dass sie ihn jetzt wieder besuchen kommen, ihm wieder Briefe schreiben. Zumindest sporadisch. Warum tut er das? Weil Gottes Herz groß ist, sagt er. Und deshalb sieht der Pater seine Hauptaufgabe darin, die Menschen von draußen und drinnen wieder zusammenzuführen und mit ihnen den schweren Weg des Entschuldigens und Verzeihens zu gehen. Denn wer nach seiner Entlassung keinen familiären Halt hat, landet meist ganz schnell wieder in der Zelle.

Auf dem Weg zurück in sein Büro erzählt er mir die Geschichte eines Vaters, der auf sein Bestreben hin zum ersten Mal seinen Sohn im Gefängnis besuchte, nachdem der zu zehn Jahren verurteilt worden war. Pater Georg selbst war bei diesem schwierigen Treffen als sogenannter Mediator dabei. Während der ersten halben Stunde würdigte der Vater seinen Sohn nicht eines einzigen Blickes, nur über Pater Georg sprach er zu ihm. In der zweiten halben Stunde sprach er ihn schon direkt an, sah aber immer noch nicht hin. Erst nach zwei Stunden war das Eis gebrochen, und der Vater ging auf seinen Sohn zu und nahm ihn in den Arm. Eine Sternstunde im Leben des Dominikaners.

Einen Schuldigen immer wieder mit seiner Schuld zu konfrontieren bringt nichts, sagt Pater Georg. Im Gegenteil: Achtung, Lob, Aufmerksamkeit und Respekt vermögen im Bezug auf eine mögliche Wiedereingliederung in die Gesellschaft viel mehr zu erreichen. Liebe deine Feinde, sagte schon Jesus.

Ich weiß ja, dass das im Grunde richtig ist – aber könnte ich das? Gerade hier einen Funken der Liebe entzünden, wo man ihn weder erwarten noch im ersten Moment für echt halten würde? Obwohl Pater Georg seit vielen Jahren hier ein- und ausgeht und mit den übelsten Beispielen menschlicher Abgründe konfrontiert worden ist, glaubt er noch immer daran, dass der Mensch von Natur aus gut ist. Früher hätte ich gesagt, der ist verrückt. Ein Spinner, ein Träumer. Mittlerweile weiß ich zumindest schon eines: Ein Spinner ist er nicht. Ein Träumer? Vielleicht. Aber ist das verkehrt?

Herr K., der uns begleitet hat, ist da ganz anderer Meinung. Er hat uns noch auf eine Cola in die Beamtenkantine eingeladen. Pater Georg ist – ein Laster muss ja jeder haben – passionierter Raucher und zündet sich eine Zigarette an. Und endlich kommt es zur längst fälligen Grundsatzdiskussion: Gibt es das Böse im Menschen?

Der Vollzugsbeamte, der früher einmal als Soldat gearbeitet hat, ist felsenfest davon überzeugt. Wenn man ihn allerdings fragt, wie viele Menschen er selbst getötet hat, kann er sich nicht mehr genau erinnern. »Da gab es allerdings keine großen moralischen Entscheidungen. Entweder der andere beißt ins Gras oder du. Dann doch besser der andere.« Er grinst uns etwas unsicher an. »Oder?«

Das hat sich so mancher, der hier einsitzt, möglicherweise auch mal gedacht, fällt mir ein. Die Frage ist eben auch, wen man umbringt.

Herr K. ist jetzt ganz in seinem Element. Er *weiß*, dass es Menschen gibt, die von Natur aus böse sind. Unter Jägern käme es zum Beispiel vor, dass sie minutenlang mit Lust zuschauen, wie ein angeschossenes Tier sich im Todeskampf windet, anstatt ihm den Gnadenschuss zu versetzen. Ich versuche zu argumentieren, dass der eine oder andere vielleicht in seinem Leben Dingen ausgesetzt war, die zu diesem Verhalten geführt haben. Herr K. lacht nur und schüttelt den Kopf. Nein, das glaubt er nicht.

Pater Georg verzichtet darauf, in einen theologischen Disput über das Böse an sich einzutreten. Außerdem muss er sich sowieso umziehen für den Gottesdienst. Herr K. bleibt derweil bei mir und schwadroniert über Leute, die Gammelfleisch und Gammelkäse verkaufen, und bestimmt nicht, weil sie eine besonders schlechte Kindheit hatten. Vielleicht hat er ja recht, aber wem hilft das?

Später begleitet er mich zur Gefängniskapelle.

Ein kleiner Raum, in den man nur gebückt durch eine schmale Zellentür eintreten kann. Statt nach Mittagessen und Putzmitteln riecht es hier nach Weihrauch und Kerzen. Statt altem, welligen Linoleum finden sich hier ein schöner Parkettboden, in sauberem Weiß gestrichene Wände, an denen Gemälde mit sakralen Motiven hängen, ein kleiner Altar und etwa 20 Stühle, die in zwei Reihen rechts und links davon aufgestellt sind. Für mehr Gefangene ist kein Platz. Die Wartelisten sind lang. Wird einer entlassen oder verlegt, rückt sofort der Nächste auf der Liste nach. Die Gottesdienste sind beliebt, und das versteht jeder, der von draußen hier reinkommt, sofort. Es ist eine andere Welt, ein kleiner Himmel in der Hölle.

Pater Georg, jetzt im weißen Priestergewand, steht hinter dem Altar, während seine »schwarzen Schäflein« Platz nehmen. Fast jeder verbeugt sich. Show oder eine ernst gemeinte Geste der Demut? Knastablenkung oder tatsächliches Interesse am Gottesdienst, an Gott? Pater Georg will darauf keine Antwort geben, ist aber überzeugt, dass der Glaube den Gefangenen ihre Identität zurückgibt, die sie im Moment, in dem ihre Schuld öffentlich wurde, verloren haben. Jesus Christus vergibt allen. Und das ist ein großer Trost, oft der einzige. Versöhnung ist das Wichtigste. Jesus begegnen können wir auch in den Untiefen des menschlichen Lebens, nur darauf kommt es an, sagt er.

Der Gottesdienst beginnt mit dem modernen Lied *Manchmal feiern wir mitten im Tag ein Fest der Auferstehung.* Es ist ein rhythmisches, fröhliches Lied, das da aus zwanzig rauen Gefangenenkehlen tönt. Und plötzlich fühle ich mich tatsächlich wohl, zum ersten Mal an diesem Tag. Jeder Einzelne ist hier dabei und singt, wie es scheint, aus vollem Herzen. Herr K. hat sich getrollt.

Anschließend legt Pater Georg eine Bibelstelle aus, die vom Zöllner Matthäus, der alles stehen und liegen lässt, als Jesus ihn auffordert, von seinem Baum zu steigen und ihm nachzufolgen. In dem hockte Matthäus nämlich, weil er lieber nicht gesehen werden wollte. Zöllner galten zu Jesu Zeiten als der letzte Abschaum. Korrupte Schweine, Vaterlandsverräter, die mit der römischen Besatzungsmacht gemeinsame Sache machten und sich daran auch noch bereicherten. Niemand wollte mit ihnen etwas zu tun haben. Nur einer sagte einfach: Komm mit. Und das tat Matthäus dann auch.

Vielleicht finden sich in ihm einige der Gefangenen wieder, wenn sie sich für die halbe Stunde, die die Messe dauert, ganz auf Pater Georg einlassen.

Natürlich gibt es hier auch Sozialarbeiter, Psychologen und Suchtberater, die zweifellos alle ihr Bestes geben und vielleicht auch für etwas menschliche Wärme sorgen, sofern das hier möglich ist. Das gilt übrigens auch für Herrn K., der, als er mich nach draußen führt, jemandem eine Zigarette zusteckt. Aber Liebe? Verdienen die das überhaupt?

Pater Georg sagt, Ja. Sie verdienen sie und sie brauchen sie. Wie schon gesagt: Wie soll man im Sitzen laufen lernen?

Das alles hat länger gedauert, als ich dachte. Inga sieht mich ziemlich vorwurfsvoll an, als ich die Autotür öffne und ziemlich erledigt neben ihr auf meinen Beifahrersitz falle. Sie hat Kohldampf, und ich auch, merke ich. Wir fahren eine Weile auf der Kreisstraße und tatsächlich, ein Imbisswagen, liebevoll mit Geranien eingefasst, hessische Schrebergartenidylle. Wir bekommen besonders große Portionen, weil wir so hungrig aussehen, entscheidet die Frau mit Schürze und Dauerwelle. Ich komme mir vor wie bei einem Kölner Tatort, wo auch jeder gelöste Fall an einer Pommesbude endet. Mein Fall ist allerdings noch nicht gelöst, ich stecke mittendrin.

# 11. Sterben ist das Letzte, was ich mache

*Liebe, und dann tu, was du willst.*

Erst mal können vor Lachen. Diese Worte stammen von Augustinus, dem großen Kirchenlehrer. Aber einmal abgesehen davon, dass derzeit weit und breit keiner in Sicht ist, der an meiner Liebe besonderes Interesse zeigt, stehen wir hier kurz vor Würzburg auf der A3 im Stau und können überhaupt nicht tun, was wir wollen. Entnervt trommelt Inga mit den Fingern auf das Lenkrad. Nichts rührt sich, dabei sind es nur noch wenige Kilometer bis in die Stadt, und weiter wollen wir auch gar nicht. Bloß ins Zentrum der deutschen Augustiner.

Na schön, da wir nun ohnehin hier festsitzen und die Zukunftsaussichten der Augustiner, wie es scheint, hierzulande nicht gerade rosig sind, beginnen wir doch einfach mal mit der Vergangenheit. Auf der bereits hinter uns liegenden Italienreise haben Inga und ich nämlich schon einiges zusammengetragen.

*Eines der ersten Klöster des Augustinerordens aus dem 13. Jahrhundert in San Gimignano, Toskana. In der Kirche finden wir den großartigen Bilderzyklus von Benozzo Gozzoli, der in 17 Szenen die Lebensgeschichte des hl. Augustinus erzählt: Verbringt seine Kindheit (4. Jh. nach Christus) in Thagaste (heutiges Algerien), studiert in Karthago (heute Vorort von Tunis) Dialektik und Rhetorik, dort Geliebte und Sohn. Später Mailand, damals Hauptstadt des römischen Reichs, arbeitet als Hochschullehrer. Bekanntschaft mit Erzbischof Ambrosius, der ihm den christlichen Glauben nahebringt. Nach Monaten innerer Zerrissenheit lässt er sich im Dom von Mailand taufen. Kehrt zurück nach Afrika, gründet sogenannte Gartenklöster und schreibt die erste Ordensregel.*

Perfekt! Da hatten wir uns wirklich eine Belohnung verdient, also genossen wir noch ein paar Tage Bella Italia. Inga musste allerdings hier und da auf dem Taschenrechner tippen, wegen der Alfa-Geschichte.

Außerdem lag noch ein Haufen Arbeit vor uns, einige Drehorte für die künftige Serie mussten inspiziert werden. Zum Beispiel die Basilika San Pietro in Ciel d'Oro im lombardischen Pavia, wo die sterblichen Überreste von Augustinus gebettet sind. Oder in Rom die Patriarchalbasilika San Giovanni in Laterano, wo sich in einer hinteren Ecke der ehemaligen Bibliothek von Papst Gregor dem Großen ein Mosaik von Augustinus befindet, das erstens vermutlich die älteste Darstellung von ihm ist und ihn zweitens interessanterweise als Dunkelhäutigen darstellt.

Später in Deutschland würden, erinnerte mich Inga, noch die ehemaligen Augustinerklöster in Erfurt und Wittenberg auf dem Programm stehen, außerdem ein Abstecher in die Abtei St. Thomas im tschechischen Alt-Brünn, wo einst der weltweit zweitbekannteste Augustiner (zum bekanntesten kommen wir noch) Gregor Mendel im Klostergarten mit Erbsen herumexperimentierte, woraus am Ende seine berühmten Vererbungsgesetze entstanden. Viel zu bewältigen also.

Wer Ingas eingangs zitierten Notizzettel aufmerksam gelesen hat, dem müsste eigentlich etwas aufgefallen sein. Wie kann einer, der im 4. Jahrhundert gelebt hat, im 13. Jahrhundert einen Orden gründen? Hat Inga etwa Mist gebaut? Nein, hat sie nicht.

Nach dem Einfall der Vandalen in Nordafrika im 5. Jahrhundert waren einige Eremiten, die dort in Abgeschiedenheit lebten, nach Nord- und Mittelitalien geflohen und hatten dort neue Mönchsgemeinschaften gegründet. Im strengen Ordenssinne waren es eigentlich »wilde Ehen«, wenn man so sagen will, denn offiziell waren sie von der Kurie nie anerkannt worden. Bis ins 13. Jahrhundert hinein ließ man sie gewähren, dann jedoch schien es angesichts der überall auflodernden Ketzerbewegungen ratsamer, diesen Einzelkämpfern fortan eine gemeinsame Struktur zu geben und sie so vor den Verführungen der Häretiker zu schützen. Sie sollten ihre Abgeschiedenheit aufgeben und als Seelsorger ein kontrollierbareres Leben in den Städten führen.

Ein neuer Orden musste also her. Doch wer sollte ihn gründen? Zur Legitimation besann man sich auf den größten Kirchenlehrer des Altertums, Augustinus. Schließlich hatten die Vorgänger der toskanischen Eremiten ja nach dessen Regel im 5. Jahrhundert in Nordafrika gelebt. Das ließ sich doch wiederbeleben. Und so wurde 1244 von Papst Innozenz IV. der Orden der Augustiner-Eremiten gegründet, und bald schon schlossen sich immer mehr Eremitengemeinschaften der neuen Vereinigung an. Die Augustiner verbreiteten sich rasch über Europa, von Irland und England bis nach Polen und Ungarn, von Spanien und Portugal bis nach Kreta, Rhodos und Zypern. Selbst die Philippinen haben nur deshalb heute einen christlichen Bevölkerungsanteil, weil ein Augustiner dort im 18. Jahrhundert ein Kloster gründete, mittlerweile ist es ein Kolleg für die Oberschicht von Manila.

Erst im Jahre 1968 wurde übrigens aus dem Ordensnamen *Ordo Fratrum Sancti Augustini* (OSA) der Zusatz *Eremitarum* gestrichen, weil man inzwischen erkannt hatte, dass dieses Wesensmerkmal des Ordens schon lange nicht mehr zum Ausdruck kam.

Augustinus von Hippo wurde 354 im heutigen Algerien geboren, als Sohn eines römischen Beamten, den er nicht mochte, und der zum Christentum übergetretenen Berberin Monika, die er zeitlebens verehrte. Das mit seiner dunklen Hautfarbe könnte also stimmen. In seiner Jugend war der überaus intelligente junge Mann kein Kostverächter, er genoss alles, was das Leben zu bieten hatte. Eine Konkubine gehörte auch dazu. Mit neunzehn wurde er Vater, seinen Sohn nannte er *Adeodatus*, von Gott geschenkt. Kein schlechter Name für einen Bastard. Das alles wissen wir, weil Augustinus auch die erste Autobiografie der Weltliteratur geschrieben hat, seine *Confessiones*, die tatsächlich Bekenntnisse waren und keine nachträgliche Schönfärberei, wie so viele Lebensdarstellungen aus eigener Feder.

Augustinus, der es zu einem hochangesehenen Rhetoriker gebracht hatte, arbeitete fortan als Lehrer, zunächst in seiner Heimatstadt, später in Karthago. Über Rom, wo ihm unter anderem die lümmelhaften Studenten missfielen, die es nicht einmal für nötig hielten, den Professoren die Lehrgebühren zu zahlen, kam er schließlich nach Mailand – Geliebte und Sohn immer im Schlepptau. Sie zu heiraten konnte er sich jedoch nie aufraffen, und so schickte er sie auf Druck der nachgereisten Mutter schließlich wieder nach Hause und vergnügte sich noch weitere zwei Jahre mit einer anderen. In Mailand, der damaligen Hauptstadt des Römischen Reiches, war er gewissermaßen der Pressesprecher des Kaisers, auf den Ehrenreden zu halten Teil seiner Aufgaben war.

Gleichzeitig blieb er aber immer ein Suchender nach der Wahrheit. Eine schöne Legende über den bereits Bekehrten erzählt, dass er eines Tages am Meeresufer entlangspazierte, in tiefes Nachdenken versunken. Er wollte das Geheimnis der Dreifaltigkeit Gottes lösen, eines seiner lebenslangen Themen. Da sah er einen Jungen, der mit einer Muschel Wasser aus dem Meer schöpfte. Als er ihn fragte, was er da tue, antwortete der Kleine: Dasselbe wie du. Ich will das Meer ausschöpfen.

Zu Beginn seiner Studien hatte Augustinus sich dem Manichäismus zugewandt, der die Welt in Licht und Finsternis, in Gut und Böse aufteilte wie später zum Beispiel ein Mr. Bush junior in seiner Politik. Selbst die zeitweilige Entfremdung zu seiner Mutter Monika, die ihm wegen dieser Verirrung sogar das Haus verbot, konnte daran nichts ändern, sondern erst eine folgenschwere Entscheidung in Mailand, wo übrigens das Christentum im Jahre 380 Staatsreligion geworden war. Nach einer schweren inneren Krise, an deren Ende ein Erweckungserlebnis stand, das er in seinen Bekenntnissen eindrucksvoll beschreibt, ließ Augustinus sich in der Osternacht des Jahres 383 taufen. In seiner Heimatstadt Hippo, dem heutigen algerischen Anaba, wurde er später zum Priester geweiht und schließlich, gegen seinen ursprünglichen Willen, Nachfolger des dortigen Weihbischofs. Bis heute wird Augustinus deshalb oft mit einem Fuß auf der Mitra dargestellt, dem Zeichen der richterlichen Gewalt, die den Bischöfen gegeben war. Fortan führte er also einerseits das – übrigens keusche – Leben eines Mönchs mit Stundengebeten und liturgischen Ritualen, andererseits widmete er sich klerikalen Aufgaben. Diese Verbindung war für damalige Zeiten ein absolutes Novum.

Seine Bücher diktierte Augustinus nachts, am Tage blieb ihm keine Zeit. Man schätzt, dass die Texte, die bis heute bekannt sind, nur etwa ein Achtel dessen ausmachen, was er wirklich geschaffen hat. Augustinus zu verdanken haben wir – neben vielem anderen – die Vorstellung von einem Dualismus der Wirklichkeit. Stark verkürzt: Eine Zweiteilung der Wirklichkeit zwischen der höheren Welt des Seins, die nur dem Denken zugänglich ist, und der niederen Welt des Werdens, die den Sinnen zugänglich ist – ein Dualismus, der sich im Menschen in der spannungsvollen Einheit von Leib und Seele ausdrückt. Ganz nach dem Motto *Der Geist ist stark, aber das Fleisch ist schwach*. Wer hat das nicht schon erlebt?

Zu verdanken haben wir ihm aber zum Beispiel auch ein Buch über die Staaten des Guten und Bösen im *Gottesstaat* – ein letzter Gruß des ehemaligen Manichäers und für schlichte Gemüter, Präsidenten miteingeschlossen, nicht zu empfehlen, die daraus die vollkommen falschen Schlüsse ziehen könnten, mit ungeahnten Folgen.

Und dann hat Augustinus uns noch die Lehre von der Erbsünde hinterlassen, die Ursünde Adams und Evas, der wir nicht entrinnen können, in die jeder hineingeboren wird und dadurch in seiner eigenen Freiheitsgeschichte vorbelastet ist. Man sitzt in ihr fest wie im Knast von Butzbach, und nur Gott allein entscheidet, wen er begnadigt. Gute Führung interessiert dabei übrigens nicht.

Wer's glaubt, wird mal wieder selig. Nein, das war jetzt kein Witz, ich wiederhole noch mal. Wer das glaubt, der soll selig werden, das wünsche ich ihm unbedingt. Weil der Glaube an diese augustinische Lehre tatsächlich die *ultimative* Demut bedeutet.

Wir alle haben unsere dunklen Seiten und egal, was wir tun, der eigene Wille zur Umkehr, das Versprechen, hoch und heilig, dass wir uns ganz bestimmt ändern, ändert gar nichts, selbst wenn wir es schaffen sollten. Sündig sind wir allzumal, und nur durch die Gnade Gottes können wir der ewigen Verdammnis entrinnen – aber der beschließt selbst, wen er begnadigt und wen er in der Hölle oder im Fegefeuer schmoren lässt. Da helfen weder Geld noch gute Werke. Das am Anfang dieses Kapitels stehende Augustinus-Zitat sagt uns also eigentlich vereinfacht: Jeder Mensch soll seinen Nächsten lieben, sich also seinem Mitmenschen gegenüber so anständig benehmen, wie es einem Christen ansteht. Was diesem Verhalten folgt, kann schon mal nicht wirklich schlecht sein. Aber bitte nicht schon heimlich auf den Lohn schielen, die eigene Errettung, das bringt nämlich nichts. Das überlegt sich der Allmächtige im stillen Kämmerlein. Nur eins, sagt Augustinus, ist sicher: Die Chance ist fifty-fifty: Die Hälfte kommt in den Himmel, die andere Hälfte in die Hölle.

Und ich dachte immer, Gott würfelt nicht. Hat Einstein gesagt. Vielleicht will ich ja doch lieber als Stubenfliege wiedergeboren werden. Nur für den Fall, dass Augustinus in diesem Punkt recht haben sollte.

Uff, das war jetzt ganz schön viel für die Birne.

* * *

Inzwischen sind wir in Würzburg angekommen. Eine ausgesprochen angenehme Stadt, besonders, weil die Hotels freundlicherweise gut ausgeschildert sind, was uns sehr zustatten kommt. Ich, die Reiseexpertin, habe nämlich blöderweise einen Ordner zu Hause liegengelassen, in dem sich unter anderem Ingas akribisch notierte Hotelreservierungen befanden. Sei's drum, wir werden schon was finden. Tun wir dann auch.

Den ersten Termin haben wir am nächsten Morgen im Institut für Augustinusforschung, das sich im vierten Stock eines

Gebäudes mitten in der Fußgängerzone befindet, zwischen Woolworth und einem Laden, dessen Auslage mit gefährlich aussehenden Messern, Pistolen und Gewehren dekoriert ist.

Noch im Flur überholt uns Pater Petrus, in einer Hand balanciert er ein dickes Kuchenpaket, das hat er extra für uns besorgt. »Mit etwas Süßem redet es sich doch leichter«, ruft er verschmitzt und verschwindet kurz in der Küche, um auch noch grünen Tee aufzubrühen. In seinem imposanten Büro teilen Inga und ich uns ein riesiges Stück Himbeertorte, der Tee wird in hauchdünnen chinesischen Porzellantassen serviert.

Prof. Dr. Dr. h.c. Cornelius Petrus Mayer OSA ist mit seinen fast 80 Jahren noch ganz schön fit im Kopf. Und auch sonst. Jeden Morgen um halb sechs schwimmt er im städtischen Schwimmbad seine 20 Bahnen. Wenn Peter Reinl, sein junger Prior auftaucht, ist er meist schon wieder beim Anziehen. Die Hauptbetätigung von Pater Petrus ist aber, und das seit über 30 Jahren, ein Lexikon für die Augustinusforschung zusammenzutragen, in dem sämtliches international bekannte Wissen über den großen Kirchenlehrer systematisch verarbeitet werden soll. Keine leichte Aufgabe, denn jedes Jahr erscheinen weltweit etwa 200 neue Artikel und Bücher. Allein die Erstellung des Indexes mit seinerzeit 5 025 827 Worten und Wortformen kostete zwei Jahre.

Mein Handy klingelt, es ist der »Gesprächsladen« der Augustiner unten im Erdgeschoss, den wir ja auch noch besuchen möchten. Pater Jochen, der dort der Verantwortliche ist, will wissen, wann er mit uns rechnen dürfe, die Mitarbeiterinnen würden gern langsam nach Hause. Als ich ihm sage, dass wir eigentlich schon da sind, nur eben drei Stockwerke über ihm, und mit Pater Petrus über seine Arbeit reden, seufzt er wissend: »Ach, das kann dann wohl noch ein bisschen dauern.«

Unbeirrt fährt Pater Petrus fort. Bereits im Jahre 1979 hat die Deutsche Forschungsgemeinschaft dem Institut den Auftrag erteilt, einen Index zu erstellen, mit dem man sämtliche Textstellen eines gesuchten Wortes im Gesamtwerk des Augustinus schnell und zuverlässig finden kann. Er selbst hat damals, als die EDV noch in den Kinderschuhen steckte, ein Computerprogramm geschrieben. Daraus entwickelte sich die Idee zu einem synoptischen Lexikon in deutscher, englischer und französischer Sprache, für das zu jedem dieser Begriffe einschlägige Autoren Artikel liefern sollten. Gegenwärtig ist man in der Mitte des dritten Bandes angelangt, beim Buchstaben I. Vermutlich, kommt mir ein bisschen wehmütig in den Sinn, weiß die Welt noch gar nichts von der Entstehung dieses bahnbrechenden Werkes, und ob sie es dereinst gebührend würdigen wird, steht auch in den Sternen. Das Gute ist jedoch, dass es die Würzburger Augustiner vorerst finanziell über Wasser hält, denn die Akademie der Wissenschaften in Mainz zahlt pünktlich. Wie es allerdings nach 2015 weitergehen soll, wenn man hofft, den Buchstaben »Z« abgeschlossen zu haben, weiß Gott allein.

Der Niedergang des einst so blühenden Augustinerordens wird, obwohl tatsächlich viele Gründe eine Rolle spielen, immer wieder mit einem Namen in Verbindung gebracht: Martin Luther, der abgefallene Augustinermönch.

Als der junge Mönch Martin Luther am 17. Juli 1505 in das Erfurter Kloster der Augustiner-Eremiten eintrat, herrschte noch relative Ruhe. Als er aber 1517 seine antikirchlichen Thesen publizierte und im Jahr darauf den Widerruf ablehnte, folgten ihm sogar viele Brüder aus den eigenen Reihen. In einer Zeit, in der Ablassgesetze, Tributpflicht und ausnahmslos in lateinischer Sprache gelesene Messen das deutsche Volk an Rom fesselten, regte sich selbst bei vielen papsttreuen deutschen Ordensangehörigen erbitterter

Widerstand. Mit seiner Schrift gegen das Mönchsgelübde vier Jahre später bewirkte Luther schließlich, dass eine größere Zahl von Mönchen ihre Orden verließ. Seine Bibelübersetzung sowie die Einführung von Messen in deutscher Sprache waren Vorbild für viele europäische Länder und führten zu einer Festigung des nationalen Bewusstseins unabhängig von Rom. Luther berief sich übrigens bei vielen seiner Thesen auch ganz explizit auf Augustinus selbst, der »ganz und gar der meine« sei. Insgesamt sind in jenen Jahren von den 160 Augustinerklöstern der deutschen Provinzen 69 geschlossen worden. Der 30-jährige Krieg trug das seine dazu bei, später auch die Französische Revolution, die Säkularisation und die Nazizeit, in der viele deutsche Augustiner ihr Land verlassen mussten, überwiegend in Richtung USA.

Die meisten Klöster des Ordens dienen heute einem anderen Zweck, und in vielen haben sich protestantische Gemeinschaften niedergelassen. So zum Beispiel auch in Luthers Eintrittskloster Erfurt, wo 1996 Schwestern eines neuen evangelischen Ordens Einzug hielten. Wittenberg ist heute ein Museum, ein evangelisches Predigerseminar, das von einer Pröbstin geleitet wird, und natürlich Weltkulturerbe der UNESCO.

Der noch junge, sportliche Würzburger Prior Peter Reinl, der sich am wohlsten in Jeans und Sweatshirt fühlt, glaubt nicht, dass die Augustiner am Ende sind, sondern nur in einer schon etwas länger andauernden Krise, die aber überwunden werden kann. Prior Peter war im Augustinerinternat in Germershausen und absolvierte danach eine Ausbildung als Bankkaufmann. Das weltliche Leben und auch seine Beziehungen zu Frauen haben ihn nicht erfüllt, und so entschied er sich für die Augustiner und studierte im Priesterseminar Theologie.

Seine Dissertation über Ehre und Schande ist noch nicht fertig. Durchhalten ist die Devise, wie schon so oft in der Geschichte des Ordens. Und nanu, gerade wegen der gewissermaßen gemeinsamen Geschichte sieht Pater Reinl eine große Chance in der Zusammenarbeit mit den Protestanten, zu denen er oft eine nähere geistige Verwandtschaft verspürt als zu anderen katholischen Orden. Derzeit plant er diverse gemeinsame Projekte mit dem ebenfalls jungen evangelischen Pfarrer seines Pfarreibezirks. Auch veranstaltet er regelmäßig Luthertage. Bei den letzten hat er sogar in einer Theaterveranstaltung selbst den Luther gegeben.

Die Hoffnung stirbt bekanntlich zuletzt. Der Berliner Konvent vermeldet einen Novizen.

Jetzt noch schnell nach unten in den »Gesprächsladen«, die Domäne von Pater Jochen und seinen ehrenamtlichen Mitarbeiterinnen. Es gibt ihn bereits seit 1994, und er heißt »Laden«, um zu zeigen, dass man hier etwas bekommen kann, umsonst natürlich. Der Gesprächsladen soll eine zeitgemäße Form der Gesprächsseelsorge darstellen, der »City-Seelsorge«, wie Pater Jochen es nennt. Aber auch eine Ergänzung zur Beichte, vor allem für all jene, die sprichwörtliche Schwellenangst haben, eine Kirche zu betreten. Es kommen, sagt Pater Jochen, auch Mitglieder anderer Konfessionen. Während wir mit ihm sprechen, kommt keiner.

Jetzt erst mal ein gutes Mittagessen. Wir entdecken eine kleine, feine Trattoria mit Stoffservietten und Kerzenleuchtern auf den Tischen, und um es vorwegzunehmen, kulinarisch geht die Sache diesmal gut aus. Sonst nicht. Beim Espresso will ich noch einen schnellen Blick in unsere Unterlagen werfen und breite sie dafür großzügig auf dem Tisch aus, auch das wichtigste Dokument überhaupt, einen mehrseitigen, von Inga akribisch geführten Terminplan mit allen Adressen und Telefonnummern. Plötzlich brennt alles lichterloh. Tischkerze! Nur die Termine für heute Nachmittag sind wundersamerweise verschont geblieben.

Bloß schnell zahlen und weg. Wir schlagen den Weg zum Konvent der Ritaschwestern ein. Im Eingangsbereich befindet sich eine Kamera mit Gegensprechanlage. Das eiserne Tor öffnet sich elektrisch. Wir betreten einen riesigen Innenhof mit einem kleinen Teich, der von einem u-förmigen Gebäude aus der Vorkriegszeit umfasst wird und mich an ein Lazarett erinnert. Innen riecht es nach deftigem deutschen Mittagessen. Man fühlt sich zwar nicht eingeschlossen hier, aber irgendwie ist die Welt ausgeschlossen.

Wie fast immer werden wir in den Besucherraum geführt und nehmen an einem großen runden Tisch Platz. Ich bin gespannt. Zum ersten Mal treffen wir Augustinerinnen. Ob die sich wohl von den anderen Ordensschwestern unterscheiden?

Sie kommen zu zweit. Schwester Rita Maria, die Generaloberin, und ihre Vertreterin Schwester Elisabeth, beide um die 50, in grauer Schwesterntracht und freundlich. Mehr als freundlich. Teilnahmsvoll wäre vielleicht der bessere Ausdruck. Sieht man Inga und mir etwa an, dass wir beide ein Päckchen zu tragen haben? Besonders zu Schwester Rita Maria fühle ich mich vom ersten Moment an hingezogen, so als könnte sie mal eine gute Freundin von mir werden. Im Gegensatz zu den kontemplativen Schwestern aus Helfta wirken diese beiden hier wesentlich erdverbundener, so als stünden sie eher im Leben. Trotz des elektrischen Tors.

Die Ritaschwestern leben nach der Augustinusregel und sind Mitglied der augustinischen Ordensfamilie. Doch zu meiner Überraschung erfahre ich, dass es sie überhaupt erst seit 1911 gibt und dass sie mal wieder von einem Mann begründet wurden. Der Augustinerpater Hugolin Dach, der damals die Not vieler Familien erlebte, wenn die Mutter wegen einer Krankheit oder Entbindung im Krankenhaus lag, suchte Frauen, die dann den Haushalt und die Mutterrolle übernahmen. Genau das tun die Ritaschwestern in Würzburg noch heute, wenn auch der Schwerpunkt ihrer Arbeit inzwischen auf der Ausbildung und Organisation von Familienpflege liegt. Trotzdem besuchen sie immer noch selbst Familien, die eine helfende Hand gebrauchen können.

Schutz- und Namenspatronin der Ritaschwestern ist die heilige Rita von Cascia, die im 14. Jahrhundert lebte und schon als Mädchen keinen innigeren Wunsch hatte, als ins Augustinerinnenkloster einzutreten. Davon waren die Eltern – wir kennen das schon – gar nicht erbaut und verheirateten sie flugs mit einem Mann, der sich allerdings, wie Inga sagen würde, als Griff ins Klo herausstellte. Ein jähzorniger, gewalttätiger Lumpenhund, der ihr die Hölle auf Erden bereitete. Trotzdem ertrug sie die Ehe über Jahre hinweg geduldig und gebar ihm sogar zwei Söhne, die jedoch leider das Temperament des Vaters geerbt hatten. Als dieser ein Opfer von Blutrache wurde, brachte das die Söhne auf den Plan, die ihrerseits Rache schworen. In höchster Not rief Rita Gott an und flehte um das Seelenheil ihrer Kinder, auf dass sie sich nicht mit Blut befleckten. Dann solle er sie lieber zu sich rufen. Und Gott erhörte Rita. Alle beide starben an der Pest, noch bevor sie die Hand gegen den Meuchler erheben konnten.

Nun endlich war der Weg ins Kloster frei für die schwer geprüfte Frau. Sollte man jedenfalls meinen. Aber noch dreimal wurde sie abgewiesen, bis man sie endlich aufnahm. Gemeinsam mit ihren Mitschwestern machte Rita es sich fortan zur Aufgabe, kranke Frauen und deren Familien zu betreuen. Sie ging in die Häuser und Hütten und verrichtete die nötigen Arbeiten, bis die Kranke oder Niedergekommene wieder bei Kräften war. Seit Rita 1900 heiliggesprochen wurde, ruft man sie bis heute vornehmlich mit eigentlich ausweglosen Anliegen an.

Die werde ich mir merken. Warum ist noch keiner auf die Idee gekommen, sie zur Heiligen der freischaffenden Regisseure und Drehbuchautoren zu machen? Vielleicht sollte ich sie einfach mal um Hilfe bitten, damit ein Drehbuch, das ich vor Jahren geschrieben habe und das seitdem ein trauriges Dasein in meiner Schublade fristet, endlich mal verfilmt wird.

*Ehret euch gegenseitig in Gott*, ist ein wichtiger Leitsatz des Ordens, der die zentrale Rolle des Gemeinschaftslebens hervorhebt. Wieder das Thema Gemeinschaft. Das war doch auch dem Augustinerpater Reinl schon so wichtig. Offensichtlich wird dieser Wert in der augustinischen Ordensfamilie besonders hochgehalten. Ich frage mich warum? Vielleicht, weil gerade sie durch das Kirchenschisma so grausam auseinandergerissen wurden, dass sie sich bis heute nicht von diesem Aderlass erholt haben. Die wenigen, die noch da sind, müssen eben zusammenhalten.

Die Gemeinschaft hier besteht immerhin aus über 100 Schwestern, und wir erfahren, dass persönliche Freundschaften besonders gepflegt werden. Der Konvent ist in Gruppen unterteilt, die sich zweimal in der Woche treffen, zur geistlichen Erbauung, zu Gesprächen, Spielen, Ausflügen und Spaziergängen. Die Gruppen finden sich selbst und werden nicht etwa bestimmt. Schwester Elisabeth und Schwester Rita Maria gehören mit einigen anderen zu einer, und in der Tat spürt man die Verbundenheit zwischen den beiden.

Schwester Rita Maria stammt aus Weiden in der Oberpfalz, wo es ebenfalls Ritaschwestern gab, zu denen sie schon immer eine starke Affinität hatte. In diesem Orden wollte sie Gott dienen. Doch vorher machte sie eine Ausbildung zur Kinderkrankenschwester, schaute sich die Welt an, baute Freundschaften auf, auch Männerfreundschaften, hatte eine eigene Wohnung und wurde erst mit 25 Augustinerin.

Die Schwestern sehen ihre soziale Tätigkeit als Ersatz für die Großfamilie, die in der heutigen Zeit verloren gegangen ist. Schon die Gründungsschwestern gingen nicht nur zur Unterstützung der Mütter in die Familien, sondern auch zur Sterbebegleitung, um den Menschen zu helfen, im Kreise ihrer Lieben von der Welt Abschied nehmen zu können. Heute bieten die Ritaschwestern in ihrem dem Kloster angeschlossenen Pflege- und Altenheim auch Sterbenden ein Zimmer und professionelle Hospizarbeit an.

Inga hat das Leben noch vor sich, man kann ihr also kaum einen Vorwurf machen, dass das Thema sie noch nicht besonders interessiert. Wäre ja schlimm. Aber ich selbst ertappe mich durchaus schon mal bei der Frage, auf welche Weise ich eigentlich diese Welt verlassen würde, und wo.

Die meisten Menschen wünschen sich, dort zu sterben, wo sie auch gelebt haben. Aber die Realität zeigt, dass das heute kaum mehr möglich ist, weil viele allein leben, die nächsten Verwandten oft Hunderte von Kilometern entfernt wohnen und ihnen nicht das geben können, was ein Mensch am Ende seines Lebens braucht: Geborgenheit, Trost, Umsorgtsein. Deshalb, sagen die Ritaschwestern, ist es notwendig, Orte zu schaffen, wo man in Würde sterben kann.

Vor dem Sterbezimmer auf dem Gang der Pflegestation herrscht eine freundliche, beinahe lockere Atmosphäre. Junges Personal und aufmunternde Physiotherapeutinnen, die mit ihren Schützlingen Bewegungstraining absolvieren. Inga tankt schon mal das Auto voll.

Im Moment liegt hier nur *ein* Sterbender, ein Mann über 90 mit Leukämie im Endstadium. Er will keinen Blutaustausch mehr, keine Chemotherapie, nur noch seine Ruhe und ab und zu, wenn er nicht zu müde ist, mit Schwester Rita Maria sprechen, über sein Leben. Und über seinen Tod.

Der ist in unserer Gesellschaft immer noch ein großes Tabuthema, obwohl – oder vielleicht weil – die meisten sich davor fürchten. Einer der Gründe dafür ist, glaubt Schwester Rita Maria, dass das Sterben als solches uns früher viel vertrauter war als heute, weil eben Krankheiten, Hungersnöte, Epidemien und hygienische Mängel die Menschen viel häufiger dahinrafften als heute. Inzwischen gibt es alle nur erdenklichen medizinischen Möglichkeiten, ein Leben zu verlängern. Und je älter wir werden, desto weiter rückt das Thema Tod nach hinten. Es gibt viele Menschen über 50, die noch nie jemanden haben sterben sehen. Und was man nicht kennt, das macht natürlich besondere Angst. Hinzu kommt dieser Fitnesswahn, *Forever young*, der die Möglichkeit des Sterbens, die ja eigentlich eine Gewissheit ist, vollständig aus unserer Vorstellung verdrängt hat, so als gäbe es den Tod gar nicht. Dabei lugt er doch hinter jeder Ecke hervor. Ich schätze zum Beispiel, dass es in gut und gerne einem Drittel der Werbespots, die uns berieseln, *eigentlich* um unsere Vergänglichkeit geht, um nichts anderes. Nur merkt das keiner, weil die Bilder uns ja suggerieren, man könne sich einfach erfolgreich dagegenstemmen, mit ABS oder dem »Rundum-Sorglos-Paket« irgendeiner Versicherung. Aber wozu brauche ich das? Doch nur, weil die

Sorge um den Tod letztendlich in uns allen steckt. Und früher oder später holt sie uns ein.

Bleibt die spannende Frage: Was kommt danach? Den alten Herrn im Sterbezimmer scheint das merkwürdigerweise gar nicht besonders zu beschäftigen, wie mir Schwester Rita Maria erzählt. Vielleicht weiß er es ja auch schon. Im Gegensatz zu mir.

Schwester Rita Maria glaubt in der Gewissheit des »Auferstandenen« natürlich an ein Weiterleben nach dem Tod. Allerdings nicht im Sinne meiner Stubenfliegen-Reinkarnation, sondern an ein nichtkörperliches Dasein, wo und wie auch immer. In der Bibel finden sich zwar Bilder für dieses Leben nach dem Tod, das ja für die Erwählten ganz himmlisch sein soll. Aber wie es ganz genau aussieht, vermag auch Schwester Rita Maria nicht zu sagen. Und vielleicht ist das auch ganz gut so.

»Am besten ist es, sich überraschen zu lassen«, ist ihre stets gleiche, stets fröhliche und gelassene Antwort auf die Frage, die sie oft zu hören bekommt. So wie sie in ihrem bisherigen Leben Gott erfahren hat, sagt sie, ist sie felsenfest überzeugt, dass er bestimmt auch im Jenseits etwas Schönes für sie vorbereitet hat.

Das will ich auch haben. So eine Gewissheit. Und wie kriege ich die? Einfach glauben? Wie geht das?

In der Nähe von Schwester Rita Maria kann man sich nur wohlfühlen, nicht nur als Sterbender, sondern auch und gerade als jemand, der »mitten im Leben steht«, wie es so schön heißt. Sie macht einem nichts vor, da gibt es keine Schönfärberei, aber auch keine Schwarzmalerei, keine verschwiemelten esoterischen (oder christlichen) Erklärungen und Versprechen, sie ist einfach nur da. Ruhig, ausgeglichen, toll. Am liebsten würde ich zu ihr sagen: »Wenn du hier für heute fertig bist, lass uns irgendwo was schnabulieren gehen und quatschen. Und wenn du was anderes zum Anziehen willst nach dem langen Tag, ich leih dir was.«

Aber nichts davon wird passieren. Stattdessen frage ich höchst professionell, worin sie ihre Aufgabe hier eigentlich genau sieht.

»Der Moment des Todes ist einer der größten im Leben jedes Menschen. Denn in diesem Moment hat sich sein Dasein hier auf Erden erfüllt. Einen Sterbenden an diesen Moment heranzuführen ist eine große, verantwortungsvolle Aufgabe, die mich ausfüllt und mir große Freude macht.«

»Das Schwierigste ist das Loslassen«, sagt sie, »vor allem von dem Wunsch, dass man in moralischer oder anderer Hinsicht noch einmal das Ruder herumreißen möchte. Ich kann nur beim Loslassen helfen und den Glauben stärken, dass jeder Mensch im Jenseits gut aufgenommen wird. Viel mehr kann ich nicht tun. Denn wir, die Begleiter, können nicht mitgehen. Wir bleiben am Tor zurück und können nicht einmal durchs Schlüsselloch gucken.«

Offenbar ist also nicht nur die Geburt Frauensache, sondern auch das Sterben. Schwester Rita Maria kommt mir vor wie eine Hebamme für den Tod. Umsichtig und unaufgeregt, tröstend und fröhlich. Ein Gottesgeschenk.

In manchen Filmen habe ich gesehen, wie das Fenster geöffnet wurde, nachdem jemand gestorben war, damit die Seele hinausfliegen konnte. In orientalischen und orthodoxen Kulturen schreien die Klageweiber, bis die Seele den Körper verlassen hat. In Tibet bleibt der Tote so lange aufgebahrt und bewacht, bis sein Körper durch ein Zeichen, zum Beispiel Blutungen, zu verstehen gibt, dass die Seele jetzt bereit ist.

Ich muss an den Tod meiner Großmutter denken. Sie hat, wie schon erwähnt, ihr Alter im sonnigen Spanien verbracht. Aber zum Sterben kam sie mit weit über 80 dann doch nach Deutschland zurück. Eigentlich zu mir. Martin, Marnie und ich wohnten damals schon zusammen. Aber bei uns behalten konnten wir sie unmöglich. Sie hatte starke Gleichgewichtsstörungen und fiel dauernd um, wollte aber auf keinen Fall einen Rollator, »damit sehe ich ja aus wie eine alte Frau«. Sie mochte nichts mehr essen, keine Zeitung mehr lesen, selbst die geliebten Kreuzworträtsel blieben unausgefüllt. Eigentlich wollte sie gar nichts mehr. Nur noch sterben, obwohl ihr aus organischer Sicht, sagte sogar der Arzt, gar nichts fehlte. Damit konnte ich überhaupt nicht umgehen. Und so sehr ich meine Großmutter auch liebte, ich schaffte es einfach nicht, sie rundum zu betreuen und täglich mit anzusehen, wie sie immer weniger wurde. Auch meine Mutter konnte sie nicht bei sich aufnehmen. So blieb nur das Pflegeheim, das heute für viele Menschen zum letzten Umsteigebahnhof geworden ist.

Meiner Großmutter machte es angeblich gar nichts aus, in ein Heim zu gehen. Sagte sie. Ich hatte auch ein sehr schönes für sie gefunden, das gerade erst eröffnet worden war. Sie war die Erste, die kam, aber auch die Erste, die wieder ging, nach nur drei Monaten. Eigentlich kam es mir so vor, als sei ich immer, immer dagewesen und hätte deswegen auf alles Mögliche verzichtet, aber am Tag ihres Todes bin ich dann doch eine halbe Stunde zu früh gegangen. Letzten Endes starb sie allein.

Bevor ich mich versehe, erzähle ich Schwester Rita Maria die ganze Geschichte. Die habe ich noch nicht oft erzählt.

»Hat ihre Großmutter alleine gelebt?«, fragt sie.

Ich nicke. »Ja, fast die ganze zweite Hälfte ihres Lebens,

nachdem mein Großvater, den ich leider nie kennenlernte kurz nach dem Krieg gestorben war.«

»Sehen Sie, das hat eigentlich gar nichts mit Ihnen zu tun. Ich habe das bei vielen Menschen erlebt. Die meisten sterben so, wie sie gelebt haben. Und allein muss nicht einsam bedeuten.«

Ach je, ach je. Es tut so gut, das zu hören. So gut. Dass mir jemand ein bisschen die Schuld abnimmt. Dass ich mich vielleicht in Zukunft an meine Oma erinnern kann, ohne sofort ein schlechtes Gewissen zu haben.

Irgendwann später stelle ich noch eine Frage. Eine letzte.

»Wie kann eigentlich ein Mensch wie Sie, der so für das Leben geschaffen ist, sich derart intensiv mit dem Tod beschäftigen?«

Da lächelt Rita Maria, lächelt auf ihre ganz einzigartige, zurückgenommene Weise. Das ist ihre Antwort. Und diese Antwort werde ich so bald nicht vergessen, vielleicht sogar mein Leben lang nicht. Eine gute Antwort.

## 12. Es ist noch Suppe da

*Geht aber und predigt und sprecht: Das Himmelreich ist nahe herbeigekommen.*

*Macht Kranke gesund, weckt Tote auf, reinigt Aussätzige, treibt böse Geister aus. Umsonst habt ihr's empfangen, umsonst gebt es auch.*

*Ihr sollt nicht Gold noch Silber noch Kupfer in euren Gürteln haben, auch keine Tasche zur Wegfahrt, auch nicht zwei Röcke, keine Schuhe, auch keinen Stecken.*

Jetzt mal ehrlich: Sind das nicht wunderbare Worte? Sie stehen im Matthäusevangelium (10, 7–10), und wenn jeder von uns sich nur einen Tag im Jahr von ihnen berühren und sich »aussenden« ließe, das wäre doch gar nicht mal übertrieben, dann sähe die Welt vielleicht schon ganz anders aus. Ich weiß, ich weiß, das ist und bleibt unrealistisch. Aber irgendwo kann man ja mal anfangen. Man sieht doch, dass es klappt. Hier in Berlin zum Beispiel.

Um Punkt 12.45 Uhr setzt sich die mächtige gusseiserne Glocke vor dem Franziskanerkloster in Pankow in Bewegung. Die meisten sind schon da: Über 300 Menschen stehen auf dem Vorplatz. Allerdings ruft die Glocke nicht zur Mittagsmesse, sondern zur Suppe. Die ist nämlich fertig.

Wer diesem Ruf folgt, kann sich selbst kein warmes Mittagessen mehr leisten. Davon gibt es in Berlin und auch anderswo inzwischen mehr Menschen, als man glaubt, Tendenz steigend. Es ist alles vertreten, von der sogenannten Unterschicht bis hin zu Akademikern, und auch alle Altersgruppen. Überwiegend sind es allerdings Männer.

Nur eine Handvoll, schätzt Bruder Andreas, der Leiter der Suppenküche, sind tatsächlich obdachlos, die meisten leben eher in vollkommen verwahrlosten Wohnungen, meistens nicht ganz ohne eigenes Zutun. »Aber jeder hat auch ein Recht auf Verwahrlosung«, fügt er lapidar hinzu. Und dann sind da noch die Einsamen. Die, die allein in ihrer Sozialwohnung hocken und nicht auch noch beim Mittagessen die Wand anstarren möchten. Solche kommen auch.

Die »Armenspeisung« findet in einem modernen, hellen und freundlichen Glasbau statt, der sogar einen Architekturpreis gewonnen hat. Allerdings haben die Mönche – Preis hin, Preis her – schnell gemerkt, dass edler Parkettboden für ihre Arbeit nicht der ideale Belag ist. Bruder Andreas grinst süffisant. »Aber wenigstens ist das viele Glas im Pavillon gut für Klaustrophobiker.« Hihi, das ist gut, Inga und ich kichern uns einen ab. Erst zu spät merken wir, dass das gar kein Witz war.

Im letzten Jahr waren es durchschnittlich 350 Essen pro Tag, an kalten Tagen bis zu 500. Durchzuzählen braucht die Suppenküche schon lange nicht mehr, die Anzahl der ausgegebenen Schüsseln verrät es. Ohne die Mithilfe von zwei Zivildienstleistenden und vielen ehrenamtlichen Helfern wäre die Arbeit gar nicht zu schaffen. Die Suppenküche öffnet bereits um 6.30 Uhr in der Früh. Um 16.30 Uhr versucht man zu schließen – immer klappt es nicht. Das geht jeden Tag so, und jeder darf kommen, nur an Heiligabend beschränkt man sich auf die geladenen »Stammgäste«, sonst ginge es nicht. Da gibt es dann Würstchen mit Kartoffelsalat, Kaffee und Kuchen – und einen freiwilligen Posaunenchor.

Bruder Andreas sieht genauso aus, wie man einen Mönch für eine Vorabendserie casten würde. Mit seinem verschmitzten Lächeln und einer gemütlichen Leibesfülle gäbe er ein herrliches Fotomodell für die in München beheimatete Franziskaner-Brauerei ab. Mit Bier haben es die Franziskaner hier, an einem der sozialen Brennpunkte der Hauptstadt, tatsächlich auch zu tun, besser gesagt mit seinen Auswirkungen. Trotzdem nennen sie alle, die kommen, »Gäste« und reden sie respektvoll mit Herr oder Frau an.

Bruder Andreas war früher bei der Lufthansa. Wie wird so einer Franziskaner?

Aufgewachsen ist der heutige Mönch immerhin in einem gutbürgerlichen katholischen Haus im Marienwallfahrtsort Neviges. Die Franziskaner kannte er von klein auf, in ihrem Kloster übernahm er als Jugendlicher auch schon einmal Küsteraufgaben oder die Mitorganisation von Wallfahrten. Aber trotz dieser katholischen Bilderbuch-Vita verschwendete er an die Vorstellung, selbst einmal in die Abgeschiedenheit eines Klosters einzutreten, nicht den Hauch eines Gedankens.

Was ihn begeisterte, war genau das Gegenteil – die große weite Welt. Wem sagst du das, denke ich, mir ging es ja auch nicht anders. Bruder Andreas machte also eine Ausbildung zum Reisebürokaufmann und landete bei der Lufthansa. Als Mann vom Außendienst war er ständig in der Weltgeschichte unterwegs. Aber es war nicht nur ein Jetset-Leben. Andreas machte die Augen auf, und so sah er die Apartheid in Südafrika, die Slums in Indien und die Armut in Mexiko – Dinge, die er nicht ändern konnte und die er so gar nicht mit der Realität seiner wichtigen, unaufschiebbaren, termingedrängten Berufswelt übereinbringen konnte. Irgendwann musste er sich eingestehen, dass da eine gewaltige Leere in seinem Leben herrschte. Niemand war ihm im Traum erschienen, er hatte auch keine Vision gehabt – nur irgendwann das sichere Gefühl, etwas ändern zu müssen. Und irgendwo gab es da doch noch einen Verbündeten, an den Andreas sich jetzt wieder erinnerte – Gott.

Immer öfter kam in ihm der Gedanke auf, Franziskaner zu werden, aber die Entscheidung dauerte Jahre. Schließlich rang er sich durch. Und die Überraschung: Keiner in seinem Umfeld hielt ihn für einen Spinner. Sein Chef, selbst ein zum Islam konvertierter ehemaliger Christ, bot ihm sogar eine fünfjährige Auszeit an; sollte sich das mit den Franziskanern doch als Irrtum herausstellen, könne er jederzeit wiederkommen. Um es vorwegzunehmen: Andreas ist nicht wiedergekommen.

Sein Postulat trat er in Düsseldorf an. Schon als Anwärter musste er sich um Obdachlose kümmern, Menschen, wie er ihnen in Deutschland noch nie so begegnet war. Es war eine harte Zeit für einen, der jahrelang nur um die Welt geflogen war und in Luxushotels übernachtet hatte, und es kostete viel Überwindung. Denn hier gab es kein Projekt zu managen, keinen Deal einzufädeln – stattdessen waren Zurückhaltung und Anpacken gefragt. Und Raumspray. Nach meinen bescheidenen Erfahrungen auf dem Frankfurter Hauptbahnhof kann ich mir das gut vorstellen. Eine betrunkene alte Frau riecht eben immer noch anders als ein Partygirl, das zu viele Gin Tonics intus hat, auch wenn beide in der Ecke liegen.

Das Noviziat in Nürnberg begann erst einmal mit der Einkleidung. Die Franziskaner erkennt man an der braunen Kutte. Anders als bei den Kapuzinern läuft die Kapuze der

Franziskaner weniger spitz zu, aber das erkennen vermutlich nur Insider. Der weiße Strick, den sie als Gürtel tragen, hat drei Knoten. Sie stehen für die drei Gelübde Armut, Ehelosigkeit und Gehorsam.

Die Wartenden vor der Suppenküche werden in mehrere Gruppen zu je hundert Leuten eingeteilt. Die erste darf schon rein und stellt sich auf einer rollstuhlgeeigneten Rampe auf. Bruder Andreas spricht ein Tischgebet, unmittelbar danach tauchen die ersten Schöpflöffel in die Suppe.

An manchen Tagen finden sich zwischen den Nudeln und gewürfelten Kartoffeln auch klein geschnittene Wurstscheiben. Ich beobachte einen alten Mann, der gezielt zuerst die Wurststückchen herausfischt. Was im Topf landet, bestimmen die Spenden, die von überall her kommen: von Supermärkten, Kaufhäusern und der Großmarkthalle. Wer eine volle Schale inklusive eines Stücks Brot ergattert hat, setzt sich entweder bei schlechtem Wetter drinnen oder wie heute draußen auf die von einer Brauerei gespendeten Tische und Bänke. Fast Biergartenatmosphäre, aber eben nur fast. Ich versuche, mit dem einen oder anderen ins Gespräch zu kommen.

Die Geschichten ähneln sich. Fast immer beginnt der sogenannte Abstieg mit einem Verlust. Bei einem ist es der Partner, der plötzlich stirbt, beim anderen der Job, der plötzlich nicht mehr da ist. So wie bei Axel, der jahrelang Koch in der Großkantine der Charité war. Als er ein Angebot für eine kleinere Kantine im Schauspielhaus angeboten bekam, kündigte er und saß dann plötzlich auf der Straße. Der neue, der bessere Job war ohne sein Wissen an jemand anderen vergeben worden. Was dann folgte, war eine frustrierende Odyssee durch Ämter, Behörden und Umschulungskurse. Schließlich blieb nur noch die Sozialhilfe. Job weg, Wohnung weg, Familie weg, Würde weg. Axel hat früher immer für seine Frau und die Kinder Essen aus der Krankenhausküche mitgebracht und dann zu Hause verfeinert. Kochen war sein Leben. Jetzt hat er sich hier bei der Suppenküche als freiwilliger Helfer gemeldet. Aber die wollen ihn nicht. Weil er Alk ist. Dreimal die Woche ist er hackebreit. Er weiß das, und er weiß auch, dass er es wahrscheinlich nicht schaffen wird, davon wegzukommen. Deswegen hat er auch keinen Hund, obwohl er ein großer Tierfreund ist. »Wer soll denn mit dem armen Vieh nach draußen gehen, wenn ich zu bin«, resümiert er sachlich.

Hans neben ihm besitzt einen Hund, eine schwarzbraune Promenadenmischung, die gerade die letzten Reste aus der Suppenschüssel schleckt. Hans hat studiert, als Ingenieur gearbeitet und gut verdient. Er war glücklich verheiratet, mit zwei Kindern. Alles lief gut bis zum Tag x. Dann war plötzlich alles weg, alles, wofür er gelebt hatte. Seine Familie starb bei einem schweren Verkehrsunfall, er selbst hatte am Steuer gesessen. Das ist jetzt elf Jahre her, aber die psychische Krise will einfach nicht vorbeigehen. An Arbeiten war gar nicht mehr zu denken. »Es war, als hätte mir jemand die Blutzufuhr abgeklemmt«, sagt der blasse, hohlwangige Mann leise.

Dann die ›Diva‹, eine Frau um die 50 mit roten Haaren und grauem Scheitelansatz, farbenfroh gekleidet. »Früher warr ich hier in Berlin mal ein großer Theaterrstarr«, deklamiert sie, »aber dann haben mich die Männerr ferrtiggemacht.« Gegenüber am Tisch sitzt ein älterer Herr, der die ganze Zeit in seiner Aktentasche kramt, aber mit keinem redet. »Macht er nie«, erzählt mir Hans. »Der war früher Standesbeamter, ein Mensch, in dessen Leben Recht und Ordnung einen wesentlichen Platz einnahmen, vor allem Ordnung. Fast zeitgleich mit seiner Pensionierung hat er seine

Frau verloren. Der Mietvertrag für die gemeinsame Wohnung war damals auf seine Frau ausgeschrieben, und nach deren Tod setzte man ihn einfach vor die Tür – Luxussanierung. Seither verbringt er die Tage damit, die Papiere in seiner Aktentasche zu ordnen …«

Wahrscheinlich gibt es hier so viele Geschichten, dass man einen Roman damit füllen könnte. Aber keinen erfolgreichen, denn wer will so was schon lesen?

Die Franziskaner-Suppenküche in Pankow hat sich mit der Zeit zu einem regelrechten Kommunikationszentrum entwickelt. Das persönliche Gespräch ist immer noch das Wichtigste, um Nähe und Vertrauen zu schaffen. Die Franziskaner achten darauf, dass möglichst alle zu Wort kommen. Die für sich lebenden Menschen von der Straße müssen erst wieder lernen, soziale Kontakte zu pflegen.

Wie hält man so ein Pensum aus?

Bruder Andreas bekennt, dass es manchmal anstrengend ist, zumal er als gelernter Ökonom auch noch die Finanzverwaltung des Klosters übernommen hat – die Büroarbeiten beginnen, wenn die Suppenküche geschlossen hat. »Mit Gott allerdings«, sagt er, »muss ich nicht jeden Abend abrechnen.« Er bekennt, dass er ein zufriedener Mensch ist, der in seinem Leben immer Glück hatte. Ein bisschen von diesem Glück möchte er zu seinen Lebzeiten an Gott und an seine Mitmenschen zurückgeben. Wenn der Wind der sozialen Kälte mal wieder durch die Straßen der Großstadt fegt, sind die Lehren des heiligen Franziskus für ihn ein »Wetterschutz der Seele«.

Der große »Volksheilige« wurde im Jahr 1181 als Sohn eines Tuchhändlers in Assisi geboren. Dank seines reichen Vaters kam er in den Genuss einer Schulbildung und führte ein luxuriöses, ausschweifendes Leben.

Als junger Mann zog er in den Krieg gegen die Nachbarstadt Perugia, geriet dort in Gefangenschaft und kam erst nach einem Jahr gegen Lösegeld seines Vaters wieder frei. Sein Jugendtraum, Ritter zu werden, und sein unbekümmertes Leben erschienen ihm durch die Erlebnisse des Krieges fragwürdig. Nach seiner Freilassung war er krank und innerlich erschüttert.

Er suchte in der Einsamkeit nach dem Sinn des Lebens, bis er sein entscheidendes Bekehrungserlebnis in einer kleinen zerfallenen Kapelle bei Assisi hatte. Eine göttliche Stimme sprach zu ihm: »Franziskus, geh und bau mein Haus wieder auf, das, wie du siehst, ganz und gar in Verfall gerät.«

Auf diese göttliche Weisung hin baute Franziskus die kleine Kapelle mit eigenen Händen wieder auf und entnahm dazu Waren und Geld aus dem Geschäft seines Vaters, der deshalb einen Prozess gegen ihn führte. In dieser Gerichtsverhandlung, die öffentlich auf dem Domplatz stattfand, legte Franziskus all seine Kleider ab, verzichtete mit dieser Geste auf sein Erbe und sagte sich von seinem Vater los. Von da an lebte er außerhalb der Stadtmauern von Assisi, kümmerte sich um Aussätzige und ging, um Essen bettelnd, von Haus zu Haus. Da Christus den letzten und niedrigsten Platz unter den Menschen eingenommen hatte, wollte auch Franziskus ihn unter den Gedemütigten und Leidenden finden.

Im Mittelalter galt Armut als Gotteswille oder Schicksal. Erst zu Franziskus' Zeit wuchs zum ersten Mal das Bewusstsein dafür, dass Armut eigentlich das Resultat der Geldanhäufung des neuen Bürgertums in den erstmals aufblühenden Städten war. Mit unseren Worten: Die Reichen wurden immer reicher und die Armen immer ärmer. Die Bewegung, die Franziskus ins Leben rief und die in ihrer Radikalität einmalig in der Geschichte des Christentums war, sah einzig in der Besitzlosigkeit die Erlösung des Menschen. Franziskus, der ja selbst aus einer reichen Familie kam, wollte Vorbild sein für die persönliche Nächstenliebe der Christenmenschen seiner Zeit.

Ich erinnere mich noch gut an meinen ersten Besuch in Assisi, wo sich jedes Jahr Millionen Pilger auf die Füße treten. Doch auch wenn sich hier mittlerweile Souvenirstand an Souvenirstand reiht, fühlt man sich in der unteren Basilika, wo die Fresken von Giotto di Bondone das Leben des Heiligen erzählen, trotzdem noch ein wenig in seine Zeit versetzt. Natürlich nur morgens vor sieben Uhr, danach ist alle Ruhe dahin. Was wohl Franziskus dazu sagen würde, dass seine sterblichen Überreste in einer prächtigen dreistöckigen Basilika liegen, statt, wie er verfügt hat, in der kleinen Kapelle Portiuncula, die er mit eigenen Händen aufgebaut hat? Ob er weiß, wie viele Leute sich mit irgendwelchem Klimbim an ihm eine goldene Nase verdienen? Ob er uns von da oben zuschaut? Wenn ja, müsste er eigentlich die Krise kriegen.

Oder vielleicht auch nicht. Es gibt ja noch welche, die so zu sein versuchen wie er. Immer noch. Die franziskanische Idee der Armut hat jetzt schon länger gehalten, als es ein Flachbildschirm je tun wird.

Bruder Florian ist der Hausvater hier in Pankow. Er trägt graue Jeans, ein gestreiftes T-Shirt und das unvermeidliche hölzerne »T« um den Hals.

Das Tau, der letzte Buchstabe des hebräischen Alphabets, wurde schon früh von den Christen als Heilszeichen gebraucht, auch weil seine Form an das Kreuz Christi erinnerte. Der Bruder ist noch nicht lange da und wirkt ein bisschen unsicher. Vielleicht auch, weil er ein Hörgerät trägt. Andererseits ist er entwaffnend ehrlich.

»Klar versuchen wir, in der Nachfolge des Franziskus für die Armen da zu sein«, sagt er, «aber wir leben nicht mit ihnen, wir laufen auch nicht selber mit der Bettelschale herum, wie Franziskus es getan hat. Wir leben neben ihnen und wir versuchen ihnen zu helfen, damit sie mit ihrer Situation besser zurechtkommen.« Bruder Florian sieht sich nicht als Franziskus. Mit Armut kann man heute niemanden mehr für Gott interessieren, weiß er, dafür ist unsere Gesellschaft viel zu säkular, viel zu gewinn- und statusorientiert. Armut ist für die meisten etwas Abstoßendes. Und das kommt daher, dass Begriffe wie Nächstenliebe und Teilen nur noch Worthülsen sind.

Der dritte im Berliner Franziskanerkloster ist Bruder Johannes, um die 50, kurzes graues Haar, drahtige Figur, enge schwarze Jeans, schwarzes Hemd. Kettenraucher. Er kümmert sich um die Kleiderkammer. Denn was nützt etwas Warmes im Magen, wenn es draußen kalt bleibt? Und da Kleidung schließlich gewaschen werden muss, gehört auch eine Wäscherei zum Kloster und – last but not least – die sogenannte Hygienestation, wo Obdachlose duschen, sich rasieren und Zähne putzen können.

Bruder Johannes hat ein lockeres Mundwerk und immer einen Scherz parat. Mit viel Humor geht er auf jeden ein, der zu ihm kommt und seine schmutzige Wäsche abgibt. Im Austausch gibt er saubere heraus. Drei riesige Waschmaschinen vom Kaliber Großwäscherei tun im Nebenraum lautstark ihren Dienst. Bruder Johannes verfügt über ein riesiges Unterwäschelager mit verschiedenen Größen für Männlein und Weiblein. Schießer Feinripp, Boxershorts, sogar Tangas. Alles Spenden. Außerdem Seifen, Rasierschaum, Deodorantstifte, Zahnpasta, Rasierapparate und Nagelscheren.

Im Warteraum draußen sitzen bestimmt an die 20 Leute

und warten mit Duschmarken in der Hand darauf, dass eines der Badezimmer frei wird. Der Franziskaner behandelt jeden gleich freundlich und hört sich die Geschichten von gestern Nacht an, dass es zum Beispiel in dem kleinen Park gleich nebenan eine Messerstecherei gegeben hat, bei der ein regelmäßiger Gast aus der Suppenküche schwer verletzt wurde. Das erzählt seine Freundin, eine hutzelige, kleine Alte mit rotem Gesicht und einer Fahne, die sogar den aufdringlichen Waschpulvergeruch übertönt. Sie will gar nicht mehr aufhören, schimpft auf die unfähigen Bullen, auf das unfähige Krankenhaus, auf die ungerechte Gesellschaft, auf alle. Nur nicht auf Bruder Johannes. Der ist ihr Freund. Immer wieder streichelt sie ihm während ihres Redeschwalls über den Arm. Der Bruder Johannes, der ist in Ordnung. Und da hat sie mein volles Einverständnis.

Auch vor der Kleiderkammer sitzen um die 20 Menschen. Aussuchen darf immer nur einer, erläutert Frau Bilger, eine freiwillige Helferin. Sonst kann es passieren, dass zwei sich um dasselbe Stück prügeln, alles schon da gewesen. In der Kleiderkammer gehen jeden Tag Hunderte von Säcken mit Altkleidern ein, die von fleißigen Händen sortiert und nach Größen geordnet werden. »Manches schmeißen wir auch gleich wieder weg, so wie wir es bekommen haben«, klagt sie. »Unzumutbar. Ich weiß nicht, was sich die Menschen denken, die uns so was geben.«

Das ist doch mal was Konkretes. Beim nächsten Mal, wenn ich meinen grundsätzlich überquellenden Kleiderschrank dezimiere, werde ich nicht mehr jeden Lumpen und jedes Fähnchen in den Kleidersack stopfen, sondern nur noch Sachen, die ein anderer Mensch noch mit Würde tragen kann. Habe ich bisher nicht gemacht, wenn ich ehrlich bin. Ist mir überhaupt nicht in den Sinn gekommen. Hauptsache weg.

Als Inga und ich das Kloster verlassen, fährt direkt vor uns eine schwarze Limousine mit verdunkelten Scheiben in den Hof. Was ist denn jetzt los? Hoher Besuch?

Bruder Andreas klärt uns auf, dass sich hier, in der dem Kloster angeschlossenen Missionszentrale, regelmäßig Parlamentarier, Fraktionsvorsitzende und hohe Regierungsbeamte vor anstehenden Auslandsreisen zu Fragen über Menschenrechte, Armut, Aids-Aufklärung und Ähnliches »coachen« lassen. Und so kommt es manchmal zu Begegnungen der besonderen Art, wenn Obdachlose und hohe Tiere der Bundesregierung unvermittelt aufeinandertreffen, erzählt er uns lachend.

Ich werfe einen verstohlenen Seitenblick auf Inga. Die hat doch bestimmt schon ihre Networking-Antennen ausgefahren. Nö, gar nicht. Komisch.

Die Existenz der Missionszentrale ist vielleicht ebenfalls auf einen weiteren für Franziskus zentralen Grundgedanken zurückzuführen: die Aussendung des Heiligen Geistes an die Jünger und das damit verbundene Pfingstwunder. Anschließend konnten sie nämlich plötzlich in allen Sprachen sprechen und alle Sprachen verstehen.

Für Brückentage-Spezialisten hier der Hinweis: Das ist das, was an Pfingsten *eigentlich* gefeiert wird. Damals wurde aus christlicher Sicht die babylonische Sprachverwirrung aufgehoben, mit der Gott die Menschen für die Hybris des Turmbaus zu Babel bestraft hat. Und so steht Pfingsten noch heute für die Mission der Kirche, alle Menschen, unabhängig von ihrer Nationalität, anzusprechen.

So wie Jesus seine Jünger ausgesandt hatte, so fühlte sich auch Franziskus von ihm ausgesandt und so sandte auch er seine Mitbrüder aus. Im Gegensatz zu den Benediktinern, die ja der *stabilitas loci* unterworfen waren, hatten die Franziskaner von Anfang an eine starke Mobilität. Das ist bis heute so geblieben. Alle Franziskaner fühlen sich letztendlich als Missionare, egal wo sie leben und wirken. Das heißt aber auch: Jeder Einzelne ist aufgefordert, ein waches Bewusstsein zu entwickeln für die weltweiten Vorgänge. Da, wo die allumfassende Geschwisterlichkeit der Menschen, ja der ganzen Schöpfung gefährdet ist, sagt Bruder Andreas, da ist der Platz eines Franziskaners.

Die Suppenküche könnte kein besserer sein.

Als ich anschließend mit dem Taxi ins Hotel fahre – Inga will noch eine Freundin, die hier in Berlin wohnt, besuchen –, habe ich tatsächlich selber noch ein Erlebnis der ganz besonderen Art. Schon während ich einsteige, mustert mich der Fahrer nicht gerade freundlich. Er legt missmutig sein Buch beiseite, in dem er offensichtlich gerade gelesen hat. Friedfertig und mit Mitgefühl für lesende Mitmenschen frage ich, ob ich ihn jetzt gerade aus einer besonders spannenden Stelle herausgerissen habe.

»Nein, nein«, brummt er, »das ist sowieso alles Scheiße, was da steht.«

»Wieso?«, setze ich vorsichtig die Unterhaltung fort.

»Die labern da ständig von Liebe ... die gibt's doch gar nicht, so ein Quatsch.«

Soll ich jetzt von Bruder Andreas oder Schwester Agnes erzählen, oder würde ihn das bloß nerven? Ich bin mir nicht sicher. Ich fange vorsichtig an, dass es Menschen gibt, die gar nichts haben und eigentlich auch gar nichts wollen, aber dennoch ganz zufrieden sind, weil sie anderen Menschen dienen und sie lieben können.

Der Taxifahrer bekommt einen Lachkrampf. Das war wohl der falsche Ansatz.

»Was wollen Sie denn überhaupt?«, fegt er mich an, und sein Blick bleibt an meinen neuen, zugegeben teuren, luftgepolsterten Laufschuhen hängen, die ich mir extra gekauft habe, um täglich zehn Stunden auf den Beinen besser durchhalten zu können. »Sie haben doch keine Ahnung, wie es sich lebt mit 400 Euro im Monat. Ich kann mir nicht leisten, Taxi zu fahren wie Sie.«

Der Mann hat recht, und ich beschließe, meinen Mund zu halten. Er aber redet ununterbrochen weiter. Ein Scheißleben sei das hier, ein Scheißstaat, eine Scheißgesellschaft. Er könne sich nicht mal einen Konzertbesuch leisten, obwohl er Musik so lieben würde. Leute wie ihn ließe man einfach verrecken.

Ich muss an den humorvollen Bruder Johannes von eben denken. Was hätte der jetzt gesagt? Dass ihm die Situation des Taxifahrers leidtut? Dass noch Suppe da ist? Oder hätte er einfach hingenommen, dass der Mann schlecht drauf ist und jemanden braucht, bei dem er sich mal auskotzen kann?

Gott sei Dank sind wir bald an meinem Hotel angekommen.

Ich bezahle und gebe ein mehr als anständiges Trinkgeld, was sonst eher nicht so meine Art ist. Die Miene des Taxifahrers entspannt sich leicht. Er bedankt sich, läuft ums Taxi und hält mir die Türe auf. Ich bedanke mich ebenfalls und habe das Gefühl, ihm wenigstens für einen Moment eine etwas friedfertigere Stimmung beschert zu haben.

Wie sagte schon Franziskus: Wer sich verschenkt, wird gesegnet und wird zum Segen für andere.

Na hoffentlich stimmt das.

# 13. Die Elite des Herrn

*Wer will, dem ist nichts zu schwer.*

Was sich anhört wie ein aufmunternder Tagesspruch aus dem Abreißkalender in meiner Küche, stammt in Wahrheit von Ignatius von Loyola und ist einer der Grundpfeiler der jesuitischen Pädagogik. Es soll, es muss Orte geben, an denen sich der Wille junger Menschen frei entwickeln kann und Leistung überdurchschnittlich gefördert wird. Man darf auch heute ruhig wieder Elite sagen – dafür wäre man vor ein paar Jahren noch ans Kreuz geschlagen worden.

Zu einem solch »elitären« Ort sind wir gerade unterwegs: St. Blasien, mitten im Schwarzwald. Inga graut es ein bisschen, ihr steckt noch unser kürzlicher Besuch in der Frankfurter Jesuitenhochschule Sankt Georgen in den Gliedern, wo uns der hauseigene Ordenshistoriker ganz schön in die Mangel genommen hat. Nicht umsonst lautet die offizielle Bezeichnung des Jesuitenordens, »Gesellschaft Jesu«, lateinisch *Societas Jesu*, abgekürzt SJ. Daraus wurde dann im deutschen Volksmund ziemlich bald »Schlaue Jungs«, und das hat durchaus seine Berechtigung.

Ausgebildet werden die »schlauen Jungs« heutzutage in Nürnberg im Jesuiten-Noviziat, das Inga und ich auch schon besucht haben. Es ist in einer prächtigen Villa aus der Jahrhundertwende untergebracht und bietet den Ordensneulingen Obdach und Schulungsräume. Der Novizenmeister Stefan Kiechle erzählte uns damals, dass sich hier die unterschiedlichsten Menschen bewerben, vom ehemaligen Bauingenieur bis zum Abiturienten, der schon mit elf Jahren wusste, dass er ein Ordensleben führen will. Aber nicht jeder wird auch genommen. Die Bewerber sollten zunächst katholisch, ledig und nicht älter als 35 Jahre sein. Ansonsten gibt es keine nennenswerten Beschränkungen, selbst eine geschiedene Ehe ist heutzutage kein unüberwindliches Problem mehr. Voraussetzung jedoch ist – neben dem der Theologie – ein obligatorisches zweites Studium der Philosophie, inzwischen ersatzweise auch Pädagogik oder Sozialwissenschaften, und ein psychologischer Test! Hinter vorgehaltener Hand erfuhren wir: Es bewerben sich auch gescheiterte Existenzen, die hoffen, dass man sich hier um sie kümmert – »Leute, die einen Knall haben«. Die werden natürlich nicht genommen. Jährlich sind es im deutschsprachigen Raum nur etwa zehn junge Männer, die in die Gesellschaft Jesu eintreten.

Bestimmt werden wir in St. Blasien auch erst mal abgefragt oder ausgefragt, wie es in Bayern heißt, um zu prüfen, was wir auf dem Kasten haben. Mündliche Note sozusagen.

Also, Spickzettel raus.

Der junge Ignatius, späterer Gründer der Jesuiten, wuchs Ende des 15. Jahrhunderts im Stammschloss der Loyolas im Baskenland in einer romantischen Ritterwelt auf, die jedoch völlig in sich zusammenbrach, als ihn im erbitterten Kampf gegen die Franzosen um die Zitadelle von Pamplona ein satter Schuss ins Knie traf. Sein Bein war zerschmettert, und zeitlebens sollte er es hinter sich herziehen. Bei den furchtbaren Qualen der Operation und der anschließenden Streckung des Beins soll er aber keinen Schmerzenslaut von sich gegeben haben.

Stuss, sagt Inga, Heilige brauchen offenbar Legenden. Sie hat natürlich wieder mal recht. Seit wann können Männer Schmerzen klaglos ertragen? Keiner, den ich je die Ehre hatte zu bemuttern. Der wird ja wohl mal Aua gesagt haben oder wenigstens *Hrnghh!* wie Richard Harris in *Der Mann, den sie Pferd nannten*. Aber weiter.

Ans Bett gefesselt, las Ignatius in Ermangelung von Ritter- und Abenteuergeschichten erbauliche Bücher wie *Die Blüte der Heiligen* und *Das Leben Christi*, die ihn derart faszinierten, dass er beschloss, sein bisheriges Leben hinter sich zu lassen und seinen beiden Lieblingsheiligen Dominikus und Franziskus nachzufolgen. Den rechten Glauben zu leben, zu predigen und eine bessere Welt zu schaffen.

Als er wieder so weit auf dem Damm war, dass er auf ein Maultier steigen konnte, machte er sich unverzüglich auf den Weg ins Benediktinerkloster Montserrat, wo er seine vornehme Ritterkleidung gegen ein Pilgerkleid aus grobem Sackleinen tauschte und seine Waffen endgültig vor dem Altar ablegte. Seine anschließende Büßerzeit verbrachte er in einer Höhle bei Manresa, einem kleinen Ort nicht weit entfernt. Dort entstanden die berühmten ignatianischen Exerzitien, die noch heute von vielen Menschen zur Reinigung der Seele durchgeführt werden.

Diese geistigen Übungen brachten Ignatius unter anderem zu der Erkenntnis, dass nur der Wille der Schlüssel dazu sein kann, sein Leben zu ändern. Ignatius war durchaus ehrgeizig. Und so drückte er noch einmal als Erwachsener die Schulbank, um anschließend in Paris Theologie und Philosophie studieren zu können.

Schon während seiner Studienzeit gelobte er mit sechs Kommilitonen, ins Heilige Land zu gehen und dort die Heiden zu bekehren. Sollte das nicht funktionieren, wollten sie sich in Rom dem Dienst des Papstes unterstellen. Das mit dem

Heiligen Land klappte nicht, weil just zu der Zeit keine Schiffe dorthin verkehrten, also Plan B. Und der haute hin. Mit der berühmten Bulle *Regimini Ecclesiae* besiegelte Papst Paul III. den neuen Orden der »Gesellschaft Jesu«. Er hoffte, der papsttreue Ignatius und seine Gesellschaft würden ein Bollwerk gegen die Gefahr der Reformation bilden, die von Deutschland ausgehend ganz Europa ergriffen hatte und die Macht der römischen Kirche immer mehr bedrohte.

Um direkt an der Basis »anzugreifen«, gründeten die Jesuiten, wo immer sie aktiv wurden, sogenannte Kollegien und unterrichteten junge Menschen in humanistischer Bildung. Und schon bald besaßen sie in den meisten Ländern Europas ein Monopol auf dem gymnasialen Sektor, denn die Oberschicht des immer rascher anwachsenden Bürgertums der Neuzeit wünschte sich gute Schulen für ihre Sprösslinge. Während die früheren Klosterschulen, etwa die der Benediktiner, hauptsächlich ihren eigenen Nachwuchs heranzogen, boten die Jesuiten einen im Vergleich geradezu weltlich orientierten Unterricht an, den sie durch Musikstunden und Theaterspiel ergänzten. Für Letzteres schrieben sie sogar eigene Stücke, die sogenannten »Jesuitendramen«, in denen sie – nicht ungeschickt – für die katholische Idee warben, ganz im Geiste der Gegenreformation. Auch wenn die Bühnensprache Latein war, heizten jene prachtvoll ausgestatteten Belehrungsstücke die Emotionen auf – nicht weniger als Shakespeare. Sie fanden nicht nur in den Jesuitenschulen und Kollegien statt, sondern wurden auch in jeder größeren katholischen Stadt und an Fürstenhöfen aufgeführt.

An Stücken herrschte kein Mangel, die Patres produzierten sie massenweise. Ob über Kirchengeschichte, Märtyrer, Heilige, Missionen in fernen Ländern – kein christliches Thema wurde ausgelassen. Über 7000 Stücke sind so entstanden, und es heißt, dass die besten Aufführungen einen solchen Erfolg hatten, dass sich nach Feuerwerk, Feuer speienden Drachen und herumfliegenden Engeln Landesfürsten und andere Honoratioren an Ort und Stelle reihenweise zum katholischen Glauben bekannten.

Im Auftreten der Jesuiten, das sich extrem von den alten Orden unterschied, lag eine große Chance. Ignatius wollte keine klösterliche Lebensform, keinen Mönchshabit, keine Tonsur, keine Namensänderungen. Es gab kein Chorgebet, keine Konvente, sondern einfach Häuser. Das alte benediktinische *stabilitas loci* – bleibe im Lande und nähre dich redlich – wurde gründlich vom Kopf auf die Füße gestellt. Und wofür sind Füße da? Um von A nach B zu gelangen. Und von da immer weiter, bis nach Südamerika zum Beispiel. Dass es irgendwann einmal ein seltsames Wort wie »Pendlerpauschale« geben und man darüber auch noch in Streit geraten könnte, hätte damals kein Jesuit verstanden. Es war doch gerade ihr Auftrag, von Ort zu Ort ziehen und sich an keinen bestimmten Platz binden zu lassen. Doch eine Bindung kannten die Jesuiten durchaus: Gehorsam.

Gemäß den Exerzitien lag wahre Freiheit nicht etwa in der äußeren Bindungslosigkeit, sondern einzig und allein in der Disziplin. So konnten die Ordensmitglieder zwar ungehindert durch die Lande und die Länder ziehen, wurden jedoch durch das innere Band des Gehorsams zusammengehalten. Darunter verstand der junge Orden, dass jeder Einzelne seinen Verstand und seine Kreativität einsetzen musste, um die Aufträge des Papstes und der Kurie zum Wohle der katholischen Kirche zu erfüllen.

»Klingt ja verdächtig nach blindem Gehorsam«, meldet sich Inga zu Wort.

Letztlich war es das auch. In der Universität Sankt Georgen hat man uns erklärt, dass der »blinde« Gehorsam, wie ihn die »Gesellschaft Jesu« forderte, damals geradezu als eine Tugend gegenüber dem allgemeinen Zeitgeist angesehen wurde. Denn in der beginnenden Neuzeit erfuhr der Mensch zum ersten Mal, dass sein Leben ja gar nicht vorbestimmt war. Es war kein unausweichliches Schicksal mehr, in einen bestimmten Stand geboren worden zu sein. Und auch Gehorsam vor dem Höhergestellten war per se kein Schicksal mehr, sondern musste bitteschön einen Grund haben. Eine solche Sichtweise eignete sich natürlich nicht für einen auf höchste Effizienz angelegten Orden wie die Jesuiten.

Aber wer derart effizient arbeitet und vielleicht auch schon mal ein paar Strippen zieht, muss damit rechnen, dass man ihm das irgendwann um die Ohren haut. Und dazu kam es dann auch, erstmals im 18. Jahrhundert. Mittlerweile saßen an fast allen europäischen Fürstenhöfen die Jesuiten als Beichtväter, was ihnen einerseits viel Macht gab, andererseits aber auch zu Intrigen, Verschwörungstheorien und schließlich zu offenem Misstrauen und Hass führte.

Der Fall war tief. Karl III. ließ viele Ordensmitglieder inhaftieren und die Bourbonen zwangen Papst Clemens XIV., den Orden aufzuheben, was 1773 auch geschah. Nur in Russland und Preußen, wo die nicht-katholischen Regierungen die päpstliche Autorität ohnehin nicht anerkannten, fanden einige der Jesuiten Zuflucht, vor allem, weil Zarin Katharina die Große und Friedrich II. die Vorteile des jesuitischen Schulsystems nicht aufgeben wollten. Erst 1814 wurde der Orden durch Pius VII. wieder zugelassen, da sich die Verleumdungen als haltlos erwiesen. Aber auch Bismarck waren die Jesuiten ein Dorn im Auge. Nachdem sie immer wieder Opfer von Bespitzelungen und Durchsuchungen geworden waren, wurden 1872 schließlich die Jesuitengesetze erlassen, die die Ausweisung des Ordens aus dem Deutschen Reich zur Folge hatten. Dass später sowohl die Nazis als auch die Sowjets sie verfolgten und viele umbrachten, versteht sich leider schon von selbst und muss nur noch der Vollständigkeit halber erwähnt werden.

St. Blasien liegt vor uns. Was für eine Location! Cambridge und Oxford lassen grüßen. Hier hätte man problemlos den *Club der toten Dichter* drehen können. Früher befand sich auf diesem Anwesen ein Benediktinerkloster, heute beherbergt es das renommierte Jesuitenkolleg. Höchstleistung und Disziplin werden hier großgeschrieben, getreu dem Wahlspruch des Ignatius: »Vertraue so auf Gott, als hinge alles von deiner eigenen Anstrengung ab, und mühe dich in der Weise, als liege alles in den Händen Gottes.«

St. Blasien ist ein staatlich anerkanntes, freies katholisches Gymnasium mit jeweils einem Internat für Mädchen und für Jungen. Das mit den Mädchen war anfangs nicht unumstritten, doch mittlerweile haben sich die Wogen geglättet. Mit etwa 200 männlichen und 130 weiblichen Schülern ist das Internat in seiner Entwicklung stabil, trotz der wachsenden Konkurrenz in der europäischen Internatslandschaft. Wer hier sein Abitur gemacht hat, der hat Beziehungen fürs Leben gefunden. Oder sollte man sagen: Seilschaften?

Inga parkt den Wagen. Gleich werde ich dem Direktor gegenübertreten, und ein bisschen flau ist mir schon im Magen, das muss ich zugeben. Ich leide zwar nicht an mangelndem Selbstbewusstsein, aber Elite war ich noch nie, wozu ein Blick auf mein Abiturzeugnis reicht.

Ich selbst war übrigens auch vier Jahre auf einer Klosterschule, wenn auch nicht in einem Internat und nicht allzu lange. Eines Tages wollten meine Freundin und ich wissen, ob das wirklich wahr ist, dass die Schwestern unter ihren Hauben kahlgeschoren waren. Jugend forscht. Die Durchführung des Experiments oblag mir.

Ergebnis: Es stimmte.

Zweites Ergebnis: Mir wurde nahegelegt, vielleicht doch besser eine weltliche Schule zu besuchen.

Das Problem erledigte sich dann von selbst, weil wir wenig später wegzogen. Ich erinnere mich noch daran, wie rot die Nonne damals vor Scham wurde.

Jahrelang gehörte die Anekdote zu meinem Standardrepertoire, Lacher garantiert. Jetzt, wo sie mir wieder einfällt, ist es mir plötzlich peinlich, zum ersten Mal, Jahrzehnte später. Ich schäme mich nicht dafür, dass ich das damals gemacht habe, nicht besonders jedenfalls. Ich schäme mich, weil ich das selbst als Erwachsene noch so lange für eine lustige Geschichte hielt. Indem die Nonnen ihre Haare abschneiden, bemühen sie sich, ihre Eitelkeit abzuschneiden. Sie schneiden nicht ihre Scham ab. Oder ihre Würde. Das besorgen andere.

Mit exzellenter Bildung kennen die Jesuiten sich schon von Anbeginn ihrer Geschichte aus. Bereits 1551 wurde von Ignatius selbst das *Collegium Romanum* gegründet, die heutige päpstliche Elite-Hochschule Gregoriana. Ignatius bestand damals auf einer eigenen Hochschule, denn an den großen Universitäten Europas wüteten Aufklärung und Reformation gegen die wahre katholische Theologie. Bis heute gilt die Gregoriana als Kaderschmiede der katholischen Kirche. Große Köpfe, vom Universalgelehrten Athanasius Kircher über Ivan Illich und Karl Lehmann bis hin zu Benedikt XVI. und Hans Küng haben dort studiert oder gelehrt. Auch in den modernen Wissenschaften gehören und gehörten die Jesuiten zur Elite. Um der Herausforderung des kopernikanischen Weltbildes (Kopernikus wollte ja bekanntlich die Erde um die Sonne kreisen lassen – was für eine absurde, gotteslästerliche Idee!) zu begegnen, gründete die katholische Kirche unter Leitung der Jesuiten sogar bereits

1582 eine eigene Sternwarte, die *Specula Romana*. Der gegenwärtige Star dort heißt Gabriele Gionti, der nach jahrelangem säkularen Wissenschaftsbetrieb etwas suchte, das seine spirituellen Bedürfnisse befriedigen würde, und Jesuit wurde. Sein Thema ist die sogenannte Quantengravitation. Anders gesagt: die Weltformel.

Einen künftigen Wissenschaftler dieses Kalibers können wir auf dem Rasen von St. Blasien auf den ersten Blick nicht ausmachen und auch nicht verbissene Autorität und Disziplin. Stattdessen sitzen die Jungen und Mädchen in der Sonne, quasseln, juxen herum und lachen. Lauter lässig gekleidete Teenager, die Taschen irgendwo im Gras und einen Softdrink in der Hand. Den Klamotten nach zu urteilen, sind es eher Sprösslinge aus der Oberschicht, die sich eine solche Schule eben leisten kann. Und so werden hier heute wie schon damals früh Beziehungen für die weitere Karriere geknüpft. Wer die Schulbank in St. Blasien im Schwarzwald gedrückt hat, wird immer einen Bonus haben.

Wir treffen den Direktor des Kollegs, Pater Johannes Siebner. Er ist Mitte 40 und leger gekleidet. Mit Sakko und halb offenem Hemd kommt er auf mich zu, reicht mir die Hand und strahlt mich dabei mit sprühenden Augen an. Den hatte ich mir vollkommen anders vorgestellt. Trotzdem habe ich ein bisschen Muffensausen. Nicht zu fassen.

»Jesuitenangst« nennt man das, habe ich mal gehört. Aufgrund ihres hohen Ausbildungsniveaus haben manche Ordensmitglieder früher ihre Meinungsgegner schon mit dem ersten Satz eines Gesprächs derart eingeschüchtert, dass diese auf den Rest und vor allem auf ihre eigene Meinung dann gerne verzichteten.

Da hilft nur Attacke.

»Wenn ich mich hier so umschaue«, flechte ich ganz nebenbei ein, »kann ich vom Armutsgelübde der Jesuiten aber nicht viel entdecken. Ist es wahr, dass die Pensionskosten für die Schüler derzeit bei 1.190 Euro liegen – monatlich?«

Es ist wahr. Auch hier hat wie überall im Leben Qualität nun mal ihren Preis. Ihm persönlich tue es leid, erklärt Pater Siebner, dass sich nicht jeder das Internat leisten kann. Was soll er sonst auch sagen? Über Stipendien gelingt es immerhin, einige Schüler aus weniger gut situierten Familien aufzunehmen. »Ansonsten« steht das Kolleg aber im Prinzip jedem offen, egal welcher Nation oder Konfession. Und tatsächlich kommen Schüler aus aller Herren Länder nach St. Blasien.

»Wir haben im Moment zwanzig Nationen hier«, erzählt uns Pater Siebner. Das pädagogische Angebot seiner Schule kann sich sehen lassen und ist – der Klientel gemäß – sehr fortschrittlich und sehr international ausgerichtet. Eine Europaklasse für ausländische Schüler wird ebenso angeboten wie Theater- und Videokurse, Austauschprogramme mit anderen Jesuitenschulen im Ausland und, und, und. Selbstverständlich gibt es auch Chinesischunterricht, der in der Partnerschule übrigens noch vertieft werden kann: Die Partnerschaft mit zwei chinesischen Schulen ermöglicht regelmäßigen Schüler- und Lehreraustausch. Jedes Jahr fliegen Schüler aus St. Blasien zum Beispiel nach Shanghai, um für einige Monate dort die Schulbank zu drücken. Partnerschulen in Belgien, England, Frankreich, Spanien, Irland und Litauen gibt es ebenfalls. Und im Keller eine Disco.

Ehe ich mich versehe, kommt auch schon die Prüfungsfrage, mit der ich bereits gerechnet habe. »Sie wissen doch sicher, dass die Jesuiten schon sehr früh in China tätig waren?«

Der kriegt mich nicht. Das weiß ich nämlich in der Tat! Und auch, dass dort die sogenannte »Inkulturation« zur neuen Methode wurde, den christlichen Glauben zu verbreiten. Man könnte auch kulturelle Unterwanderung sagen. Sie bedeutete, dass die Missionare sich auf eine neue Kultur einließen, sich ihr öffneten und dann begannen, in ihr zu wirken. Im Gegensatz zu den alten Orden, die gegenüber den animistischen Kulten des fernen Ostens unnachgiebig blieben, hatten die Jesuiten mit ihrer Methode Erfolg. Im frühen 18. Jahrhundert gab es in China um die 300 000 Christen. Trotzdem verurteilte und verbot der Papst diese Zugeständnisse an die einheimischen Kulte im sogenannten »Ritenstreit«. Daraufhin verbot seinerseits der chinesische Kaiser 1742 kurzerhand die christliche Religion. *Finito.*

Wie es ausgehen kann, wenn man sich nicht auf die andere Kultur einlässt, sondern im Gegenteil versucht, seine eigene den »Wilden« überzustülpen, habe ich während Dreharbeiten auf den Salomoninseln, mitten in der Südsee, erfahren. Die Leute da sind überwiegend fett. Nicht dick – fett. Das haben sie der christlichen (allerdings eben nicht der jesuitischen) Mission zu verdanken, die neben vielem anderen diesen ausschließlichen Fisch- und Obstessern den Verzehr von Mehlspeisen und Reis beibrachte, lauter Kohlehydrate, für deren Verwertung ihr Stoffwechsel genetisch gar nicht ausgerichtet ist. Da saßen sie nun wie Buddhas in ihrer Holzkirche und sangen auf englisch »Lobet den Herren«, und ich kam mir buchstäblich vor wie im falschen Film.

Zur demgegenüber fast einfühlsamen jesuitischen Missionstätigkeit gehört natürlich auch die Geschichte des legendären Jesuitenstaats von Paraguay, selbst wenn er am Ende unrühmlich unterging. Doch als Mythos und Beispiel eines sozialen Experiments lebt er in jedem Geschichtsbuch weiter. Da staunen selbst altgediente Kommunisten. Sollten sie jedenfalls, denn es wirft doch ein etwas anderes Bild auf die

»berüchtigte« und angeblich so menschenverachtende kolonialistische Missionstätigkeit in Südamerika.

Von 1609 bis 1767 führten die Jesuiten Hunderttausende von Indianern in festen, selbst verwalteten Siedlungen zusammen, die unter dem Namen »Jesuiten-Reduktionen« bekannt wurden. Sie planten hier eigenständig eine Art utopischen Gottesstaat. Dieses Modell provozierte jedoch nicht nur die spanischen Konquistadoren, denen erstens der Zugang verboten war und denen zweitens gebildete Indios sowieso nicht ins Konzept passten, sondern auch die spanischen Siedler, die um ihre billigen Arbeitskräfte bangten. Es folgte der sogenannte »Krieg der Heilsbringer«, in dem viele Jesuiten umkamen, der Rest wurde von den Spaniern aus Paraguay vertrieben.

Gerade in der oft so verschrienen Missionsarbeit der Jesuiten kann man eigentlich ihrem Geist der Nächstenliebe am besten begegnen. Ganz praktisch, ohne viele Worte den Menschen helfen, die zuerst einmal etwas zu essen und eine medizinische Grundversorgung brauchen. Das gibt es auch heute noch.

So lädt zum Beispiel der *Jesuit Volunteer Service* junge Menschen ein mitzuhelfen, in Entwicklungsländern Projekte auf die Beine zu stellen, die den Menschen wirklich etwas nutzen. Auch das 1983 von den Jesuiten gegründete »Komitee Ärzte für die Dritte Welt« ist erfolgreich. Die Mediziner opfern ihren Urlaub und zahlen die Reise selbst, um auf den Philippinen, in Indien, Bangladesh oder in Kenia und Nicaragua notwendige medizinische Hilfe zu leisten. Über Spenden werden die notwendigen Mittel beschafft, um vor Ort dauerhaft eine Versorgung zu garantieren. Mindestens sechs Wochen bleiben die Mediziner da und helfen. Über 3 500 Einsätze wurden bisher in Notstandsgebieten absolviert.

Auch wer in St. Blasien Schüler ist, soll soziales Engagement lernen. Das Motto der von Mitgliedern des Jesuitenordens und weltlichen Pädagogen geführten Schule ist: »Menschen für andere«. Die sorgfältige Ausbildung soll den Absolventen eine hohe Bereitschaft für gesellschaftliches Engagement und einen Sinn für Gerechtigkeit im christlichen Sinne angedeihen lassen. Einmal pro Woche können die älteren Schüler in Absprache mit dem Internatsseelsorger in den umliegenden Rehabilitations-, Kranken- und Senioreneinrichtungen eine »gute Tat« vollbringen. Dadurch, so erhofft man sich, entwickeln die Kinder ein Gespür für soziale Gerechtigkeit, sowie die Bereitschaft, Ideale in die Tat umzusetzen.

»Außerdem sollen die Schüler hier grundsätzlich allen Fragen- und Problemkreisen offen und leistungsbereit gegenüberstehen«, erklärt uns Pater Siebner. »Ausgehend von einer positiven Grundeinstellung gegenüber der Welt, wie Gott sie erschaffen hat, ist alles wert, erforscht und studiert zu werden.« Damit kann man nicht früh genug anfangen. Er führt Inga und mich in den Kolleggarten, wo eine Lehrerin, mit den Kleinen gerade bei der Obst- und Gemüseforschung ist. Jesuitinnen gibt es übrigens nicht, und auch die sogenannten englischen Fräulein, die Maria-Ward-Schwestern, die oft gerne in die Nähe des Jesuitenordens gerückt werden, haben offiziell nichts mit ihm zu tun. Beim anschaulichen Unterricht hier im Freien geht es offensichtlich darum, zu unterscheiden, was Hülsen-, Stein- und Samenfrüchte sind. Aufgeregt schneiden die Kinder Erdbeeren, Bohnen und Aprikosen auseinander, um deren Innenleben genauestens zu untersuchen. Auch ich lerne etwas. Wen es interessiert: Erdbeeren sind Sammelnussfrüchte. Der rote Teil der Erdbeere ist eine Steinfrucht, während die kleinen gelben Nüsschen an der Oberfläche die eigentlichen Früchte sind.

Es fängt mal wieder zu regnen an und der Unterricht muss frühzeitig beendet werden. Pater Siebner lädt uns noch zum Mittagessen ein, das wir im Speisesaal der Abiturienten einnehmen. Ich glaube, ich brauche nicht zu erwähnen, was es gab.

Natürlich kommen wir auf das unvermeidliche Thema Werte, Werteverfall, Erziehung zu Werten, Schlagworte, die heute in aller Munde sind. Johannes Siebner kann sie schon nicht mehr hören.

Für viel wichtiger hält er, dass Kinder und Jugendliche erst einmal lernen, Entscheidungen zu treffen, z. B. sich überhaupt für Werte zu entscheiden. Sein oberstes Ziel ist, den Schülern zu vermitteln, dass sie sich genau informieren, erst dann ein Urteil fällen und später auch zu ihrer Meinung stehen. »Wir halten sie an, so oft wie möglich über das, was wir ihnen vorleben und sie lehren, auch nachzudenken – Reflektion! Also nicht nur der berühmte Trichter, der Wissensvermittlung.«

»Und was ist mit dem Gehorsam? Der ist doch für die Jesuiten so existenziell«, wage ich einzuwerfen.

»Gehorsam kommt von zuhören«, sagt Pater Siebner, »das tun die Menschen generell heute viel zu wenig. Jeder ballert sofort los, wenn ihm irgendetwas auf den ersten Blick nicht passt, anstatt erst einmal zuzuhören.«

Von der Seite habe ich dieses Wort noch nie betrachtet. Für mich war es immer ziemlich negativ besetzt, genauso wie »Ordnung«, aber das hat ja bereits der »gute Benedikt« ein bisschen zurechtgerückt.

»Den zweiten Aspekt jesuitischer Erziehung nennen wir ›Cura personalis‹ – die Sorge um den Einzelnen«, fährt Pater Siebner fort. »Das, was man unter ganzheitlicher Erziehung versteht, den ganzen Menschen in den Blick nehmen, bedeutet einerseits, seine Talente zu fördern, und andererseits, seine Schwächen aufzufangen. Wir reden also nicht über das Aufziehen von kleinen Schreihälsen zu großen Schreihälsen, sondern tatsächlich über das aufmerksame Begleiten der einzelnen Kinder, über das tatsächliche Bei-der-Hand-Nehmen.«

Ich muss plötzlich an die Yanomami-Indianer denken, die fernab der Zivilisation überhaupt keine Schulen im herkömmlichen Sinn haben. Dort lernen die Kinder einfach nur durch Nachahmung der Erwachsenen. Sie beobachten genau, was die Großen tun, und versuchen, sie zu imitieren. Für die Erwachsenen bedeutet dies ganz selbstverständlich, in jeder Sekunde für alle Kinder ihres Stammes Vorbild zu sein, denn alles, was sie tun, ist ja ein Wegweiser für deren Zukunft. Eine eigene Meinung zu haben, wäre wahrscheinlich hier bei einem kleinen Stamm, dessen Mitglieder existenziell aufeinander angewiesen sind, auch nicht besonders förderlich. Wahrscheinlich kann sich das nur unsere westliche Wohlstandsgesellschaft leisten …

Gott sei Dank! Wörtlich gesprochen.

Ob sich wohl einer der Eliteschüler, denen wir heute begegnet sind, bei all den Möglichkeiten, die ihnen das Leben nach der hiesigen Ausbildung bieten wird, irgendwann vielleicht trotzdem selbst für einen Eintritt in die »Gesellschaft Jesu« entscheidet? Nicht undenkbar. Aber da sie ganz überwiegend aus sehr betuchten Elternhäusern kommen, dürfte der Wechsel vom breiten auf den schmalen Weg den meisten nicht leichtfallen. Jesuiten bekommen nämlich nur zehn Euro Taschengeld – im Monat.

Als wir abfahren, verabschiedet uns ein ohrenbetäubender Lärm. Der Auspuff? Etwa ein neues Jesuitenstück, *Die Posaunen von Jericho*? Nein, es ist die schuleigene Bigband, und auf den zweiten Ton klingt das verdächtig nach James Last.

Die ganze Rückfahrt über ist Inga unkonzentriert und druckst komisch herum. Was hat sie denn bloß? Als sie uns dann fast in den Graben setzt, reicht es mir. »Also, was ist los, Inga?«

Inga kündigt. Per sofort.

»Eigentlich wollte ich es dir gestern schon sagen, aber dann hab ich mich doch nicht getraut. Das hier hat so viel Spaß gemacht.«

Ach echt? War mir gar nicht aufgefallen.

Jetzt hat Inga aber einen Job gefunden, was Richtiges. »Einen ganz tollen, Susanne. Den kann man einfach nicht ausschlagen.«

Das musste ja irgendwann kommen. Ich kann es ja auch verstehen, Inga muss sehen, dass sie vorankommt. Schade ist es trotzdem. Total schade sogar, ich hatte sie richtig ins Herz geschlossen. Hoffentlich stimmt wenigstens die Kohle.

Aber da erlebe ich nun eine Überraschung. Geradezu ein Wunder.

Inga hat sich nämlich in den letzten Wochen sehr gezielt umgehört und etwas von einer Außenstelle ihrer ehemaligen Universität erfahren, die sich mit Fragen der Globalisierung auseinandersetzt. Das interessiert sie, da will sie mitmachen. Die wollen sogar extra für sie eine Stelle schaffen, nur die Finanzierung muss noch geregelt werden, aber da macht Inga sich keine Sorgen.

Ich bin baff. Das ist nun wirklich das Letzte, womit ich gerechnet hätte. »Ist ja super, Inga! Glückwunsch!«, stottere ich. »Aber warum ... ich meine, wie bist du denn ausgerechnet auf so was gekommen? Ich hätte schwören können, unter persönlicher Assistentin von Wendelin Wiedeking oder so läuft bei dir gar nichts. Wo du doch quasi aus der Branche bist.« Einen Kleinen muss ich ihr doch noch einschenken, so zum Abschied.

Aber Inga will etwas Vernünftiges machen. Genau so

sagt sie es. »Ich will etwas Vernünftiges machen.« Etwas, wovon sie wirklich überzeugt ist und womit sie auch dazu beitragen kann, anderen vielleicht zu helfen. »Ich meine, überleg mal, was wir alles erlebt haben. Das geht ja wohl an keinem spurlos vorüber.«

Sie muss schniefen. Ohne auch nur einen Sekundenbruchteil vom Gas zu gehen, kramt sie mit einer Hand nach einem Taschentuch in ihrer Handtasche. Echt Leder. Ein Geschenk von Papa zum Examen. Der hat auch das Studium bezahlt und wird vermutlich jetzt ganz schön kariert aus der Wäsche gucken.

Mindestens so wie ich gerade.

# 14. Heilige Hitparade

Nach langer Zeit geht es nun endlich weiter. Die restlichen Recherchen hier und da und dort habe ich allein erledigt, und das war ohne Inga nicht nur viel mühseliger, sondern auch viel dröger. Ich habe sie ziemlich vermisst. Was haben wir gelacht. Und geweint. Und geschimpft erst. Immerhin habe ich eine Erinnerung an sie. Als ich irgendwann nach wochenlanger Abwesenheit zurückkam, quoll mein Briefkasten über vor Strafzetteln, für die sich die Produktionsfirma partout nicht zuständig fühlte. Ingas Vermächtnis.

Vermisst habe ich aber vor allem auch die Begegnungen mit diesen Menschen, die sich bewusst nicht der Hektik, dem ewigen Wollen und Vorwärtskommen aussetzen. Meine letzten Wochen dagegen waren mal wieder Stress pur, und dann kam der schwarze Dienstag: Die Produktion hat mir acht Drehtage gestrichen. Die vielen Orte und Interviewpartner mussten plötzlich in einem viel engeren Drehplan koordiniert werden, der uns ermöglichen sollte, innerhalb von nur drei Monaten das ganze Pensum abzuarbeiten. Auch dabei habe ich Inga vermisst.

Denn wer etwa denkt, dass Mönche und Nonnen einfach nur Däumchen drehend hinter ihren Klostermauern sitzen und darauf warten, dass doch bitte mal ein Filmteam anruft und einen Termin machen möchte, hat sich geschnitten. Von wegen *stabilitas loci*! Die, die man braucht, sind ständig ausgeflogen: zu Tagungen, Kongregationsversammlungen und Weiterbildungen, manchmal auch schlichtweg im Urlaub. Oder die Konkurrenz hat den Ort der Stille bereits für sich entdeckt, und man bekommt zu hören: »Also dieses Jahr geht wirklich nichts mehr. Im Mai kommt der SWR und im August der NDR. Wir brauchen auch mal Zeit für uns.« Kann man ihnen nicht mal verdenken.

Wenn ich ehrlich bin, verhält es sich hiermit ja nicht anders als mit dem Amazonas oder dem Iran oder anderen Orten. Wir Fernsehleute spüren alle auf. Wir schaffen es bis in die letzten Winkel dieser Erde, auch über die höchste Klostermauer, um die, die noch anders leben, die sich noch nicht haben vereinnahmen lassen, an die Öffentlichkeit zu zerren, damit sie bestaunt werden können. Natürlich kann man damit den einen oder anderen Zuschauer aufrütteln, damit er sich unter Umständen einmal damit auseinandersetzt, was es sonst noch so gibt außer Karriere, Auto und Traumstrand. Doch wie lange hält so was schon vor?

Immerhin, anders als vielleicht ein Indio in Südamerika wissen die Mönche und Nonnen im Europa des 21. Jahrhunderts bei aller selbst gewählten Zurückgezogenheit sehr genau, was sich da draußen, also bei uns, abspielt, und können abschätzen, auf was davon sie sich einlassen wollen und auf was nicht. Die Mönche von Stift Heiligenkreuz lassen sich auf mich ein – Glück gehabt.

Und jetzt sind wir mitten im Dreh. Zu sechst mit vielen Kilos Equipment, auf zwei Kleintransporter verteilt. Die Originalschauplätze in Spanien, Frankreich und Italien haben wir bereits abgeklappert, und das lief insgesamt schon mal nicht schlecht. Sebastian, mein junger Kameramann aus der ehemaligen DDR, natürlich ungetauft und überzeugter Atheist, hat sich inzwischen schon ein bisschen eingelebt in diese ihm vollständig fremde Welt. Er ist ein angenehmer Arbeitspartner, interessiert und nicht nur auf seine Technik fixiert. Auch Tonmann Gianpierro ist ausgesprochen nett und als Halbitaliener sogar vollgläubiger Katholik.

Auf dem Drehplan steht für heute das Zisterzienserkloster Heiligenkreuz. Nach der Ausfahrt St. Pölten geht es rechts ab in Richtung Wiener Wald. Schon nach einigen Kilometern jenseits der Autobahn kommen nur noch dichte dunkle Wälder. Viele Hektar davon lagen und liegen noch immer im Besitz des Klosters.

Der Standort von Heiligenkreuz kam im Jahre 1133 aus eher profanen, nämlich strategischen Gründen zustande, auf Wunsch des Markgrafen Leopold von Babenberg. Der wollte an seiner ungesicherten Ostgrenze ein Kloster haben, das den Siedlern in dieser Region als landwirtschaftlicher Modellbetrieb dienen sollte, eine Art LPG also. Sein Sohn, damals Abt des Zisterzienserklosters Morimond, etablierte daraufhin dort »seinen« Orden, der traditionell hohe Kenntnisse in der Rodung, Trockenlegung und Kultivierung von Land besaß und damit ideal für die agrarische Erschließung war.

Bis heute wird der Wald forstwirtschaftlich genutzt und auf den Hügeln Wein angebaut. Beide Einnahmequellen ermöglichen dem Kloster auch im 21. Jahrhundert ein autarkes Leben. *Vita contemplativa* und *Vita activa* hatten ja schon für Bernhard von Clairvaux, den geistigen Vater der Zisterzienser, eine untrennbare Einheit gebildet.

Die Zisterzienser nannten ihre Klöster *Paradisum*. Im romanisch-gotischen Kreuzgang von Heiligenkreuz spiegeln Hunderte von Marmorsäulen die Bäume und damit den ursprünglichen Wald von Clairvaux wieder, wo sich ja das erste »Paradies« der Zisterzienser befand. Neben authentischer Zisterzienser-Architektur bietet Heiligenkreuz seinen Besuchern aber noch ein weiteres Schmankerl – eine Reliquie, die bis heute größte Anziehungskraft für Gläubige aus aller Welt ausübt: nichts Geringeres als ein exakt 23,5 Zentimeter langes Stück vom Kreuze Christi. (Ich wäre übrigens nicht überrascht, dass man, wenn alle »echten« Holzsplitter vom Kreuze des Herrn zusammengelegt würden, damit problemlos die Arche Noah nachbauen könnte. Ist aber meines Wissens noch nie nachgeprüft worden.)

Wie die meisten Zisterzienserklöster liegt auch Heiligenkreuz in einem Tal. Über eine kleine Straße nähern wir uns vom Berg her und sehen unten die roten Dächer und den Kirchturm, der sich uns wie eine freundliche Willkommenshand entgegenstreckt. Wenig später sieht man schon auf den ersten Blick: Es ist ein reiches Kloster. Alles ist proper und frisch gestrichen.

Als ich aussteige, kommt mir ein junger Mönch entgegen, höchstens zwanzig, mit *Reebok*-Turnschuhen, einer schwarzen Rapper-Wollmütze und einer topmodernen grauen Joggingjacke über der wehenden weißen Kutte. Er grüßt mich mit einem coolen »Servus« und marschiert zielstrebig in Richtung Hochschule.

Der weiße Mönchshabit ist noch ein Überbleibsel der Ordensgründer, die die pompöse, pelzverbrämte Mönchskleidung der damals immer dekadenter werdenden Mönche von Cluny als eitlen Tand ablehnten und zum einfachen Gewand der frühen Zeit zurückkehrten. Und da sie weder Wolle noch Tuch färbten, ergab sich daraus die charakteristische, schäfchenweiße Zisterziensertracht.

Dass Heiligenkreuz im deutschsprachigen Raum das Kloster mit dem meisten Nachwuchs ist, liegt unter anderem an seiner Philosophisch-Theologischen Hochschule, die den Namen Benedikts XVI. trägt und einen außergewöhnlich guten Ruf genießt. Fast 200 Studenten sind hier eingeschrieben, darunter auch einige aus Afrika und Asien. Pater Karl, Leiter der Hochschule und zugleich »zuständig für Presse und TV«, stellt uns einen baumlangen Afrikaner aus Burkina Faso vor, der mit einigen sportlichen Mitbrüdern die Heiligenkreuzer Basketballmannschaft aufbauen will. Sport wird hier großgeschrieben. Vor den Studienräumen wird lautstark Tischtennis gespielt, und auch das klostereigene Fitnessstudio ist gut besucht. Das Sich-selbst-Geißeln ist zwar bei den heutigen Mönchen generell nicht mehr verbreitet, aber wer partout drauf besteht, hier kann er es.

Schlag zwölf bewegen sich alle Mönche in einer Prozession durch den paradiesischen Kreuzgang in Richtung Kirche zum Mittagsgebet. Anschließend heißt es Essenfassen. Das Refektorium, das schönste, das ich auf meiner Reise gesehen habe, ist allerdings zu den Mahlzeiten allein den Mönchen vorbehalten. Nicht schlimm, denn es gibt ja noch den Speisesaal für Gäste, und Pater Karl, ein Ausbund an Humor, leistet uns Gesellschaft. Es gibt Buchstabensuppe und anschließend irgendwelche hellgrünen weichen Dinger, nicht übel, aber undefinierbar. Pater Karl, der Forschergeist, zückt sein Handy und ruft in der Küche an.

»Um was handelt es sich bitte bei der Speisung von heute?«

»Spinatnockerln.«

»Aha. Da muss man aber ein Schild dazustellen«, antwortet mein neuer Freund in einer Mundart, die mich an Frater Florian aus Stiepel erinnert. Nicht zufällig, denn wir erinnern uns, dass genau von diesem Kloster hier die Neugründung im Ruhrgebiet ausging.

Während wir essen, berichtet Pater Karl von seiner letzten Italienreise und erzählt, dass er und sein Mitbruder die ganze Zeit mit kurzen Hosen unterwegs waren. Außerdem schwärmt er von den hübschen jungen Damen, die an der Hochschule studieren. Trüge er nicht seinen Habit, könnte man glauben, man säße in einer ganz normalen Mensa. Was für ein Blödsinn. Tue ich ja eigentlich auch.

Nach dem Mittagessen steht die traumhaft schöne Bibliothek auf dem Programm. Auch hier wenden sich die Mönche von Heiligenkreuz der Schöpfung unverzagt zu – diesmal allerdings im Kampfe. Es geht gegen den gemeinen Schimmelpilz, ein hartnäckiges, geradezu teuflisches Lebewesen, das die unwiederbringlichen Schätze an Büchern und Handschriften zu zerstören sucht. Der verantwortliche Bibliotheksmönch Pater Dominik hat sich auf diesen Kreuzzug spezialisiert und arbeitet mit Laser und anderen ultramodernen technischen Finessen an der Rettung des Bestands. Er zeigt uns alte, wunderschöne *Codici*, in denen es zeitgenössische Abbildungen des frühen zisterziensischen Lebens gibt. Die Jagd und vor allem der Fischfang spielten für die damaligen Zisterzienser, die sich auf Bewässerungstechniken und frühe Methoden der Kanalisierung spezialisiert hatten, eine wichtige Rolle.

Außerdem erzählt er uns von einem Phänomen, von dem ich noch nie gehört habe – der sogenannten Arcedia, auch Mönchskrankheit genannt. Es handelt sich dabei um eine Art Depression, die fast alle Mönche irgendwann befiel und zuweilen auch immer noch befällt. Sie wissen dann plötzlich nicht mehr, warum sie eigentlich ins Kloster eingetreten sind, einen Habit tragen und in einer Zelle leben. Daraus resultieren Verzweiflung, Geschwätzigkeit und Ängstlichkeit. Wenn ein Mönch von der Arcedia erwischt wurde, äußert sich das laut Pater Dominik zum Beispiel darin, dass er keine hehren Ziele mehr hat, sondern stattdessen bereits um zehn Uhr morgens in der Küche nachfragt, was es denn zum Mittagessen gibt.

Da kenne ich auch ein paar von. Allerdings nicht im Habit. Und da spricht auch keiner von der Arcedia, sondern eher von »Burn-out« oder »Midlife-Crisis«. Ich schätze aber mal, dass das nicht so weit weg ist. Den Glauben zu verlieren, egal welchen, ist immer eine üble Sache. Jetzt bin ich natürlich neugierig geworden und will wissen, ob Pater Dominik sich etwa näher mit Psychologie befasst hat.

Da schmunzelt er verschmitzt.

»Na, i staub nur die Bücher ab.« Ja klar.

Im Anschluss an die Bibliothek steht die Vesper, das 18-Uhr-Gebet in der Kirche, auf dem Drehplan. Früher beteten die Zisterzienser noch siebenmal am Tag. Sie begannen mit der Vigil am frühen Morgen, daran schloss sich um sechs Uhr (also am bereits fortgeschrittenen Morgen) die Laudes an. Die kleinen Horen Sext, Terz und Non sollten die Arbeit unterbrechen, die Vesper beendete sie, und die Komplet, das Nachtgebet, beschloss den Tag. Danach sollte Schweigen herrschen. Heute reicht die Zeit meist nur noch für drei Gebete. Laudes, Non und Vesper.

Die Zisterzienser von Heiligenkreuz pflegen nach wie vor überwiegend das lateinische Chorgebet, ganz gegen die Regel des Zweiten Vatikanischen Konzils, in dem neben vielen anderen revolutionären Neuerungen auch beschlossen wurde, die Gemeindemitglieder durch den Gottesdienst in der jeweiligen Landessprache aktiver mit einzubeziehen. Zuvor hatten Generationen von Schäflein in den Kirchen gesessen und bestenfalls gemutmaßt, was der Priester da vorne verkündigte – wodurch die deutsche Sprache unter anderem um das schöne Wort *Hokuspokus* bereichert wurde. Denn die vermeintliche Zauberformel ist nichts anderes als das, was Lieschen Müller und ihre Vettern Hinz und Kunz sich so eben noch beim Abendmahl merken konnten: Dies ist mein Leib, *Hoc est enim corpus meum.*

Hier in Heiligenkreuz bewahrt man sich dennoch die alte Tradition. Warum? Vielleicht einfach, weil sie so schön ist, so erbaulich. Wenn die Mönche singen, öffnet der Gesang ihre Herzen, sagt Pater Karl. »Wir hoffen auf die Reinigung unserer Seelen, und es hilft uns, Klarheit, Licht, Kraft und Frieden zurückzugewinnen. Wo Chaos ist, suchen wir die Ordnung herzustellen. Wo Leere ist, suchen wir nach Bedeutung. Und wo Traurigkeit ist, kann Freude zurückkehren.«

Und das soll heute noch klappen?

Was kann ich sagen? Bereits zwei Wochen nach Veröffentlichung ihres Debüt-Albums mit gregorianischen Gesängen hat der Mönchschor des Stifts Heiligenkreuz mit seiner CD »Chant – Music for Paradise« in Großbritannien die Spitze der Klassik-Charts erstürmt. Und den neunten Platz in den Pop-, Rock- und Dance-Charts. Wir erleben den himmlischen Hitparadensturm sogar live mit. Mindestens zehn Fernsehteams aus aller Herren Länder wuseln im gotischen Kreuzgang umher. Als ich vor ein paar Monaten anrief, haben sie sich wegen meines kleinen Dokumentarfilmchens noch so geziert. Und jetzt kommt man sich vor wie auf dem Set von *Der Name der Rose*.

Bereits am Vortag bekamen wir jeder eine CD geschenkt, frisch aus der Presse, und haben sie auch schon auf der Fahrt vom Hotel angehört.

Sebastian, der in einer Hardrockband spielt, fand es gar nicht mal übel: »Wenn man bedenkt, dass es von Mönchen ist.«

»Und, Gianpierro?«

»Sehr schön. Und sehr gut produziert.«

Aha. In Wahrheit ist es un-heim-lich schön.

Immerhin, nicht nur bei mir war nun der professionelle Ehrgeiz geweckt.

Wir nehmen uns vor, auf die Aufnahmen der Vesper ganz besondere Sorgfalt zu verwenden. Unter anderem planen wir eine Schienenfahrt und wechselnde Kamerastandpunkte, die wir ausführlich mit Pater Johannes besprechen, dem Assistenten des sonst für die Medien zuständigen Pater Karl, der aber angesichts des derzeitigen Medienrummels für uns kaum Zeit hat.

Wir sind rechtzeitig vorher da. Die Glocken läuten. Ein Traumlicht. Die Strahlen der Abendsonne dringen direkt durch die hohen Kirchenfenster. Kleine Lichtspiele auf dem Mittelgang. Ein Mönch nach dem anderen trifft ein und nimmt auf seinem angestammten Sitz im Chorgestühl Platz. Wir stehen mit unserem Equipment direkt dahinter und haben einen prima Blick auf alles. Das wird im fertigen Film bestimmt eine schöne Sequenz. Einer von Sebastians Vorzügen ist, dass er, wo immer es geht, mit dem vorhandenen Licht auszukommen versucht. Aufwendige Lichtaufbauten, die gerade in Gebetsräumen gar nicht gern gesehen werden, bleiben uns also größtenteils erspart.

Die Vesper beginnt. Eine Art Frage- und Antwortgesang wechselt von der rechten auf die linke Seite des Chorgestühls und wieder zurück. Ich schließe einfach die Augen und genieße, Sebastian wird es schon richten. Das ganze dauert eine halbe Stunde, die mir allerdings nur wie fünf Minuten vorkommt.

Kaum sind die letzten Töne verklungen, treten die Mönche aus ihrem Chorgestühl, verbeugen sich vor dem Altar und damit auch vor Sebastian, der dummerweise davorsteht und sichtbar irritiert ist, dass vierzig Mönche vor ihm auf die Knie fallen.

Dann naht der Racheengel.

Pater Karl, der lustige Pater Karl, der uns noch wenige

Stunden zuvor ein Interview gegeben hat, in dem er ganz besonders die innere Ausgeglichenheit des Mönchsdaseins hervorhob, stürzt mit wallender Kutte auf uns zu.

»Das war die fürchterlichste und schrecklichste Vesper, die ich je erlebt habe«, schleudert er mir wütend entgegen, so heftig, dass die letzten Mönche, die das Chorgestühl verlassen, sogar auf ihre Verbeugung verzichten und fluchtartig das Weite suchen. »Das Projekt ist gestorben, packen Sie sofort Ihre Sachen und verlassen Sie auf der Stelle das Kloster.«

Schluck.

Ich glaube, meinen Ohren nicht zu trauen. Was um Gottes willen haben wir denn falsch gemacht? Es war doch alles mit Pater Johannes genau abgesprochen. Wo wir mit der Kamera stehen konnten, wo wir eine Schiene aufbauen durften, alles. Und genau daran haben wir uns auch gehalten. Denke ich jedenfalls.

Pater Karl ist das egal. Der Abt sei empört, wie unsensibel dieses ungehobelte Team sich hier bewegt habe. Na gut, ich räume ein, dass weder der Kamera- noch der Tonmann ätherischen Wesen ähneln, es sind eher kräftige Typen, die zupacken können. Aber ungehobelt? Das Letzte, was wir alle gewollt hätten, wäre gewesen, diese Menschen in ihrem Gebet zu stören.

Während die anderen so leise wie möglich die Schienen abbauen, versuche ich noch einmal das Ruder herumzureißen. Verteidigung, das ist mir sofort klar, hat hier überhaupt keinen Sinn. Vor mir steht einer, der von seinem Vorgesetzten einen Anschiss kassiert und darauf wie ein ganz normaler Mensch reagiert hat. Irgendwie beruhigt mich das. Unter diesen Kutten stecken tatsächlich auch nur Menschen, keine Heiligen. Im selben Augenblick scheint auch bei Pater Karl etwas passiert zu sein, denn urplötzlich verebbt seine Tirade, und er fragt unvermittelt: »Was wollten Sie morgen noch mal drehen?«

Uff.

Uns fehlen nur noch ein paar Außenaufnahmen und das Interview mit Abt Gregor Henckel von Donnersmarck, übrigens dem Onkel des inzwischen berühmten Florian, der für seinen Film *Das Leben der anderen* einen Oscar bekommen hat. Das Drehbuch hat er hier in Heiligenkreuz geschrieben.

»Ob das klappt ... nach dem Auftritt ... kann ich nicht versprechen«, murmelt Pater Karl mit zerfurchter Stirn und entschwindet in Richtung Sakristei.

Das Einpacken verläuft so schnell wie noch nie. Kurz bevor wir tatsächlich abfahren wollen, klingelt mein Handy. Erste Entwarnung! Wir dürfen weiterdrehen, aber das Material, das während des Chorgebets aufgenommen wurde, nur teilweise verwenden. Das Interview mit dem Abt steht noch auf der Kippe.

Später im Hotel bekomme ich einen zweiten Anruf. Das Oberhaupt von Heiligenkreuz sei nun doch bereit, vor die Kamera zu treten, denn schließlich treffe uns ja eigentlich keine Schuld. Aha, Kommunikationsprobleme scheint es also auch hinter Klostermauern zu geben. So ist das wohl in jeder Gemeinschaft. Wenn Stress herrscht, kann schon mal einer ausflippen. Selbst unter Mönchen. Eigentlich ja tröstlich.

Einige Tage später finde ich in meinen E-Mails eine lange Entschuldigung von Pater Karl vor. Wegen des starken Presserummels sei er einfach überfordert gewesen, und uns habe es eben getroffen. Jetzt bin ich wirklich gerührt.

In meiner Welt ist man natürlich dauernd überfordert, und der immer größere finanzielle Druck bei Fernsehproduktionen zerrt nicht nur an den Nerven der Produzenten. Da brüllt man sich auch schnell schon mal an, du Vollidiot, du Laienspieler, du Nichtskönner. Normale Härte. Einen

Entschuldigungsbrief habe ich dafür allerdings noch nie bekommen. Das ist neu.

Als wir am nächsten Morgen tatsächlich das Interview mit Abt Gregor Henckel von Donnersmarck drehen, richtet der mir zunächst einmal einen schönen Gruß von Pater Karl aus. Er hätte sich so gerne noch von uns verabschiedet, aber er musste schon ganz früh zum Flughafen, um nach London zu fliegen. Große Pressepräsentation für die CD aus Heiligenkreuz!

Als wir das Kloster verlassen, tanken wir am Ortsausgang und erfahren, dass selbst die Tankstelle dem Kloster gehört. Die Mönche wissen schon, wie sie auch das 21. Jahrhundert überleben werden. Um die Zisterzienser von Heiligenkreuz muss man sich vorerst keine Sorgen machen.

Den Abt sehe ich übrigens schon einige Tage später wieder. Im Fernsehen bei Frank Elstner.

# 15. Buletten

Mittags in Berlin-Kreuzberg. In einer dunklen Toreinfahrt injiziert eine Frau einer anderen mit einer Spritze etwas in die Zunge. Ich sehe weg und dann wieder hin. Doch da sind die beiden schon verschwunden. Heftiger Widerstand regt sich in mir. Verdammt noch mal! Warum werfen die ihr Leben so weg? Aber soll ich denen jetzt die Spritze aus der Hand reißen? Ihren einzigen Lebensinhalt, das, wonach zumindest die eine sich so sehr sehnt, dass sie dafür vermutlich letzte Nacht auf den Strich gegangen ist oder jemanden beklaut hat?

Wir sind mit der Franziskanerin Schwester Ingrid unterwegs am Kottbusser Tor, wo sie immer mal wieder nach den Menschen sieht, die ihr am Herzen liegen. Der Kotti, wie er liebevoll genannt wird, ist ein wichtiger Umschlagplatz für Drogen in Kreuzberg. Hier gibt es alles zu kaufen, was der Süchtige braucht: Tabletten, Heroin, Kokain, Crack, Methadon, Marihuana und was sonst noch alles für Partys und Tod gemischt wird.

Gestern haben wir übrigens bereits versucht, an einschlägigen Orten der Stadt ein paar »atmosphärische« Aufnahmen zu machen, damit wir die schon mal haben. Will heißen, Aufnahmen von Gestrandeten. Doch auch die haben ihre Würde und sie verteidigen sie sogar.

Am Ostbahnhof kam eine Streetworkerin auf uns zu und

forderte uns höflich, aber energisch auf, das Drehen sofort einzustellen. Das hier seien schließlich auch Menschen, die nicht von ihren Verwandten oder Freunden im Fernsehen gesehen werden wollten, nicht in diesem Zustand. Ein junges Mädchen mit weißblond gefärbten Haaren und Piercings im ganzen Gesicht flehte mich förmlich an: »Meine Großmutter würde einen Herzinfarkt bekommen, wenn sie mich hier mit diesen ganzen Alks sehen würde.« Sie hatte eine Colaflasche in der Hand, aus der es jedoch nicht nach Cola roch.

Also packten wir unsere Sachen. Sebastian machte den grandiosen Vorschlag, man müsse sich vorher mit diesen Menschen anfreunden, dann könne man leichter mit ihnen drehen. Bestimmt hatte er recht. Aber alles in mir hätte sich dagegen gesträubt.

Am Bahnhof Zoo zeigte ein Junkie anklagend mit dem Finger auf mich und spuckte mir vor die Füße, ich würde mich am Leid und Elend anderer bereichern. Ich wich nicht nur seiner Fahne aus, als ich einen Schritt zur Seite trat und die Arme verschränkte. Abwehrhaltung pur.

Das war schon der erste Fehler.

Wieder einmal musste ich an Schwester Klarissa aus der Frankfurter Bahnhofsmission denken, die so einfach auf diese Menschen zuging. Doch da war es schon zu spät. Er hatte mich! Ich wolle ja gar nicht mit ihm reden, sondern sei nur darauf aus, in den Kasten zu kriegen, was ich brauche. Arrogante Kuh!

»Ich mache das doch auch für euch«, rief ich ihm, bereits den Rückzug antretend, zu. Gleichzeitig wurde mir natürlich bewusst, was für einen Scheiß ich da erzählte.

Abends telefonierte ich völlig entnervt mit der Produktionsfirma und schilderte mein Problem. Man schlug mir vor, leere Parkbänke zu filmen, da werde schon jeder Zuschauer im Kopf selbst die Penner auf der Bank assoziieren.

Echt? Und wenn die jetzt beim Durchzappen das Frühlingsfest der Volksmusik assoziieren, oder die Sendung mit der Maus?

Am Aufgang der U-Bahn-Station Kottbusser Tor steht ein Dealer mit langen Haaren, Sonnenbrille und Militärhosen. Zu seinen Füßen eine Glatze mit Kampfhund an der Leine und ein ausgemergelter Langhaariger mit einem schwarzen Schlapphut, der tief in die Stirn gezogen ist. Sie alle haben Bierflaschen in der Hand, wie überhaupt viele hier in Berlin. Eine davon wird kurze Zeit später Sebastian am Knie erwischen. Zwei türkische Dealer quatschen uns an, ob wir was bräuchten. Keine Bullen weit und breit.

Die Franziskanerin bewegt sich hier am Kottbusser Platz so selbstverständlich, als sei es die Kurpromenade von Baden-Baden. Nach meinen noch von der guten Inga zusammengetragenen Informationen muss sie um die 70 sein, der Ausstrahlung nach aber wirkt sie nicht halb so alt. Lächelnd schlendert sie an den finstersten Gestalten vorbei, grüßt hier und da, hält ein Schwätzchen mit dem türkischen Gemüsehändler und streichelt den verflohten Hund eines ziemlich abgerissen aussehenden Pärchens, das sich gerade mit den letzten Bröseln von irgendwas einen Joint dreht.

Einer der Alks, die auf der kleinen Mauer vor dem Supermarkt sitzen, kommt auf Schwester Ingrid zu. Die beiden begrüßen sich herzlich. Sie kennen sich aus einem Wohnprojekt, das sie früher einmal betreut hat. »Sein Kumpel, der Ingo, war dazu nicht zu überreden«, erinnert sie sich. »Der lebte auf einer alten Matratze hier direkt am Kotti unter der S-Bahn-Brücke. Das war sein Paradies, aus dem er sich nicht vertreiben ließ. Bis zum bitteren Ende. Letzten Winter ist er erfroren.«

Ich schlucke. Sie erzählt das, als wäre es eine kleine Alltagsgeschichte, nicht mehr. Und wahrscheinlich ist das auch so. Solche Geschichten sind hier Alltag.

Schwester Ingrid ist oft bei Ingo gewesen, hat ihm frische Klamotten gebracht oder etwas zu beißen. Einmal war er sogar bei ihr zum Mittagessen, aber da hat er es nicht ausgehalten. Sie lacht: »Geschmeckt hat es ihm schon, aber so wie bei einer richtigen Familie mit am Tisch zu sitzen, sich vorher die Hände zu waschen und mit Messer und Gabel zu essen, das war nichts für Ingo.«

Doch damit hat Schwester Ingrid kein Problem. Sie leistet keinen Widerstand. Sie lässt die Menschen so sein, wie sie sind. Sie ist einfach für sie da und versucht, ihnen die Situation, in der sie leben, so angenehm wie möglich zu machen. Was bestimmt nicht immer einfach ist – ich bewundere sie jetzt schon. Doch da winkt sie nur ab. »Eine Heilige bin ich auch nicht.«

Dann fliegen hier am Kottbusser Tor mal wieder die Fetzen. Und wir sind mittendrin.

Später lädt Schwester Ingrid mich in ihr »kleines Kloster« ein, erst einmal ohne das restliche Filmteam.

Es ist nur ein paar Schritte vom Kottbusser Tor entfernt und besteht aus einer Fünfzimmerwohnung, die sie sich mit zwei Mitschwestern teilt. Gleich nebenan leitet Schwester Helen den Kindergarten, die Kinder kommen zu annähernd hundert Prozent aus Familien mit Migrationshintergrund. Schwester Barbara, die übrigens schon einmal zu Fuß von Berlin bis nach Assisi gelaufen ist, kümmert sich um eine Gruppe Punks, die im nahe gelegenen Wuhlheide in einer der letzten Bauwagenburgen hausen.

Als Erstes betrete ich einen schlichten, hellen Raum gleich neben der Eingangstüre. In einer Ecke steht ein roher, unbearbeiteter Baumstamm, aus dem anfangs, wie Schwester Ingrid mir erzählt, noch die Maden, die ihn bewohnten, überall in die Wohnung ausschwärmten. Der Kammerjäger musste kommen, und dann noch ein Schreiner, der den mannshohen Rohling versiegelte. Der Baum ist das Kreuz. Daneben steht eine Vase mit frischen roten Tulpen. Auf einem Tischchen liegt eine aufgeschlagene Bibel, davor stehen drei Stühle, unverkennbar Ikea.

Eine Kapelle.

Ich frage, ob ich mich einen Augenblick setzen darf. Die Schwester nickt. Bevor sie selbst neben mir Platz nimmt, macht sie vor dem Baumstamm einen Knicks und bekreuzigt sich. Durch das sauber geputzte Fenster blicke ich in den grauen Himmel über einer Kolonie deprimierender Plattenbauten, die einst jenseits der Mauer standen. Und doch habe ich selten auf meiner Reise einen andächtigeren Raum betreten.

In Gedanken bin ich immer noch bei den Bildern von Berlins hartem Pflaster, als mir aus der nahen Küche verführerisch der süßlich einladende Geruch frisch gebratener Zwiebeln in die Nase steigt. »Helga kümmert sich gerade um das Mittagessen«, erfahre ich.

Helga? Was für eine Helga? Haben die hier etwa eine Haushälterin wie der Fernsehpfarrer auf dem Lande?

Helga wohnt um die Ecke und ist gerade aus der psychiatrischen Abteilung der Charité entlassen worden. Sie war mehrere Monate dort, jetzt braucht sie unbedingt etwas zu tun. Vor allem braucht sie das Gefühl, gebraucht zu werden.

Sie sieht nicht auf, als wir in die Küche kommen. Medikamente, schätze ich mal. Außerdem schätze ich, dass sie etwa fünfzig Jahre alt ist, aber da kann man sich bei solchen Leuten leicht vertun. Sie muss früher einmal eine schöne und vermutlich temperamentvolle Frau gewesen sein. Jetzt kommt sie mir vor wie hinter Milchglas. Mit ausdruckslosem Gesicht knetet sie einen großen Batzen Fleischmasse, aus der sie Buletten formt. Die müssen heute für mindestens zwölf Leute reichen.

Auf Schwester Ingrids Gesicht breitet sich der glückliche Ausdruck einer Mutter aus, die sich darauf freut, dass ihre Kinder gleich aus der Schule nach Hause kommen und endlich gemeinsam zu Mittag gegessen werden kann. Ihr Leben hätte auch durchaus genau diesen Weg nehmen können, aber die Kinder, um die sie sich jetzt kümmert, sind erwachsene Männer und Frauen. Sie kommen auch nicht aus der Schule, sondern vom Kottbusser Tor oder ähnlichen Orten.

Michi und Kevin sind die Ersten. »Meine Jungs. Sind das nicht Prachtkerle?«, stellt Schwester Ingrid sie mir stolz vor. Die beiden durchlaufen gerade das Methadonprogramm. Michi ist extrem hager, um die 30 und hat unbestritten eine höchst freundliche Ausstrahlung. Wie einer, der am liebsten die ganze Welt retten würde, sich aber eingestehen muss, dass er der Letzte ist, der dazu imstande wäre. Kevin hat eine athletische Figur und war früher Michis Dealer. Daraus hat sich mittlerweile eine Freundschaft entwickelt, die weit über eine übliche Drogenbekanntschaft hinausgeht.

Daran ist Schwester Ingrid sicher nicht ganz unbeteiligt. Mit ihrer Idee, für Drogensüchtige in Kreuzberg jeden Mittag etwas Warmes zu kochen, gelingt es ihr tatsächlich, soziale Bindungen, die bei Süchtigen sonst vollkommen auf der Strecke bleiben, wenigstens ansatzweise wieder herzustellen. Eine Stunde hier am Mittagstisch, eine kleine Familie im Franziskanerinnenkloster auf Etage – ein Gefühl, das wahrscheinlich keiner der beiden sonst woanders erfährt.

Als Nächste trudelt Sabine ein. Ende zwanzig und aufgedunsen. Oha, volle Deckung, die Aggressivität steht ihr förmlich ins Gesicht geschrieben. Eigentlich müsste ich sie jetzt wohl in den Arm nehmen oder so was, aber ich kriege nichts hin außer einem übertrieben freundlichen »Halloooo!«.

Doof ist Sabine nicht, sie merkt so was. Sabine ist tablettensüchtig, up and down. Mal upper, mal downer. Ein klärendes Gespräch zwischen ihr und Schwester Ingrid hat man sich zwar vorgenommen, es steht aber noch aus. Schwester Ingrid fragt nicht nach, Sabine wird schon wissen, wann der richtige Zeitpunkt gekommen ist. Franziskanerinnen können warten.

Vor einigen Wochen haben Michi und Kevin Sabine zum ersten Mal mitgebracht. Sie war ihnen in der U-Bahn-Station am Kotti aufgefallen, wo sie sich täglich mit Trips versorgte. Doch sie machte sich nicht, wie die meisten Süchtigen, so schnell wie möglich aus dem Staub, sobald sie ihren Stoff hatte, sondern suchte tatsächlich Kontakt – wie ein Hund im Tierheim, der wittert, wenn ein guter Mensch kommt, um ihn da rauszuholen. Sie hatte Glück, auf Michi und Kevin zu treffen. Jetzt ist sie täglicher Gast an der Mittagstafel von Schwester Ingrid. Manchmal überlegt Sabine, irgendwann vielleicht für einige Zeit auf einem Therapie-Hof für Süchtige zu leben. Aber eben nur manchmal. Klar klingt die Vorstellung, jeden Morgen um sechs Uhr aufzustehen, den Stall auszumisten, Eier einzusammeln und dann den Gemüsegarten umzugraben, auf den ersten Blick nicht gerade verlockend. Andererseits wäre ihr Gesicht dann nicht mehr so fahl und die Augen würden vielleicht wieder leuchten.

»*Glücklich der Mensch, der seinen Nächsten trägt in seiner ganzen Gebrechlichkeit, wie er sich wünscht, von jenen getragen zu werden in seiner eigenen Schwäche.*« So hat es Franziskus gesagt.

Bis zum Essen ist noch Zeit, es fehlen ja auch noch welche. Also bekomme ich den Rest der Wohnung zu sehen. Jede der drei hier lebenden Schwestern hat ihr eigenes Schlafzimmer, zusätzlich gibt es ein gemeinsames Wohnzimmer mit einem üppig bepflanzten Balkon. Und die Kapelle. Alles ist hell und freundlich.

»So sah es hier nicht immer aus«, erzählt Schwester Ingrid. »Als wir vor achtzehn Jahren einzogen, war das eine totale Bruchbude. Von den Wänden hingen die Tapetenfetzen, die Fensterscheiben waren zerbrochen und der Boden total aufgequollen. Es gab drei alte Betten mit durchgelegenen Matratzen und einen alten Tisch. Das war alles. Das meiste hier haben Kevin und ein Freund, der vor ein paar Jahren an einer Überdosis gestorben ist, geschaffen.« Das klingt ja fast nach heiler Welt. Söhne, die ihrer Mutter die Wohnung renovieren. Schwester Ingrid lächelt.

Ich will wissen, wie das alles hier angefangen hat, wie es möglich war, dass katholische Schwestern mit gestärkten Schürzen und weißen Hauben schwer Drogensüchtige dazu gebracht haben, hier einen auf Familie zu machen.

»Mit Gottes Hilfe und der Liebe Jesu Christi«, ist die Antwort.

Habe ich wirklich etwas anderes erwartet? Nach all dem, was ich jetzt schon erlebt habe? Langsam muss ich anfangen, diese Antwort einfach mal zu akzeptieren – und mich mit dem Gedanken vertraut zu machen, dass da möglicherweise sogar was dran sein könnte.

Die erste Frau, die Franz von Assisi nachgefolgt ist, war Clara, eine Adelige. Zu ihrer Zeit gab es für Frauen entweder die Heirat mit einem Mann, oder den Eintritt in ein Kloster. Clara hörte Franziskus predigen, verließ sofort ihr Elternhaus und schloss sich seiner Gruppe an. Franziskus schnitt ihr feierlich die Haare ab und kleidete sie mit dem groben Bußgewand ein. Sie legte vor ihm die Gelübde von Armut, Keuschheit und Gehorsam ab. Dann erst zeigte sie sich mit geschorenem Kopf ihrer Familie, um ihr unmissverständlich klarzumachen, dass es keinen Weg zurück geben würde.

Schwester Ingrid kommt ebenfalls aus einem begüterten Elternhaus. Irgendwann hätte ihr ein großer Gutshof gehört. Doch bereits mit siebzehn wusste sie, dass sie den Weg der Armut gehen und ihr Leben in den Dienst Gottes stellen wollte. Mein Gott, warum denn nur so früh, fragt ein gar nicht zynisches, sondern ehrlich bestürztes Stimmchen in mir. Sie war ganz bestimmt eine attraktive junge Frau, das sieht man ja jetzt noch in ihrem jung gebliebenen Gesicht. Warum hat sie denn nicht vorher noch ein bisschen *gelebt*?

Antwort: »Ich kann dem lieben Gott doch nicht erst meine alten Knochen anbieten.« Peng!

Wenn das nicht nur irgendein Spruch ist – und warum sollte es einer sein, immerhin hat sie es ja gemacht –, dann kann das eigentlich nur Demut in ihrer reinsten Form bedeuten. Mir fällt einfach nichts anderes ein. Um mich ein bisschen von meiner eigenen Kleinheit abzulenken, würde ich ihr jetzt am liebsten sagen, wie sehr ich sie bewundere, dass ... dass ... dass sie für mich nichts weniger ist als die weibliche Reinkarnation des Franziskus selbst. Oder, besser noch, der heiligen Clara.

Aber die Gefahr besteht, dass sie bei Reinkarnation die Stirn runzelt, den Vergleich selbstverständlich bescheiden zurückweist und mich dann mit irgendeinem frommen Satz vollends aus den Angeln hebt, weil ich wieder nicht weiß, ob der nicht vielleicht am Ende sogar stimmt. Aber was das Schlimmste ist: Sie sieht gerade, umringt von ihrer seltsamen Familie, nicht im Geringsten so aus, als hätte sie irgendetwas verpasst.

Als hätte sie meine Gedanken erahnt, gibt Schwester Ingrid nun zu, dass sie während des Noviziats durchaus die Frage bedrängt habe, warum sich eine junge, gesunde Frau, nur um Gott zu dienen, unbedingt hinter Klostermauern zurückziehen müsse. Die Wende brachte 1961 das Zweite Vatikanische Konzil. Darin hatten die Männer aus Rom unter anderem beschlossen, dass die Ordensleute wieder aktiv auf die Menschen zugehen sollten, um ihnen seelsorgerisch und auch praktisch zur Seite zu stehen. Das war ganz nach Schwester Ingrids Geschmack. Mit einigen Mitschwestern ihres Mutterklosters im hessischen Sießen beschloss sie sofort, nach Brasilien zu gehen und dort auf einer Missionsstation zu arbeiten. Kurz vor ihrer Abreise allerdings fragte Pfarrer Schlüter, der bis heute als der gute Geist von Kreuzberg bekannt ist, in ihrem Kloster an, ob nicht ein paar Schwestern für einige Zeit in das berüchtigte Berliner Viertel kommen könnten. Hier würden dringend »offene Herzen und praktische Hände« benötigt. »Wer konnte da schon Nein sagen?«, fragt sie mich und grinst verschmitzt.

Ich. Ich hätte es gekonnt. Hundert pro.

Schwester Ingrid aber hatte spontan beschlossen, sich die Sache in Berlin anzuschauen, auch wenn ihr zu Anfang das Wagnis sehr groß erschien. Und so folgte sie also dem Pfarrer mit großen Augen vom Bahnhof Zoo nach Kreuzberg und von dort zur Notaufnahme der Charité. Das Zusammentreffen mit Suchtkranken machte ihr Angst, sie fühlte sich der Aufgabe nicht gewachsen. Schließlich war sie das Klosterleben gewohnt und konnte sich zu Anfang gar nicht vorstellen, wie sie auf Menschen zugehen sollte, noch dazu auf solche mit tiefen seelischen Wunden, denen alles Vertrauen abhandengekommen war und denen man mit Gott gar nicht erst zu kommen brauchte.

Pfarrer Schlüter ermunterte sie, in Deutschland zu bleiben. Brasilien sei doch ein noch viel größeres Wagnis: das riesige Land, eine neue Sprache, die fremden Kulturen. Pfarrer Schlüter muss ziemlich gut gesprochen haben, denn bereits als Schwester Ingrid nach Sießen zurückkehrte, den Kopf und das Herz voll mit den Eindrücken aus Kreuzberg, stand ihr Entschluss fest. Nicht in Brasilien, sondern genau hier, in ihrem eigenen Land, sah sie plötzlich ihre Berufung, das Evangelium zu leben und zu den Menschen zu tragen.

Gemeinsam mit Schwester Helen und Schwester Barbara, die ebenfalls Kreuzberger Luft geschnuppert hatten, machte sie sich also auf den Weg nach Berlin. Wer wie die drei Franziskanerinnen das Armutsgelübde abgelegt hat, braucht nicht viel Gepäck. Die drei brachten alles in einem gemeinsamen Koffer unter. So fing es an. Mit einem Koffer in Berlin.

Der Orden sorgte für Unterkunft und Essen, den Rest mussten die Schwestern selbst organisieren. So blieb ihnen allein schon deshalb nichts anderes übrig, als tatsächlich auf die Menschen zuzugehen. Bereits wenige Tage später stand Kevin, damals als Dealer gut im Geschäft, in der ihnen zugewiesenen Gemeindewohnung, riss die alten Tapeten herunter und strich die ganze Wohnung weiß. Freunde von ihm brachten gut erhaltene Möbel vom Wertstoffhof. Mittags saß man zusammen, aß und redete. Das Ritual war geboren.

Das Mittagessen ist fertig. Inzwischen sind noch Holger, Irene und Hans eingetroffen. Alle sitzen bereits am Tisch. Ich stelle mich vor, werde kritisch beäugt und bekomme brühwarm erzählt, dass vor ein paar Tagen ein RTL2-Team, das am Kottbusser Tor Drogensüchtige filmen wollte, kräftig vermöbelt wurde. Da haben wir ja noch einmal Glück gehabt, mein Kameramann hat nur eine Bierflasche ans Knie bekommen. Allgemeine Erheiterung, na dann Prost. Zu trinken gibt es Apfelsaft. Ich gehöre nicht dazu, das spüre ich. Im nächsten Moment faltet Schwester Ingrid die Hände zum Gebet. Michi und Holger folgen ihrem Beispiel.

*»O Gott, von dem wir alles haben, wir preisen dich für deine Gaben, du speisest uns, weil du uns liebst ...«*

Glauben die wirklich alle an Gott? Irgendwann linse ich. Alle Augen zu, sogar bei Sabine. Ich blöde Kuh, kein Wunder, dass die mir nicht trauen.

*»... und segne auch, was du uns gibst. Amen.«*

Mir gegenüber sitzt Hans, ein fülliger Typ um die vierzig mit dunklen Ringen unter den Augen. Er erzählt mir, dass er gelernter Kunstmaler ist und seit fünfzehn Jahren zum ersten Mal wieder eine Ausstellung hat. Später erfahre ich von Schwester Ingrid, dass er lange unter schweren Depressionen gelitten und mehrere Selbstmordversuche hinter sich hat. Beim letzten verlangte er von ihr, dass sie bis zum Ende neben ihm sitzen sollte. Das nun wollte sie aber auf keinen Fall. Sie blieb so lange bei ihm in der Wohnung, bis sie ihm abgetrotzt hatte, dass er wieder ja zum Leben sagte.

Hans steht auf und zeigt mir seinen druckfrischen Ausstellungskatalog. Ich blättere ihn durch, abstrakte Bilder in dunklen Farben, Seelenzustände. Erst im hinteren Teil des Katalogs werden die Bilder freundlicher, heller. Jetzt müsse er nur noch abnehmen, das sei der nächste Schritt in seinem Leben, sagt Hans und schüttelt den Kopf, als die Platte mit den Buletten an ihm vorbeigereicht wird. Kevin schnappt sich dafür gleich zwei.

Helgas Finger zittern. Schwester Ingrid legt sanft ihre kräftige Hand darauf. Erstaunlich, wie wenig ein Mensch letztendlich braucht, um ruhig zu werden. Manchmal reicht eine einfache Berührung.

Beim Nachtisch, Vanillepudding mit Himbeersoße, habe ich schon eher das Gefühl, ein bisschen dazuzugehören. Wenn mir vor ein paar Monaten einer erzählt hätte, dass mir einmal etwas daran liegen könnte, für eine kleine Weile in die Gemeinschaft solcher Leute aufgenommen zu werden, hätte ich ihn sicher für verrückt erklärt. Michi berichtet gerade, dass es seiner kleinen Tochter besser geht. Sie ist nämlich vor zwei Wochen von einem Auto angefahren worden. Die Mutter, die das alleinige Sorgerecht hat, wollte zuerst nicht, dass der drogensüchtige Vater sein Kind besucht, doch als Schwester Ingrid anbot, ihn zu begleiten, stimmte sie zu.

Den Kaffee gibt es im Zimmer von Schwester Ingrid. Hans bringt ihn uns, während die anderen abspülen. An den Wänden hängen Fotos von jungen Leuten. Ich frage nach. Schwester Ingrid fährt mit dem Finger an ihnen entlang. »Der ist schon tot. Der auch. Goldener Schuss. Und das ... das war Wolfgang ...« Mit Wolfgang hatte sie ihr Schlüsselerlebnis. Ein Alkoholiker, der ihr in den schweren Anfangszeiten mit der Wohnung sehr geholfen und die schönsten Bücherregale aus dem Sperrmüll geholt hat. Trotz mehrmaligen Entzugs gelang es ihm aber nicht, von der Flasche loszukommen, und irgendwann tauchte er jeden Tag in immer betrunkenerem Zustand bei ihr auf. Oft auch spät in der Nacht, sodass selbst sie manchmal dachte: Der hat mir gerade noch gefehlt.

Er wollte nicht reden, er wollte keinen Kaffee, er wollte nichts essen. Und irgendwann, als er wieder einmal völlig abgerissen in ihrer Küche saß und sich kaum mehr auf dem Stuhl halten konnte, ist ihr der Geduldsfaden gerissen und sie hat ihn angeblafft, was er eigentlich noch von ihr wolle.

»Ein bisschen Liebe, Schwester Ingrid, sonst nichts. Und damit hat mir ein Betrunkener ziemlich deutlich den Spiegel vorgehalten«, sagt sie, »mir, die ich immer sage: Jeden nehmen wie er ist und nichts erwarten.«

Schwester Ingrid bekommt heute noch eine Gänsehaut, wenn sie diese Geschichte erzählt. Den Satz *Der hat mir gerade noch gefehlt* hat sie von diesem Moment an für immer aus ihrem Wortschatz gestrichen.

Vor ein paar Tagen rief meine Freundin Gisa auf dem Handy an und wollte mich unbedingt übernächste Woche am Ammersee besuchen. Sie brauche mal wieder Tapetenwechsel, wie eigentlich ständig. Sonst ja gerne *(hmpf!)*, aber musste es denn unbedingt während meiner gottverdammten einzigen freien Woche sein? Die hatte mir nun wirklich gerade noch gefehlt. Gisa ist zwar mitnichten Alkoholikerin, ganz im Gegenteil, sehr gepflegt und immer nach der neuesten Mode gekleidet. Aber die *kann* einem vielleicht auf die Nerven gehen. Ständig ist sie – wer nicht? – auf der Suche nach dem Mann fürs Leben, besser gesagt für die zweite Lebenshälfte. Da sie stattdessen aber immer nur One-Night-Stands abräumt, fühlt sie sich allen Ernstes vom Schicksal benachteiligt und erwartet dafür die ungeteilte Aufmerksamkeit all derer, die es länger mit ihr aushalten. Den ganzen Tag muss sie bespielt werden. Ich habe ihr abgesimst.

Es gibt in Schwester Ingrids Zimmer aber auch Fotos von Menschen, die den Wahnsinn überlebt haben. Auf einem ist eine junge Frau mit einem Baby zu sehen. »Das Jugendamt wollte ihr direkt nach der Geburt das Kind wegnehmen, obwohl sie längst clean war. Aber leider hat ihr das keiner geglaubt. Da ist sie mitten in der Nacht mit dem Neugeborenen unter dem Arm hierher geflüchtet.«

Mit viel Überredungskunst konnte die Franziskanerin die Behörden davon überzeugen, dass die Frau mit ein wenig Unterstützung durchaus in der Lage sein würde, ihr

Kind selbst zu versorgen. Und tatsächlich, ein Bild weiter sieht man ein süßes kleines Mädchen, das eine Schultüte in der Hand hält.

»*Tu erst das Notwendige, dann das Mögliche, und plötzlich schaffst du das Unmögliche*«, hat Franz von Assisi gesagt. Hier sieht das plötzlich beinahe leicht aus. Und dabei ist es überhaupt nicht leicht. Schwester Ingrid wäre eigentlich eine, mit der ich gerne auch mal ein paar meiner Probleme bereden würde. Da hat sich ja einiges angestaut. Ach, vielleicht lieber doch nicht: Die muss doch denken, ich bin bekloppt, wenn ich ihr mit so etwas komme!

Auf einem der Fotos erkenne ich Michi wieder. Er sieht darauf aus wie der Tod. Und er war auch nahe dran, das Heroin hatte ihn vollkommen fertiggemacht. Seit er im Methadonprogramm mitmacht, geht es mit ihm bergauf, schon allein, weil die ganzen Begleitumstände der Illegalität wegfallen. Für einen Drogenabhängigen ist das schon die halbe Miete. Aber die Sache hat auch einen Haken: Der Entzug von Methadon dauert dreimal so lange wie der von Heroin – eine Höllenzeit.

Ich möchte nun doch mal aus berufenem Munde hören, ob es Schicksal ist, dass die einen sich in unserer Gesellschaft behaupten und die anderen eben nicht. Dass es manche schaffen aus dem dicksten Schlamm wieder aufzutauchen und andere untergehen und vor allem, was hat nun Gott damit zu tun?

»Gott hat uns eine wichtige Fähigkeit mitgegeben«, sagt mir die Schwester ernst, »nämlich die, wählen zu können. Wir selbst treffen die Entscheidung, Drogen zu nehmen oder nicht, Krieg zu führen oder den Frieden zu wählen, einem Menschen Schaden zuzufügen oder ihm zu helfen.«

O. k. Aber was ist mit den hungernden Kindern in Afrika? Überhaupt denen, die nichts für ihr Schicksal können und trotzdem leiden wie die Hunde? Den Unterdrückten, den Verfolgten, den Verjagten und Verstümmelten? Hatten die eine Chance zu wählen?

Schwester Ingrid denkt einen Moment nach, dann antwortet sie: »Wenn zerstörerische Entscheidungen gefallen sind, dann ist es unsere Aufgabe, sie für die Menschen so erträglich wie möglich zu machen und ihnen Wege aufzuzeigen, wie sie aus der Misere herauskommen können. Mehr können wir nicht tun.«

Eine entwaffnende Antwort, sozusagen.

Schwester Ingrid glaubt nicht, dazu beitragen zu können, dass ein Mensch sein Leben ändert. Das muss er schon selbst wollen. Sie erwartet nichts, sie hat nur Vertrauen. In Gott. Und in die Menschen. Alle Menschen. Ich fühle mich klein, wie ich hier neben ihr stehe. So ein großes Herz und so mütterliche Augen.

»Jede Frau sollte in ihrem Leben etwas ›Mütterliches‹ tun und jeder Mann etwas ›Väterliches‹«, sagt sie dann. Noch vor ein paar Monaten wäre ich bei so einem Spruch auf die Barrikaden gegangen. Tiefstes Mittelalter, Frauen an den Herd, typisch katholisch, unerträglich, und überhaupt! Jetzt sieht die Sache anders aus, obwohl sich seitdem an meinem weiblichen Selbstbehauptungswillen nicht das Mindeste geändert hat. Ich bin nur ein klein bisschen klüger geworden. Eigentlich beschämter.

Das Telefon läutet. Max ist in der Leitung, ein Alkoholiker, der lange auf den Straßen von Kreuzberg gelebt hat. Jetzt hat er Krebs im fortgeschrittenen Stadium. »Ich bin noch immer nicht abgekratzt!«, tönt es fröhlich und so laut aus dem Hörer, dass sogar ich es mithören kann. »Gott will mich noch nicht. Wann kommst du mich besuchen?«

Schwester Ingrid lächelt verschwörerisch. »Morgen, bis dahin musst du eben durchhalten!«

»Okay«, antwortet Max. »Dann sprich das aber unbedingt mit dem da oben ab.«

»Mach ich«, antwortet Schwester Ingrid und legt auf. Sie lächelt immer noch.

Hans hat auch mitgehört und verspricht, dass er heute noch bei Max vorbeigehen wird. Die Familie funktioniert. Dann machen sich alle auf den Weg, nur Sabine bleibt am Küchentisch sitzen. Sie will noch mit Schwester Ingrid reden. Ein erster Schritt. Vielleicht.

* * *

»He, Gisa. Hier ist Susanne.«

»Jesus (*Dschiiises!*), Susanne! Ich dachte, von dir höre ich mein Lebtag nichts mehr. Du, der Pascal, von dem habe ich dir doch erzählt, oder, jedenfalls rückt er doch tatsächlich allen Ernstes gleich am allerersten Abend damit raus, dass er ...«

»Hör mal, Gisa, ich bin ein bisschen in Eile. Du weißt doch, ich drehe gerade. Ich wollte nur schnell sagen, das mit deinem Besuch haut doch hin. Kannst kommen. Ich ... freu mich.«

Dann werde ich eben ein paar Tage Schlauchboot mit ihr auf dem See fahren. Aber aufpumpen kann sie es.

# 16. Deutsche Gastfreundschaft

Strahlender Sonnenschein. Blauer Himmel. Vergitterte Fenster. Graue Betonmauern. Darüber Stacheldraht. Abschiebegewahrsam Berlin Köpenick.

Wir sind mit dem Berliner Jesuiten Martin Stark verabredet, dem Leiter des *Jesuit Refugee Service*. Er ist ein sympathischer, schlaksiger Typ, so um die 40, in Jeans und hellblauem kurzärmeligen Hemd. Mit einem dicken Aktenordner und einem Rucksack steigt er aus seinem Wagen.

Auf den ersten Blick wirkt er nicht wie ein Ordensmann, geschweige denn wie ein Jesuit. Eher wie ein Kollege. Ich erfahre, dass er früher einmal Journalist war und für eine Berliner Tageszeitung gearbeitet hat. Doch das hat ihm nicht genügt, hat seine innere Rastlosigkeit nicht besänftigt. Erst nachdem er sein Noviziat bei den Jesuiten hinter sich hatte, sei er ruhiger geworden, sagt er.

Um die Arbeit mit Illegalen, die in Abschiebehaft sitzen, hat er sich nicht gerissen. Sie ist ihm, wie bei den Jesuiten üblich, von seinem Ordensgeneral zugeteilt worden. Und da er schließlich das Gehorsamsgelübde abgelegt hat, blieb ihm nichts anderes übrig, als von einem Tag auf den anderen ins kalte Wasser zu springen. Doch inzwischen ist das Wasser nicht mehr ganz so kalt. Zwar ist es noch immer keine gemütliche Badewanne, aber inzwischen sieht Pater Martin in der Arbeit mit den Abschiebehäftlingen eine Chance. Für sich und auch für sie.

Der *Jesuit Refugee Service* wurde 1980 vom damaligen Generaloberen der Jesuiten, Pedro Arupe, angesichts des Elends der vietnamesischen Bootsflüchtlinge gegründet und ist heute mit etwa 1200 Mitarbeitern weltweit in über 50 Ländern vertreten. Hierzulande engagiert sich der JRS in Berlin, Eisenhüttenstadt und München für Abschiebehäftlinge und sogenannte »Geduldete«. Er kümmert sich um Härtefälle, Verfahrensberatungen bei Aufenthaltsproblemen sowie die Rekrutierung von Mitarbeiterinnen und Mitarbeitern für weltweite Einsätze. Außerdem nimmt er öffentlich Stellung zu Entwicklungen im Ausländerrecht und in der Ausländerpolitik. Arupe war ein mit den verschiedensten Kulturen vertrauter Weltbürger. Durch seine fast 30-jährige Tätigkeit in Japan wurde er zu einem Brückenbauer zwischen Ost und West. Seine Weltsicht war universal. Lange vor der ökologischen Bewegung sah er voraus, dass ein ungebremster Konsum die natürlichen Lebensgrundlagen zerstören werde und forderte eine »Gesellschaft der Genügsamkeit« – eine Forderung, die heute jeden Tag an Aktualität gewinnt.

Mit lautem Knarzen und Quietschen öffnet sich die Sicherheitsschleuse. Dahinter kommt eine weitere Mauer mit einem weiteren Tor, das sich erst öffnet, nachdem das erste vollständig wieder geschlossen ist. Das kenne ich ja schon. In einem kleinen Glashäuschen sitzt ein Beamter, der Martin Stark freundlich grüßt. Er reicht ihm ein Namensschild aus Plastik, das sich der Jesuit an die Hemdtasche klemmt. Damit ist er befugt, das Gefängnis zu betreten und es vor allem auch wieder zu verlassen. »Seelsorger« steht in Großbuchstaben darauf.

Wir überqueren einen Hof, in dessen Mitte, völlig deplatziert, eine Ente sitzt. Was will die denn hier? Hinter den vergitterten Fenstern sieht man einige Gefangene rauchen. Einer versucht mit der Ente zu sprechen, in einer Sprache, die ich nicht verstehe und die Ente offensichtlich auch nicht, denn sie lässt sich nicht beeindrucken.

Oberhalb der Fenster hängen unzählige Schwalbennester an der Mauer, die eifrig von den flinken Seglern frequentiert werden. Die haben's gut, denkt wahrscheinlich so mancher hier.

Von irgendwelchen Schleppern nach Deutschland eingeschleust, meist über Italien, Griechenland oder Spanien, kamen sie mit der Hoffnung auf ein besseres Leben her und sitzen jetzt erst einmal fest. Während es in anderen europäischen Ländern möglich ist, eine Arbeitserlaubnis und nach drei Jahren eine Aufenthaltsgenehmigung zu bekommen, haben wir in Deutschland die schärfsten Einwanderungsgesetze der EU. Wer in Berlin ohne gültige Papiere von einer Polizeistreife aufgegriffen wird, kommt hierher. Danach beginnt die Zeit der Ungewissheit, des Wartens. Wenn keine Identität festgestellt werden kann – die meisten haben ihre Papiere vernichtet oder sie wurden ihnen von Schleppern abgenommen – und kein deutlich erkennbarer Asylgrund vorliegt, wird abgeschoben. Meist nicht ins Heimatland, sondern dorthin zurück, von wo aus der Illegale nach Deutschland eingereist ist. Danach gibt es kein Zurück mehr. Wer einmal aus Deutschland abgeschoben wurde, hat praktisch keine Chance mehr, jemals wieder legal einzureisen. Die meisten, die hier einsitzen, haben Kinder und sind verheiratet, wenn auch manchmal nur zum Schein.

Wir fahren mit dem Aufzug in den vierten Stock und landen in einer Art Zwischengang, vollgequalmt mit Zigarettenrauch. Auf jeder Seite befindet sich eine große Gittertüre, hinter der ein langer Gang mit Zellen liegt. Auf der einen Seite drängen sich mindestens 30 Gefangene verschiedenster Hautfarben, hinter der anderen sind zwei dunkelhäutige Putzfrauen mit einer Kehrmaschine zugange. Ich muss an meine Kinderbesuche im Zoo denken, wenn die Raubtierkäfige gereinigt und Zwischengitter eingezogen wurden, hinter denen die gefährlichen Tiere unruhig hin- und herliefen, bis ihr Käfig sauber gemacht war. Hier allerdings sieht eigentlich niemand gefährlich aus, nur traurig. Hoffnungslosigkeit aus dunklen Augen.

Die beiden Putzfrauen wischen noch ein letztes Mal mit einem nach starkem Desinfektionsmittel riechenden Lappen über die Gitterstäbe und werden schließlich mitsamt ihrem Putzwagen herausgelassen. Nun kann ein anderer Beamter die gegenüberliegende Gittertüre öffnen und die Gefangenen in ihren blitzblank gewienerten Käfig zurücktreiben.

Da kann sich doch keiner beschweren. In Deutschland kümmert man sich um seine Illegalen, hier muss keiner in seinem eigenen Dreck sitzen. Hinter einem hochgewachsenen Afrikaner fällt die Gittertüre krachend ins Schloss. Der Beamte zündet sich eine Zigarette an und setzt sich an einen Resopaltisch zu drei Polizisten, die ebenfalls rauchen und Zeitung lesen. Ich erfahre, dass hier gerade gestreikt wird und momentan ganz normale Polizisten aushelfen müssen. Ihrem mürrischen Gesichtsausdruck nach zu urteilen, scheint sie das nicht eben zu begeistern.

Bei ihnen sitzt auch ein Sozialarbeiter vom psychologischen Hilfsdienst. Zumindest steht das auf der schwarzen Joggingjacke, die er trägt. Als ich ihn frage, was er denn von der Arbeit hält, die Martin Stark hier leistet, will er sich zunächst gar nicht äußern, kann sich dann aber doch nicht zurückhalten. »Der sollte mal lieber bei seiner Seelsorge bleiben«, berlinert er, »mischt sich dauernd in Dinge ein, die ihn überhaupt nichts angehen.«

»Ich verstehe nicht ... der ist doch vom *Refugee Service*«, wage ich einzuwerfen. »Die helfen doch den Illegalen mit Behördengängen, Anwälten und all dem Kram. Alleine hätten die doch gar keine Chance, die verstehen ja nicht mal, was auf den Bescheiden steht.« Der Mann zuckt nur mit den Achseln.

Martin Stark spricht gut englisch und französisch. »Arabisch wäre natürlich noch besser«, grinst er. Wir folgen ihm in den sauber gewischten Gang. In der ersten Zelle, die hauptsächlich von Vietnamesen bewohnt wird, herrscht eine Stimmung wie in einer Hafenkneipe oder der Kombüse auf dem Schiff meines Vaters. An die Wände sind aus Zeitschriften herausgerissene Seiten mit hübschen Mädchen geklebt, leicht bekleidet, aber nicht nackt. Mindestens zwölf Asiaten, zum Teil tätowiert, hocken am Boden und spielen Karten. Einige essen mit Stäbchen aus Plastiktöpfchen ihre typisch asiatischen Fertignudelsuppen.

Auf den ersten Blick wirkt alles ganz locker. Wenn nur die Gitter an den Fenstern nicht wären, die Polizisten und die dicken Schlösser an den Zellentüren. Die stehen immerhin offen, und die etwa 30 Gefangenen eines Gangs können miteinander reden, Karten spielen, sich ihr eigenes Essen kochen, fernsehen und Musik hören. Freiheit ist das aber nicht!

Die hier sitzen, sind ganz überwiegend keine Kriminellen. Noch nicht jedenfalls. Entweder sind sie aus ihren zerrütteten Heimatländern geflohen, oder sie sind einfach nur gekommen, um bei uns ein bisschen Geld zu verdienen und es nach Hause zu schicken. Die Jobs, die sie gemacht hätten, will bei uns sowieso keiner. Eingesperrt werden sie bis zu 18 Monate. Ein Pädophiler zum Beispiel kann bei uns nach zwei Jahren entlassen werden.

Damit Martin Stark nicht schon am System zerbricht, sagt er, muss er sich immer wieder vergegenwärtigen, dass er nur eine begrenzte Kapazität hat und auch nur begrenzt helfen kann. Für viele ist er trotzdem der letzte Rettungsanker, um vielleicht doch noch alles zu wenden. Er wird mit Erwartungen überhäuft.

»Oft muss man das einfach nur aushalten, sich dazusetzen und sich immer wieder dieselbe Geschichte anhören, versuchen zu erklären, dass es eben nur darum geht, die Zeit abzusitzen und zu warten und trotzdem die Hoffnung nicht aufzugeben. Denn auch nach einer Abschiebung geht das Leben ja irgendwie weiter. Vielleicht ergeben sich neue Perspektiven, die man jetzt noch gar nicht sieht. Darüber zu sprechen, das ist dann meine Aufgabe.«

Der *Jesuit Refugee Service* hat zwar einen Rechtsmittelfonds aus Spenden, aus dem die Honorare der Anwälte bezahlt werden, die dann mit Botschaften und Behörden sprechen und versuchen, eine Aufenthaltsgenehmigung zu erwirken. Trotzdem zieht sich alles in die Länge. Viele hier sind schon über ein Jahr da und fangen langsam an, die Hoffnung aufzugeben. Zermürbungstaktik? Vielleicht hofft man ja, dass die Illegalen irgendwann die Schnauze derart voll haben vom Knastleben, dass sie freiwillig gehen. Nicht, dass das etwa einfach wäre. Denn auch in den Ursprungsländern, in denen dann neue Papiere ausgestellt werden müssen, mahlen die Mühlen langsam. Martin Stark sieht es als seine Aufgabe, den Menschen hier in dieser schweren Zeit beizustehen, ihnen Mut zu machen, ihnen immer wieder zu sagen, dass nach dunklen Tagen auch wieder helle kommen werden und dass möglicherweise auch in ihrem Heimatland eine neue Chance auf sie wartet.

Ich weiß nicht, ob er das, was er diesen Menschen sagt, wirklich selbst glaubt. Noch weniger, ob die Menschen aus Vietnam, Uganda, Sudan und Marokko ihm glauben. Auf alle Fälle mögen sie ihn. Sobald er auftaucht, scharen sie sich um ihn. Nicht nur weil er Telefonkarten dabeihat, für die meisten der einzige Weg, überhaupt nach draußen Kontakt aufzunehmen, sondern weil er ein Mensch ist, der ihre Situation versteht. Stundenlang kann er zuhören und dann im richtigen Moment eine Idee haben.

Gerade die Jesuiten, die oft so furchteinflößend, so gelehrt und ein bisschen gefühlskalt daherkommen, zeichnet es aus, dass sie dort hingehen, wo sonst niemand hingeht und auch niemand hinschaut. Hierhin zum Beispiel. *Ausländer – nein danke.* Die wenigsten wissen, dass wir in unserem Lande gegenwärtig eher eine Abwanderung haben. Aus den verschiedensten bürokratischen oder anderen Gründen verlassen viele Menschen Deutschland, auch Deutsche. Erst ganz langsam beginnt ein Umdenkungsprozess dahingehend, dass wir zwar vielleicht nie ein Einwanderungsland waren, aber schon allein in unserem eigenen wirtschaftlichen Interesse möglichst bald eines werden sollten. Viel zu spät für die Menschen hier.

Trotzdem hofft Martin Stark weiter. Politische Einflussnahme und Aufklärungsarbeit sind wichtig, aber in erster Linie geht es ihm um die, die ihm hier in die Augen blicken. Jeden Monat gibt er eine Broschüre heraus, sie heißt: »Die Menschen hinter den Fällen«. Ein paar dieser Menschen stellt er darin jeweils vor. Und es ist anrührend und beschämend zugleich, wenn man ihm zusieht, wie er sich an den Zellentisch setzt und zwischen Essensresten und Colalachen Platz für seinen Aktenordner sucht. Jedes Amtsformular ist am Rand mit seinen handschriftlichen Notizen vollgekritzelt. Pater Martin kennt jedes Schicksal.

Zum Beispiel das von Rasheed, dem Marokkaner mit den sanften Augen, der perfekt Deutsch spricht und trotzdem nicht hierbleiben darf. Er hat jahrelang illegal in Deutschland gelebt, dann geheiratet, doch seine Frau hat sich zu früh wieder scheiden lassen. Jetzt gilt er wieder als illegal. Seine Kinder hat er schon seit über einem Jahr nicht gesehen. Jalla, ein junger Libanese, ist noch minderjährig und hat außerdem eine schiefe Wirbelsäule, die ihm zu schaffen macht. Das immerhin verbessert seine Chancen, bald hier rauszukommen und zumindest das sogenannte Duldungsrecht zu erhalten. Damit kann man zwar nicht arbeiten, aber wenigstens draußen leben.

In der Frauenabteilung, höre ich, sitzt schon seit mehreren Monaten eine junge Mongolin, inzwischen hochschwanger. Sie versteht keinen, und keiner versteht sie. Solange ihre Identität nicht geklärt ist, kann sie hier nicht raus. Also wird sie ihr Baby in der Krankenstation des Gefängnisses zur Welt bringen. Ganz alleine, hinter Gittern, in einem fremden Land mit fremden Menschen. Naiv frage ich, ob ich vielleicht kurz zu ihr darf, von meinem Mongolei-Dreh weiß ich noch ein paar Brocken, vielleicht würde sie das freuen. Keine Chance, unsere Drehgenehmigung beschränkt sich nur auf das Arbeitsfeld von Martin Stark. Und das ist die Männerabteilung.

Man kann natürlich trotzdem sagen, mir doch egal, was haben die hier zu suchen, selbst schuld.

Man kann auch darauf hoffen, dass Gott uns allen sogar diese Sünde noch verzeiht. Weil er eben barmherzig ist.

* * *

Draußen auf dem Parkplatz vor dem Abschiebegefängnis begegnen wir acht Männern und Frauen, die hier unter Leitung des Jesuiten Christian Herwartz regelmäßig die mittlerweile zu einiger Berühmtheit gelangten ignatianischen Exerzitien durchführen, allerdings in etwas abgewandelter Form. »Exerzitien auf der Straße«, nennt der ehemalige Arbeiterpriester das, was hier praktiziert wird.

Dabei wird eine besondere Achtsamkeit jenem Ort entgegengebracht, an dem der oder die Einzelne innerlich bewegt wird. Hier ist es der Knast. Ursprüngliches Leitbild dafür ist der brennende Dornbusch, in dem Gott einst Moses begegnet ist. Das Feuer der Liebe, wie Christian Herwartz sagt, das brennt und doch nicht verbrennt. Ziel seiner Exerzitien ist es, die verdrängten, als unangenehm oder schwach empfundenen Seiten in uns und unserer Gesellschaft bewusst in Augenschein zu nehmen.

Ignatius, der Ordensgründer der Jesuiten, hat diese geistigen Übungen im 16. Jahrhundert ins Leben gerufen und zum ersten Mal aufgeschrieben. Er hatte sich damals in eine Höhle zurückgezogen, wo er sich selbst geißelte, eine schwere Eisenkette um den Leib trug und auf der nackten Erde schlief – ganz in der Tradition des büßenden Pilgers im Spanien des späten Mittelalters. Ignatius stand fürchterliche Ängste und Qualen aus, litt unter schweren Depressionen und war dem Selbstmord nahe.

Doch dann kam plötzlich der Wendepunkt, die Erleuchtung. Und er begriff, dass der Weg zur Heiligung gar nicht in der äußeren Abtötung, sondern in der inneren Reinigung lag. Die Seele bedarf der Läuterung, nicht der Körper der Drangsalierung. Darin lag eine völlig neue Sichtweise der Sühne. Ignatius lernte seine eigene Seele zu lesen, und alles, was er an sich selbst beobachtete, schrieb er auf und erarbeitete damit die erste Fassung der Ignatianischen Exerzitien.

Christian Herwartz erklärt mir, dass es genau dies ist, was die Menschen hier auch vollziehen. Sie wollen entdecken, wie viele Schichten es in uns gibt, die wir befragen müssen, wenn wir uns wirklich öffnen wollen für das Leben – und für Gott natürlich.

»Natürlich kommt man nur an die Schichten ran, die man zulässt. Das Wichtigste ist, dass man seine Enge, seine Schuld zugibt. Dass man sich ›sehen‹ lässt. Das ist der Ursprung von Heilung. Zuzulassen, dass es nicht die anderen da im Gefängnis sind, sondern dass ich ein Teil davon bin. Von dem, der Gefangenschaft erleidet, aber auch Gefangenschaft begründet. Nur wenn ich mir dessen bewusst bin, kann ich überhaupt die Tür aufmachen und sagen: Ja, Herr, befreie mich. Und wenn du mich befreit hast, dann schick mich auch dorthin, wo die Not ist.«

Die Exerzitanten stellen sich im Halbkreis auf und beginnen zu singen. Auf der einen Seite donnert lautstark der Verkehr der Grünauer Straße vorbei, auf der anderen scheinen die Töne von der riesigen Betonmauer, die das Gefängnis umgibt, schier verschluckt zu werden. Doch trotzdem muss etwas hineingedrungen sein. Denn plötzlich wird aus zwei vergitterten Fenstern im obersten Stock mit einem roten und einem blauen Handtuch gewunken. Die Exerzitanten winken zurück. Christian Herwartz formt die Hände zu einem Trichter und schreit so laut er kann.

»Freiheit!«

Die anderen tun es ihm nach.

Sebastian wirft mir einen Blick zu, als hätten die allesamt eine Vollmeise. Ich selbst schwanke noch. Der Beamte in seinem Glaskasten am Eingangstor hat nicht einmal aufgeblickt. Später bemerkt er lakonisch: »Die haben nicht mehr alle an der Waffel.«

Das Winken wird heftiger. Jetzt hüpfen die Exerzitanten auch noch auf und ab, als wollten sie allen Ernstes über die mindestens fünf Meter hohe Mauer schauen, vielleicht auch springen. Selbst Tonmann Gianpierro, ansonsten stets ungerührt wie Buster Keaton, hat die Stirn gerunzelt, vielleicht ist er aber auch nur mit der Akustik nicht zufrieden.

Ja, was soll man davon halten? Ehrlich gesagt, ich weiß es immer noch nicht genau. Vielleicht haben sich die da drinnen aber auch gefreut, dass jemand von draußen mit ihnen Kontakt aufnimmt. Schließlich winken sie immer noch aus den Fenstern.

Schon verrückt, dass man immer erst einmal negativ denkt, wenn Menschen etwas tun, das nicht der Norm entspricht. »Die spinnen doch«, war bei mir auch der erste Gedanke. Man könnte aber auch denken: »Das ist mutig.« Denen ist es egal, was andere von ihnen halten. Die beziehen zumindest Position, wenn sie auch die *Situation* nicht verändern können. Der erste Schritt der Exerzitien: Aufmerksamkeit für einen Ort, eine Situation und damit für sich selbst.

Hier wirklich selbst Position zu beziehen hieße, vieles auch im eigenen Leben zu verändern. Bin ich dazu zu bequem? Liebe ich zu wenig? Sind mir andere Menschen egal? Habe ich zu viel mit mir selbst zu tun, als dass mir für andere, zumindest für die hier, noch Zeit bliebe? Ja, ich fürchte, so ist es. Und plötzlich sehe ich diese verrückte Truppe mit etwas anderen Augen.

Mich hier hinstellen und singen wie die da würde ich wohl trotzdem nicht. Was, wenn just in dem Moment mein Produzent vorbeikäme? Der wohnt in Berlin.

Der Jesuitenpater Christian Herwartz jedenfalls bezieht Position. Jeden Tag. Egal ob er per Internet zum Boykott von Tankstellen aufruft, Mahnwachen gegen Abschiebung organisiert oder ins schottische Faslane fährt, um sich mit Gleichgesinnten vor einer gerade fertiggestellten Raketenabschussbasis anzuketten. Oft genug war er schon selbst hinter Gefängnismauern, allerdings immer nur kurze Zeit, dann musste man das Enfant terrible der Jesuiten wieder auf freien Fuß setzen.

Der bärtige Jesuit im knallroten Sweatshirt soll übrigens

ein imponierendes Tattoo tragen, was ebenfalls nicht gerade typisch jesuitisch ist. Oswald von Nell-Bräuning, der allseits verehrte und bewunderte Begründer der modernen katholischen Soziallehre, hatte meines Wissens keins. Auf dem Rücken von Pater Christian aber prangt, wie mir erzählt wurde, ein mächtiger brennender Dornbusch.

Der 1943 geborene Herwartz, der mit seinem Vollbart ein bisschen so aussieht wie Ivan Rebroff als Tovje, lebt in einer Wohngemeinschaft mitten in Kreuzberg, gemeinsam mit Menschen, die zum Rand unserer Gesellschaft, zu ihren Wunden gehören. In der Naunystraße 36 ist die Tür stets offen für jeden, dem es gerade nicht gut geht. Das Wort ›Gastfreundschaft‹ wird hier in aller Konsequenz praktiziert. In einem Raum liegen zum Beispiel ungefähr zehn Matratzen, da kann jeder übernachten, der woanders kein Bett hat.

Vor seinem Eintritt in den Jesuitenorden arbeitete er zunächst als Maschinenbauer auf einer Kieler Werft, aber auch danach blieb er der Arbeitswelt verbunden und wirkte als Arbeiterpriester in Frankreich und Deutschland. Ganz bewusst ist er – wohlgemerkt als Jesuit – aus der »bürgerlichen« Gesellschaft ausgestiegen und tagtäglich zur Maloche gegangen, als LKW-Fahrer, als Dreher, als Pressenführer. Um dabei Mensch zu werden, wie er sagt.

Genau das hat eigentlich auch Jesus getan. Er ist »ausgestiegen« aus seinem Gottsein und ist dabei Mensch geworden. Herwartz, beileibe kein Gott, wollte diese Menschwerdung, dieses Zuwenden zum Menschen, nachleben und in sich spüren. Die Essenz des Christentums. Keine auf sich selbst bezogene Erkenntnisphilosophie wie beispielsweise der Buddhismus, sondern eine praktische Anweisung zu menschlicher Lebensführung.

Nein, mithopsen werde ich trotzdem nicht. Aber ich bin beeindruckt.

Auch bei den Exerzitien, sagt der Jesuit, ist die Menschwerdung Jesu die wichtigste Etappe. Erst wer Jesu Leben nachmeditiert, sich völlig hineinbegibt und dann nachspürt, wie es ihm dabei geht, ist auf dem richtigen Weg.

Der Kontakt auf der anderen Seite bricht ab, die Handtücher werden durch die Gitterstäbe zurück in die Zellen gezogen, »wahrscheinlich durch höhere Gewalt«, wie die auf der Straße vermuten. Sie sprechen gemeinsam ein Gebet, und dann zieht sich jeder für sich auf sein Fleckchen vor den Gefängnismauern zurück, um in sich zu gehen und nachzuspüren, was dieser Ort in ihm auslöst.

»Exerzieren heißt üben«, bekomme ich erklärt. »Wenn ich auf dem Sportplatz bin, übe ich den 100-Meter-Lauf, und wenn ich in der Küche bin, übe ich das Kochen. Bei den Exerzitien übe ich Aufmerksamkeit. Für das Leben und für meine innersten Gefühle, für die Mitmenschen. Und dabei entdecke ich, wie ich vom Leben eingeladen werde, es zu leben. Um es religiös zu sagen: den Ruf Gottes zu hören, den ich oft überhöre, weil ich zu laut bin.«

Ich verstehe. Wenigstens so ungefähr.

# 17. Clean mit Gott

Es ist kurz vor sieben. Bodennebel über den Feldern. Träge drehen sich die Windräder rund um Gut Neuhof bei Nauen, ungefähr eine Stunde von Berlin weg. Die Glocke der kleinen Kapelle läutet zum Morgengebet.

30 »Rekuperanten« verlassen das Hauptgebäude und begeben sich zu einer nahe gelegenen kleinen Kapelle. Sie sind zwischen 15 und 40 Jahre alt. Ihnen voran schreitet mit langem weißen Schleier über der grauen Tracht die Franziskanerin Schwester Marilen. Sie sieht aus wie ein Engel, der mit dem Schwert den Weg freikämpft für die Menschen, die ihm folgen. Und ein bisschen ist es auch so.

Die ihr folgen, haben einen steinigen Weg hinter sich und viele einen vielleicht noch steinigeren vor sich. Es sind allesamt Süchtige, Junkies und Alkoholiker. Die meisten waren schon im Knast. Umso verwunderlicher, dass sie sich jetzt auf den Kirchenbänken der kleinen, schlichten Kapelle niederlassen und miteinander den Rosenkranz beten. Bestimmt zwanzig Mal hintereinander. Es folgen die Fürbitten, dann wird gesungen.

*»Lobet den Herren, alle, die ihn ehren …«*

Manchen sieht man ihr Schicksal an. Anderen wiederum gar nicht. Alle aber hingen noch vor Kurzem an der Nadel oder der Flasche. Und jetzt der Rosenkranz.

Alles in mir wehrt sich gegen das, was ich hier erlebe. Die simulieren doch. Das gibt es doch gar nicht. Ist das eine Art Gehirnwäsche oder der letzte Strohhalm, an den sich diese Menschen klammern? Ich werfe einen verstohlenen Blick auf Schwester Marilen. Sie ist ungefähr so alt wie ich, hat einen klaren, nach vorne gerichteten Blick. Gehirnwäsche? Schwer zu glauben.

Angefangen hat alles 1979 in Brasilien. Nelson Gianelli, gerade einmal 17 Jahre alt, hatte durch die Predigten eines Franziskanerpaters das Evangelium für sich entdeckt. Er wollte wie Jesus Christus ein Freund derer werden, die sonst keine Freunde haben, in seinem Fall Drogenabhängige an einer Straßenecke von Guarantingueta im brasilianischen Bundesstaat Sao Paulo. Aus diesem kleinen Anfang entstanden mithilfe der Franziskaner Stück für Stück die *Fazendas da Esperança*, »Höfe der Hoffnung« für Menschen, die sich als Strandgut der Gesellschaft fühlen. Aidskranke, Drogen- und Alkoholabhängige, Straßenkinder, verlassene Mütter haben dort wieder Halt gefunden. Viele erfuhren hier eine geistliche Rehabilitation und entdeckten den Wert ihres Lebens neu.

Was in Brasilien funktionierte, klappt inzwischen auch in Deutschland. Nur haben sich die Verhältnisse umgekehrt, denn mittlerweile leisten ehemalige brasilianische Facenda-Bewohner bei uns Entwicklungshilfe. Im Juli 1989 begannen zwanzig engagierte Menschen aus Brasilien und Deutschland damit, auf Gut Neuhof mithilfe der Franziskaner und des Bundesfamilienministeriums die erste deutsche *Fazenda da Esperança* aufzubauen – auch wenn am Anfang gar nicht sicher war, ob der religiöse Hintergrund bei Jugendlichen aus der ehmaligen DDR, die meist weder getauft waren noch eine sonstige kirchliche Sozialisation erfahren hatten, überhaupt greifen würde.

»Der Hof war so marode, dass man die Gebäude nicht betreten konnte ohne Angst, dass einem ein Dachbalken auf den Kopf fällt«, erinnert sich Schwester Marilen. Doch inzwischen ist viel getan worden. Das Haupthaus, das tatsächlich einer brasilianischen *Fazenda* ähnelt, erstrahlt in leuchtendem Gelb, und der ehemalige Schafstall wurde zu einer Lehrfleischerei umgebaut. Außerdem gibt es eine Bäckerei, eine Schweinezucht, einen riesigen Hühnerstall, Schafe sowie mehrere Kühe samt einem gerade geborenen Kälbchen. Das reicht, um den Eigenbedarf zu decken und die Geschäfte im Umland zu beliefern. Die Leberwurst ist hervorragend, wie ich bezeugen kann.

Die Jungs wohnen hier zusammen wie in einer Familie, sie arbeiten gemeinsam und sie leben von dem, was sie erwirtschaftet haben. Das alles ist normal und hilft ihnen, in ein geregeltes Leben zurückzufinden. Das Einzige, was fehlt, sind Mädchen, doch erfahrungsgemäß tragen Beziehungen zwischen Abhängigen nicht gerade dazu bei, von der Droge loszukommen. Viel besser ist es, wenn jeder sich erst einmal selbst kennenlernt, anstatt gleich in die nächste Abhängigkeit zu rutschen. Für Mädchen gibt es eine eigene *Fazenda* etwa 20 Kilometer entfernt. Nur zu Unternehmungen wie Marktbesuchen oder gemeinsamen Messen an bestimmten Feiertagen trifft man sich, sonst nicht.

»Zuerst habe ich gedacht, das halte ich nie aus, mit der ganzen Beterei«, erzählt mir Peter, der jahrelang Dealer und selbst heroinabhängig war, nach der Messe beim Melken im Kuhstall. »Aber jetzt passiert es mir, dass ich während des Rosenkranzes so etwas wie einen magischen Moment erlebe, wo die Zeit stehen bleibt und ich mit allem eins bin …«

Ein spiritueller Exjunkie, der mystische Erfahrungen hat – ohne Drogen? Bevor er die Melkmaschine anlegt, reinigt er sorgsam das Euter der Kuh. Ich denke an die Jungs vom Kottbusser Tor, zu denen er ja vermutlich auch mal gehörte. Wenn die das sähen, was würden die dann wohl tun? Vermutlich lachen.

Ich hatte kaputte Typen und eine trübe Stimmung erwartet, vielleicht sogar Aggression. Doch nichts davon ist hier zu finden, ganz im Gegenteil. Alle hier haben zwar eine kaputte Geschichte, aber sie lachen viel, gehen liebevoll miteinander um und können sich an Kleinigkeiten erfreuen.

Wie kriegt die Schwester das hin?

»Ganz einfach, ich lebe mit ihnen, mache die gleiche Arbeit wie sie und stelle mich nicht über sie. So wie es Franziskus auch getan hätte.«

Da war es wieder, dieses Geheimrezept. Demut, die Wunderdroge. Doch wie erreicht man diesen Zustand, der offensichtlich für die meisten Ordensleute vollkommen selbstverständlich ist? Für Schwester Marilen keine schwere Frage:

»Ich glaube, wir werden demütig, wenn wir uns selber kennenlernen. Wenn wir entdecken, was alles in uns steckt, auch wenn uns das manchmal erschreckt. Wenn wir lernen, dies anzunehmen, anzuschauen und damit zu leben – das macht uns zu demütigen Menschen. Und je besser man sich kennt, desto mehr spürt man, dass man nicht über anderen steht. Über niemandem.«

Wenn heute Franziskanerinnen dienen, dann auch deshalb, weil sie den Wert des Menschen erkannt haben, weil sie ihn wertschätzen und respektieren – denn Jesus ist, davon sind sie überzeugt, in jedem Menschen gegenwärtig. So macht das auch Schwester Marilen. Mir fällt die Geschichte von Franziskus ein, der eines Tages auf einem seiner Ausritte einem Aussätzigen begegnete. Um solche Menschen machte man üblicherweise einen Bogen, weil sie entstellt waren und stanken. Franziskus jedoch stieg von seinem Pferd, umarmte den Aussätzigen und küsste ihn. Später erzählte er seinen Gefährten, dass sich das, was ihm früher bitter erschien, in »Süßigkeit des Leibes und der Seele verwandelte«. In dem Aussätzigen war Franziskus Jesus begegnet. Jesus, den er über alles liebte. Und in diese Begegnung wollte er alle mit hineinnehmen, die ihm auf diesem Weg nachfolgen wollten. So entstand die franziskanische Bewegung. Und offensichtlich funktioniert sie noch immer.

Auch Schwester Marilen kennt dieses Gefühl sehr gut. Mit strahlenden Augen erzählt sie mir, wie sie es zum ersten Mal während ihres Lehrer-Studiums erlebte. Nur Wissen in sich aufzunehmen und es später wiederzukäuen, war ihr zu wenig. Sie wollte etwas für andere Menschen tun, ganz praktisch. Im nahe gelegenen Altenheim erkundigte sie sich, wer dort wenig Besuch bekam, und ging fortan zu einer alten Frau, um ihr vorzulesen. Und eines Tages verspürte sie, obwohl sie ja gar nichts Großartiges geleistet hatte, ein derartiges Glücksgefühl, dass sie jauchzend ihre Tasche in die Luft warf. »Das Gefühl, Menschen dienen zu können und sie zu lieben, war etwas so Wunderbares, dass ich es nie wieder missen wollte. Das sitzt jetzt ganz tief in meinem Herzen und ist der Ursprung meines ganzen Handelns«, erzählt sie. Auch wenn sie es damals noch nicht wusste, es war der erste Schritt hin zu den Franziskanerinnen.

»Ich habe eine Freundschaft mit Jesus begonnen und dann wie Franziskus immer wieder gefragt: Herr, was willst du von mir und meinem Leben? Und dann gab es immer wieder Momente, die aufgeleuchtet haben. Irgendwann wusste ich, Gott will mich ganz. Das war zunächst sehr befremdlich, und ich habe eine Weile gebraucht, bis ich diesem Ruf zustimmen konnte.«

1993 ist Schwester Marilen nach Brasilien gegangen, um die *Fazendas* kennenzulernen. Sofort hat sie gespürt, dort gehört sie hin. Also gab sie ihren Beruf als Lehrerin auf. Den mochte sie zwar, aber dieses Glücksgefühl, diese Nähe zu Gott und damit zur Liebe, gab er ihr nicht.

Ich bin fast ein bisschen neidisch. Bisher war ich immer happy, wenn ich was bekommen habe. Kann das Geben tatsächlich so viel stärkere Glücksgefühle auslösen?

Fritz, Mitte 40, etwas korpulent und mit Pferdeschwanz, ist jetzt schon über ein Jahr hier. Eigentlich ist seine Zeit um. Trotzdem will er dableiben, als Freiwilliger, denn er hat seinen Platz gefunden und möchte ihn nicht wieder aufgeben. Fritz erklärt mir die drei Stufen des Programms von Neuhof. Zuerst werden die Jungs von der *Fazenda* getragen, dann gehen sie selbst die ersten eigenen Schritte, am Ende tragen sie andere. Ganz konkret übernehmen sie dann die Verantwortung für Neulinge, die frisch von der Straße kommen.

Im Augenblick ist Fritz für Enrique verantwortlich, einen Brasilianer, der in seinem Heimatland von der Polizei aufgelesen wurde und jetzt zunächst einmal hier lebt. Im Laufe der nächsten Wochen wird er von Fritz zum Eierspezialisten ausgebildet. Er lernt, welches Futter welche Ergebnisse bringt, er muss die Hühnerställe sauber machen, die Eier einsammeln und stempeln. Fritz spricht kein Wort portugiesisch und Enrique kaum deutsch. Trotzdem verstehen sich die beiden. Fritz weiß, was Enrique durchmacht, und Enrique weiß, dass Fritz durch dieselbe *Merda* gegangen ist.

Offensichtlich kann hier die heilende Wirkung der Erfahrung von Gemeinschaft sowohl auf Sprachkenntnisse wie auch auf herkömmliche Therapiekonzepte verzichten. Denn jeder braucht nur einen Ort, an den er gehört, und Menschen, die für ihn da sind und für die er da sein kann. Vielleicht ist das der Sinn des Lebens. Das Geheimnis. Vielleicht. Ob ich den auch mal für mich entdecke? Ob ich auch mal meinen Platz finde? Oder werde ich die ewig Reisende bleiben?

Ich sehe, wie Schwester Marilen gemeinsam mit Peter das Gelände verlässt. Er trägt eine Bank hinter ihr her. An einer Blumenwiese, auf der friedlich zwei Kühe grasen, stellt er sie ab, und die beiden setzen sich. Ich weiß nicht, was sie besprechen, aber dass sie überhaupt so dasitzen und miteinander sprechen, ist schon wieder ein Wunder. Eine Erfahrung eint alle, die auf der *Fazenda* angekommen sind: Allein schaffe ich es nicht.

Plötzlich ertönt vom Gemüsegarten her lauter Hip-Hop. Überall wo gearbeitet wird, liegt irgendwo ein Verlängerungskabel, an das ein CD-Player angeschlossen ist. Musik ist in dieser Abgeschiedenheit, die übrigens niemand ohne besonderen Grund wie etwa einen Arztbesuch verlassen darf, sehr wichtig.

Wladimir, ein Russe und ehemaliger Schutzgeldeintreiber, der behutsam kleine Spinatpflänzchen vom Unkraut befreit, sieht hinüber zu der Bank, auf der Marilen und Peter sitzen. »Schwester Marilen ist ein Engel«, erklärt er mit starkem russischen Akzent. »Sie sieht sofort, wenn es mir schlecht geht. Das war früher nicht so. Da gab es niemanden, der mich beachtet und sich Gedanken gemacht hat um mich. Überhaupt niemand. Hier ist die Liebe. Das habe ich früher nicht gekannt, vielleicht ist es mir deshalb so oft schlecht gegangen. Jetzt kommt das nicht mehr so oft vor.«

Liebe statt Heroin. So ganz traue ich dem Braten immer noch nicht. Aber ganz gleich, in welches Gesicht ich hier blicke, da ist weder Aggression noch Verschlagenheit noch irgendwas Pathologisches zu sehen. Und auch keine Schauspielerei. Später erwische ich Wladimir und Schwester Marilen kichernd beim Kartoffelschälen in der Küche. Sie will natürlich von ihm wissen, was er mir vor laufender Kamera über sie erzählt hat. »Dass du jeden Abend die Peitsche herausholst und uns allen eins auf den nackten Hintern gibst«, antwortet er mit dem ernstesten Gesichtsausdruck, zu dem er imstande ist. Schwester Marilen lacht schallend. Ich muss mitlachen. Selten ist mir ein so natürlicher und fröhlicher Mensch begegnet. Sie steckt einfach jeden an.

»Mein ursprünglicher Lebensentwurf sah eigentlich vor, dass ich heiraten würde«, erzählt sie mir später. »Ich wollte eine große Familie haben, viele Kinder. Doch dann hat sich gezeigt, dass meine Beziehung zu Gott so stark geworden war, dass ich ihm mein ganzes Leben schenken wollte. Aber da blieb natürlich immer noch der Kinderwunsch, der Wunsch, Mutter zu sein. Und schauen Sie sich mal um. Inzwischen habe ich so viele, wie ich sie mir sonst nie hätte leisten können. Ich kann ihnen helfen, ins Leben zu kommen, zurück ins Leben. Und das ist etwas unheimlich Schönes. Zu merken, wie sie aufblühen, wie ihr Selbstbewusstsein wächst, ihr Selbstvertrauen.«

Meine ehemalige Regieassistentin Petra hat mir neulich einen Brief geschickt. Aus Bali. Vor einiger Zeit hat sie einen Balinesen kennengelernt und ist zum Hinduismus übergetreten. Ihr Mann ist nicht nur der Bürgermeister, sondern auch der Dorfschamane. Petra darf sogar dabei mithelfen, die Opferschälchen mit Essen und Blumen herzurichten. Sie ist total glücklich.

Bali. Tja, das wäre vielleicht eine Alternative. Was hält mich hier schon noch? Mann weg, Freund weg, Hund tot – Susanne allein zu Haus. Den Gedanken ans Aussteigen hatte ich schon öfter. Wer nicht? Dann fallen mir die ganzen

Menschen ein, die ich in den letzten Monaten kennengelernt habe. Die sind nicht ausgestiegen. Die sind hier, und zwar oft dort, wo es keinen Spaß macht, wo es am meisten wehtut. Trotzdem strahlen sie eine verblüffende Gelassenheit und Heiterkeit aus. Mag sein, dass sich vielleicht der eine oder andere selbst was vormacht, sich froh redet. Aber gleich so viele?

Nein, Bali käme für mich wohl nicht mehr in Betracht. Meine Güte, wenn die wüsste, was ich in letzter Zeit alles zu Gesicht bekommen habe. Aber zurückschreiben werde ich ihr auf alle Fälle. Sie war vor langer Zeit auch einmal in dieses Projekt involviert und hat mir tatkräftig beim Auffinden potenzieller Produzenten unter die Arme gegriffen.

Später beim gemeinsamen Mittagessen stellt sich ein Pfarrer vor, der in Indien, in der Nähe von Bombay, eine *Fazenda* einrichten will. Er sucht hier nach Anregungen, nach Gesprächen und vielleicht auch nach Menschen, die mitkommen und ihm helfen. Vielleicht wäre das ja auch was für Fritz ...

# 18. Benno

Zu Bruder Benno gelangt man über eine Holzbrücke. Gemeinsam mit sieben, teils schon etwas betagten Brüdern wohnt er im Franziskanerkloster auf der Schweizer Insel Werd bei Stein am Rhein, dort, wo der Fluss den Bodensee wieder verlässt. Er selbst ist der Jüngste. Und der Unruhigste. Außerdem sieht er wirklich ganz besonders ansehnlich aus. Was für ein Jammer, raunt mir die andere Susanne innerlich zu.

Bruder Benno ist eine Art Franziskus der Moderne und in der Schweiz sogar schon ein kleiner Medienstar. Die Geschichte, wie seine Freundin ihn unter Tränen freigab, damit er Franziskaner werden konnte, und später dann sogar selbst ins Kloster eintrat, kennt dort beinahe jeder, sie stand in allen Zeitungen. Und man findet sie auch in dem einen oder anderen seiner Bücher, die Titel tragen wie »Das Lied des Lichts« oder »Meditationen der Stille« und eine Art christliche Lebenshilfe sind. Selbst ein kleines TV-Studio hat der franziskanische Tausendsassa gegründet, TAU–TV, in dem er Beiträge fürs Lokalfernsehen produziert. Selbstredend haben ihm diese und andere Aktivitäten auch schon gelegentliche Rüffel von weiter oben eingetragen. Mehr Demut bitte!

Die Holzbrücke wirkt wie der Übergang in eine andere Welt. Von dort führt ein schmaler Fußweg zum Kloster, das aussieht wie ein Jagdschlösschen und umsäumt ist von prächtigen Lavendelrabatten, deren Duft einen geradezu betört.

Der ideale Platz, um abzuschalten und sich fernab aller Hektik einmal nur mit dem eigenen Innenleben zu beschäftigen. Das hat auch Bruder Benno erkannt und bietet für Interessierte nicht nur simple Meditationen an, sondern auch einige Praktiken, die mir von früheren Ausflügen in die Esoterik und Wellnesswochenenden nicht unvertraut sind. Bei ihm kann man sich zum Beispiel in die indianische Schwitzhütte setzen oder »dynamisch« beten, was nichts anderes ist als ein Vaterunser mit gymnastischen Übungen. Warum nicht? Man kann sogar über glühende Kohlen laufen.

Der heilige Franziskus selbst unternahm im Jahr 1219 eine Reise nach Ägypten. Nichts Geringeres hatte er sich vorgenommen, als den dortigen Sultan el Malik el Kamil zu bekehren. Und um den Priestern des Sultans zu beweisen, welcher Glaube der einzig wahre sei, bot er ihnen sogar an, vor ihren Augen durchs Feuer zu laufen. Der Sultan verbot das wohlweislich. Hätte ja klappen können.

Natürlich kennt Bruder Benno diese Geschichte, aber beeindrucken lässt er sich davon ganz offenbar nicht, und verboten hat es ihm bislang auch noch keiner. Weder seine Oberen, noch seine Mitbrüder, denen so manche von Bennos Aktivitäten nicht immer franziskanisch vorkommen, nicht *lege artis* jedenfalls. Aber im Geiste der Gnade und der brüderlichen Zuwendung lassen sie ihn gewähren. (Und die Mitbrüder sind außerdem fürchterlich nett. Zum Knuddeln.)

Heute ist Feuerlaufnacht. Und natürlich sind wir nicht zufällig ausgerechnet heute hier, ich habe den Termin extra so gelegt. Fast bei jedem Orden bin ich inzwischen auf Angebote gestoßen, die mancher vielleicht eher der Esoterik zuordnen würde als der reinen katholischen Lehre. Neben der Dominikanerin Schwester Klarissa oder dem Jesuiten Christian Herwartz bietet zum Beispiel der Benediktiner Willigis Jäger den sogenannten »Ost-West-Weg« an, indem er christliche Mystik und Zen-Meditation verbindet, Anselm Grün gibt Managerkurse unter dem Motto »Führen und Leben wecken«. Vielleicht keine schlechte Idee, den Menschen in mehr praxisorientierten Veranstaltungen christliche Werte zu vermitteln als nur von der Kanzel herunter. Während Jäger die »Lectio Divina« ausweitet in eine mystische Erfahrung, die jenseits des Wortes zu finden ist, und dafür schon einige Abmahnungen von oben kassiert hat, versucht es Grün etwas bodenständiger. Er zieht in seinen Seminaren den Vergleich zwischen dem Abt als dem für ein Kloster und seine Bewohner Verantwortlichem und einem modernen Manager, der einen Konzern leitet. Beide müssen Menschen führen, sie fordern und sie auch wieder aufrichten, wenn etwas schiefgegangen ist. Dabei geht es Anselm Grün um das Innenleben des Führenden, der zuerst bei sich selbst Klar-Schiff-machen muss, um nicht in Stresssituationen seinen eigenen »Müll« über seinen Mitarbeitern auszuschütten. Leuchtet ein. War wohl schon zu Benedikts Zeiten so und ist heute nicht anders. Veranstaltungen wie Anselm Grün, Willigis Jäger und auch Bruder Benno sie anbieten, zielen direkt auf die Ängste der Menschen und holen sie dort ab, wo Heilung nottut.

Da auch Mönche und Nonnen nicht hinter dem Mond leben, ist es normal, dass sie Zeitströmungen und neue beziehungsweise wiederentdeckte Erkenntnisse aufnehmen und auf ihre Weise umsetzen. Außerdem waren gerade die Ordensgründer wie z. B. Ignatius mit seinen Exerzitien oder Franziskus mit seiner Naturverbundenheit, die er unter anderem in seinem »Sonnengesang« ausdrückt, schon immer

Grenzgänger gewesen auf der Suche nach neuen Möglichkeiten gelebter Spiritualität. Das Interesse an östlichen Religionen ist nun auch nichts Neues und hat schon vor 200 Jahren begonnen. Und gerade im Bereich der Mystik lassen sich hier tatsächlich viele Parallelen zum Christentum entdecken. So findet sich der berühmt gewordene Ausspruch: *»Der Mensch kann zwar tun, was er will, aber er kann nicht wollen, was er will«*, sowohl bei Schopenhauer, der sich lange mit dem Brahmanismus beschäftigt hat, wie auch schon bei Augustinus.

Es spricht auch nichts dagegen, sich mit fremden Kulturen auseinanderzusetzen, was nur bedenklich ist, ist blind irgendwelche aus dem Kontext gerissene Teilbereiche zu übernehmen und diese auf dem kommerziellen Esoterikmarkt als neueste »Erleuchtungstechnik« zu verkaufen.

Der Feuerlauf beginnt ganz harmlos. Etwa acht Leute haben sich inzwischen auf der Wiese hinter dem Kloster versammelt. Manche haben es noch nie gemacht, andere laufen schon zum zweiten oder dritten Mal. Beim zweiten Mal ist es am gefährlichsten, erzählt mir Bernd in schweizerischem Kartoffelchips-Dialekt. Erst recht, wenn es beim ersten Mal gut geklappt hat. Da wird man schnell leichtsinnig und unaufmerksam und holt sich ganz leicht ein paar richtig fette Brandblasen. Er hebt die Augenbrauen. Aufmerksamkeit und Bewusstsein für das, was man gerade tut, seien hier gefragt.

Alles klar, das ist offenbar der selbst ernannte Bescheidwisser der Gruppe, die gibt es ja überall. Soweit ich mich erinnern kann, sind Aufmerksamkeit und Bewusstsein bei so ziemlich allem vonnöten, was man im Leben tut.

Bruder Benno, der bisher noch nicht viel Zeit für mich hatte (*grummel*), erklärt mir endlich seine Theorie zum Feuerlaufen und zwar äußerst charmant. Statt von Angst spricht er von Mut. Oft im Leben trauen wir uns bestimmte Dinge einfach nicht zu, obwohl wir dazu in der Lage wären. Dahinter stecken diverse Glaubensmuster, die wir uns im Laufe unseres Lebens zugelegt haben, teilweise durch unsere Eltern, aber auch durch Lehrer, Lebenspartner und so weiter. *Das kannst du noch gar nicht. Du bist nicht gut genug. Das schaffst du nie.* Und mit diesen eigenen Eingrenzungen machen wir uns immer wieder Chancen zunichte, die wir nur aus Versagensangst nicht ergreifen, weil wir an uns zweifeln. Sagt er.

Okay, das kenne ich auch. Ich habe zum Beispiel trotz jahrelanger Berufserfahrung immer noch Schwierigkeiten, mir persönlich unbekannte Menschen anzurufen, von denen ich etwas will. Eine Information, ein Interview, Geld für ein Projekt oder auch nur einen ganz normalen Termin. Warum eigentlich? Vermutlich aus Angst vor einer Absage. Ich rufe dann natürlich doch an. Ehrlich gesagt kann ich mir auch nicht vorstellen, dass ich nach einem erfolgreichen Feuerlauf plötzlich zu der Einstellung kommen würde, ha, ich bin über glühende Kohlen spaziert, wie könnte mir da noch jemand eine Abfuhr erteilen?

Es gibt in diesem Bereich ja die verschiedensten Übungen. Bei einem sogenannten »Lebensfreudeseminar«, das ich mal mitgefilmt habe, liefen die Teilnehmer aus dem gleichen Grund durch einen Haufen spitzer Glasscherben, sie sprangen sogar von einem Stuhl hinunter, mitten hinein. Auch ich wurde damals aufgefordert, es mal zu probieren, weil ich das Ganze angeblich nur verstehen würde, wenn ich es selber gemacht habe. Also Schuhe und Strümpfe aus und todesmutig durch die Scherben gestapft. Fühlte sich an wie zusammengeknüllte Alufolie, geändert hat sich danach allerdings nichts an meinem Telefonverhalten.

Inzwischen ist der riesige Holzhaufen angezündet worden, und die Flammen züngeln gierig in den dunkelblauen Sommerhimmel. Jetzt heißt es warten, bis das Feuer heruntergebrannt ist und die Glut zum Spaziergang einlädt. Inzwischen kann man sich ja schon einmal auf das Ritual einstimmen.

Zuerst gibt es allerdings etwas zu essen, was uns allen sehr entgegenkommt. Leckeren Schweizer Käse, Geräuchertes und selbst gemachten Kuchen. Keinen Alkohol, denn der verringert ja bekanntermaßen die Aufmerksamkeit.

Damit sich alle untereinander besser kennenlernen, müssen wir erst mal – auch das Filmteam – eine von den sogenannten »Teufelskarten« ziehen, auf denen kleine Dämonen abgebildet sind, die schlechte Eigenschaften verkörpern. Ich ziehe die Karte »Abhängigkeit«. Bruder Benno »Zorn«.

Interessant!

Danach werden auf dem Rasen zur allgemeinen Lockerung und Entspannung ein paar Körperübungen gemacht, die ein bisschen an Tai Chi erinnern. Ich sehe mich, weil bereits locker genug, währenddessen im letzten Sonnenlicht noch auf der kleinen Insel um, die nur von den Franziskanern bewohnt wird. Von Bruder Christoph Maria, einem gemütlichem Bilderbuch-Mönch, der nach dem heißen Tag den zum Kloster gehörigen Garten wässert, erfahre ich, dass die Insel eigentlich den Benediktinern von Einsiedeln gehört, übrigens dem größten »privaten« Grundbesitzer der Schweiz. Die haben allerdings schon genug mit ihrem eigenen Anwesen zu tun und daher dieses wunderschöne Fleckchen Erde schon vor mehreren Generationen in die Obhut der Franziskaner gegeben.

Bruder Christoph Maria gibt offen zu, dass er diesen »neumodischen Eso-Sachen« von Bruder Benno wenig abgewinnen kann, die einige aus der Nachbarschaft sogar schon als »Teufelswerk« angeprangert haben. Das würde natürlich auf die ganze Bruderschaft zurückfallen.

»Mitgefangen, mitgehangen«, entfleucht es mir.

Der Bruder seufzt ein bisschen, antwortet dann aber höchst diplomatisch, dass sie ihren Mitbruder immer mittragen werden. Außerdem ist Benno schließlich ihr »Guardian«, ihr Oberer, und die drei Gelübde Armut, Keuschheit und vor allem Gehorsam gelten immerhin auch hier auf der Insel.

Als ich zum Feuer zurückkehre, ist es bereits heruntergebrannt und die Ersten sind über die Glut gelaufen. Sebastian dreht fleißig mit. Glückliche Gesichter, freudige Umarmungen. Gott sei Dank keine Brandblasen. Die Erstläufer sind stolz, dass sie ihren inneren Schweinehund überwunden haben. Kurz juckt es mich in den Zehen, auch mal schnell durchzulaufen, dann lasse ich es aber doch. Besser kein Risiko, ich habe noch was vor mir.

Später, nach Drehschluss, erzählt mir Bruder Benno bei einer gemütlichen Flasche Bier und einem »franziskanischen Friedenspfeifchen« am ausgehenden Feuer von seinen anderen Aktivitäten. Vor allem von denen in Afrika.

Mit seiner Organisation Tautropfen (bezogen auf das franziskanische Tau) plant er gerade den Bau eines großen Staudamms in Burkina Faso. Dazu ist er eigentlich gekommen wie die Jungfrau zum Kinde. Die Schweizer Franziskanerkustodie hatte ihn nämlich, ohne dass er zuerst überhaupt davon wusste, als Missionar *Ad Gentes* (lat.: zu den Völkern) beauftragt. Und um seinem Auftrag auch gerecht werden zu können, unternahm Bruder Benno zunächst einmal eine Reise nach Afrika, zu einem kleinen Savannenkloster seines Ordens. Als er dort den König der Region traf, sagte dieser zu ihm: »Wenn ihr wirklich etwas für dieses Land tun wollt, dann baut uns eine *barrage*, einen Staudamm.«

Bruder Benno erfuhr, dass es dort nur wenige Monate im Jahr Wasser gab und deshalb Viehzucht und Ackerbau kaum möglich waren. Deshalb zogen immer mehr junge Leute in die Städte und suchten dort ihr Glück – ohne es allerdings zu finden. Viele kehrten krank nach Hause zurück oder verschwanden einfach auf Nimmerwiedersehen.

Ein Muslim, der Bruder Bennos Gespräch mit dem König mitverfolgt hatte, kam noch am selben Abend ins Kloster und schenkte ihm als vorauseilenden Dank dafür, dass er das Stauseeprojekt in Angriff nehmen wolle, schon einmal einen Geißbock. Konnte Benno da noch Nein sagen? Nein. Also sagte er Ja.

»Und in diesem Moment«, erzählt er mir mit leuchtenden Augen, »kam eine riesige Sternschnuppe vom Himmel gesaust. Mir war, als wünschte Gott selber, dass ich mich für die Verwirklichung dieses Projekts einsetze.«

Ich muss kurz an meinen Regenbogen auf La Palma denken.

Aber dafür brauchte er mindestens anderthalb bis zwei Millionen Schweizerfranken. Eine Menge Geld, selbst für einen bettelfreudigen Franziskaner. »Wenn ich mich da nicht mal übernommen habe«, war seine größte Sorge.

Als er aber nach seiner Rückkehr die letzten 200 Meter über den langen Holzsteg zum Kloster ging, tauchte plötzlich im Wasser ein Biber auf, mit einem Stück Holz zwischen den Zähnen. Der Meister des Dammbaus. »Beinahe, als wollte er sagen: Willkommen, Kollege. Das klappt schon.«

Ich muss lachen. Benno ist wirklich Franziskaner durch und durch, jetzt spricht er sogar mit Tieren.

Inzwischen sind die geologischen Studien abgeschlossen und Bruder Benno hat gerade die Sozialstudie zum Projekt in Auftrag gegeben. Die erste halbe Million Franken hat er auch schon gesammelt, jetzt muss der Rest her. Aber wie heißt es so schön in einem afrikanischen Sprichwort: »*Viele kleine Leute, an vielen kleinen Orten, die viele kleine Dinge tun, ändern das Angesicht der Erde.*«

Jedoch all das oben Beschriebene, selbst der Staudamm, ist nur die Kür im Leben von Bruder Benno: Eigentlich arbeitet er nämlich als Streetworker in der knallharten Zürcher Drogenszene. »Gassenarbeit« heißt das auf Schwizerdütsch. Oft ist er im dortigen Bahnhofsviertel unterwegs, um nur einen Steinwurf entfernt von der »Goldküste«, den Quartieren der Reichen am Zürichsee, den Gestrandeten Hilfe anzubieten.

Ich bin ziemlich beeindruckt von dem quirligen, gut gelaunten Mönch, der es trotz klösterlicher Lebensweise oder vielleicht auch gerade deshalb schafft, so viel auf die Beine zu stellen. Als er mir dann noch von seinem »Schutzengeldienst« erzählt, den er ins Leben gerufen hat, haben die Franziskaner endgültig mein Herz gewonnen.

Das mit dem Schutzengel funktioniert folgendermaßen: Jeder, der will, kann für einen ganz bestimmten Süchtigen eine Gebetspatenschaft übernehmen. Der wird übrigens vorher gefragt, ob es ihm überhaupt recht ist, dass da jemand an ihn denkt, für ihn betet – und vielleicht sogar irgendwann Kontakt aufnimmt, per Post zum Beispiel. Auf diese Weise können Leute, die sonst gar nichts mit Drogenabhängigen zu tun haben (und sooo scharf darauf auch eigentlich nie waren) helfen, ohne gleich einen Junkie an der Backe zu haben. Die Aktion läuft sehr erfolgreich, besonders unter Jugendlichen.

Ich erzähle Bruder Benno von meinen Begegnungen mit den Franziskanern in Berlin. Und von Schwester Irmlind in Würzburg, die sich für ehemalige Prostituierte einsetzt, die, zumeist aus osteuropäischen Staaten illegal eingeschleust, hier an Bordelle verkauft wurden. Sie kämpft dafür, dass diese jungen Frauen nicht einfach in ihre »Heimat«-Länder abgeschoben werden, wo sie mit Schimpf und Schande wieder in ihren Dörfern leben müssten, sondern erst mal in Deutschland eine Trauma-Therapie machen und vielleicht sogar einen vernünftigen Beruf erlernen können. Ich erzähle von Bruder Markus, der in einem Frankfurter Ausländerghetto jeden Nachmittag mit Kindern aus Pakistan, Eritrea und dem Sudan Hausaufgaben macht. Der sich mit ausländischen Jugendlichen in Schischa-Bars trifft und sich ihre Probleme anhört. Dass sie es beispielweise satthaben, dreimal am Tag in Polizeikontrollen zu geraten, obwohl sie doch zum großen Teil hier geboren sind und ihre Eltern hier ihre Steuern zahlen. Und, und, und.

Wir kommen auf die *Franciscans International* zu sprechen, eine sogenannte *NGO* oder *Non-Governmental Organisation*. In die Genfer Zentrale kommen die Franziskaner von der Front und geben regelmäßig ihre Berichte ab. Bei den Vereinten Nationen besitzt *Franciscans International* sogar Status eins, was nichts Geringeres bedeutet als Rederecht.

All das, was ich in den letzten Wochen und Monaten erlebt habe, sprudelt nur so aus mir heraus. Und während die letzten Kohlen endgültig neben mir verglühen, wird mir zum ersten Mal richtig bewusst, dass dies nach über drei Monaten einer unserer letzten Drehtage ist. Dass diese lange Reise, die mit Inga im vorigen Jahr mit der Recherche begonnen hatte, sich nun ihrem Ende zuneigt. Eine traurige, aber gleichzeitig auch beruhigende Tatsache. Denn so langsam lassen die Kräfte nach. Auch eine alte Nomadin, die gewohnt ist, aus dem Koffer zu leben, sehnt sich irgendwann nach dem eigenen Bett, den eigenen vier Wänden und einer gebügelten Bluse.

Viele Monate Schneideraum liegen noch vor mir, bevor dieses Projekt seinen Abschluss finden wird, aber eines weiß ich schon jetzt mit Gewissheit.

Es war ein ganz besonderer Meilenstein auf meinem Weg.

Es ist spät geworden.

Bruder Benno bietet uns an, im Kloster zu übernachten. Ich kann mich noch lebhaft an meinen ersten Besuch erinnern – leider schon ohne Inga – als ich ebenfalls hier die Nacht verbrachte. Damals mussten die Mitbrüder noch vorher darüber abstimmen. So wie es eben üblich ist in einer Mönchsgemeinschaft.

Dass es sich trotz Kutte, Kordel und Kirche um richtige Männer handelt, erfuhr ich dann in der Nacht. Ein grandioses Schnarchkonzert. Ich bekam kaum ein Auge zu und steckte mir aus Verzweiflung irgendwann Tampons in die Ohren.

Um halb fünf – Morpheus hatte sich gerade erst meiner erbarmt – legte sich dann sanft eine Hand auf meinen Arm. Schlaftrunken rappelte ich mich hoch.

Es war Bruder Benno, der mich zur Morgenmesse weckte.

Diesmal habe ich Ohropax dabei, höre aber trotzdem am nächsten Morgen die Glocke der kleinen Kapelle, die sich tapfer durch den gerade erst anbrechenden Tag läutet. Ich beschließe, dem Ruf zu folgen.

Die Brüder sind bereits vollzählig, einer hat eine Gitarre mitgebracht. Und nachdem der letzte Glockenschlag verklungen ist, beginnen sechs kräftige Männerstimmen, Gott und seine Schöpfung zu preisen. Die letzte Strophe singe ich mit.

Danach gibt es Frühstück mit frischer Milch und noch warmem Brot. Ich fühle mich wohl, aufgehoben, angenommen.

Mein Handy läutet. Das Display zeigt meine Mutter.

Ich drücke die grüne Taste.

»Hi Schatzi, wie geht's dir?«

»Danke, gut, wenn auch ziemlich k.o. Vielleicht fliege ich, bevor der Schnitt losgeht, für 14 Tage in mein Häuschen nach La Palma.«

»Gute Idee. Was hältst du davon, wenn wir mitkommen?«

Kurze Stille.

Wir hatten schon öfter drüber gesprochen, dass sie sich mal mein Häuschen ansehen wollte – mein Stiefvater würde sogar seinen Werkzeugkoffer mitnehmen, um dort ein paar Dinge zu richten

Aber ob das gut gehen würde? 14 Tage sind eine lange Zeit. Und letztes Weihnachten war nicht gerade superharmonisch gewesen.

O. k. Mami, höre ich mich zu meiner eigenen Verwunderung sagen. Sobald ich zu Hause bin, schaue ich mal nach Flügen. Auch wenn sie mich bestimmt mehrfach darauf aufmerksam machen wird, dass ich was Warmes zum Anziehen mitnehmen soll, da es abends kühl werden könnte, habe ich auf einmal ein ganz warmes Gefühl. Und das war wahrscheinlich immer schon da, ich habe es nur so oft nicht wahrgenommen.

Bevor wir abfahren, bleibe ich noch ein paar Minuten mit Bruder Benno allein. Wir sitzen am Ufer, die Sonne kämpft sich durch den Morgennebel und ein Zug Graugänse fliegt an uns vorbei. Eigentlich wäre dies hier das perfekte Setting, um ein paar spirituelle Weisheiten an die Frau zu bringen, ein bisschen zu missionieren, ein Schäflein zurückzuführen. Eigentlich wäre es das perfekte Setting, um sich anzulehnen, sich in den Arm nehmen zu lassen und eins mit dem Universum zu sein. Stattdessen erzählt mir Bruder Benno weiter von seinem Afrikaprojekt. Und nichts daran, aber auch gar nichts kommt mir unpassend vor.

Im Gegenteil. Ich fühle mich angekommen, ruhig. Irgendetwas hat sich da durch die Hintertür eingeschlichen. Etwas, das mit Liebe zu tun hat. Aber nicht die des besitzergreifenden Klammerns, sondern eine Liebe, die tatsächlich nur durch Demut möglich ist.

# Danke

Wenn man erst einmal anfängt, darüber nachzudenken, gibt es so viele Leute im Leben eines jeden, denen man dankbar sein kann.

Bei mir sind es viel mehr, als in einem solchen Schlusswort Platz finden würden. Deshalb beschränke ich mich hier auf ein paar wenige, obwohl zahlreiche andere es auch verdient hätten.

Dank sagen möchte ich zunächst einmal all den tollen, liebenswerten, großzügigen Menschen, die mich in der langen Zeit unterstützt haben, als ich an diesem »Projekt« gearbeitet habe, das dann unversehens viel mehr wurde als ein Projekt.

Danke sage ich vor allem den wunderbaren Brüdern und Schwestern, denen ich auf meiner Reise begegnen durfte, die mich ein bisschen in ihr Leben haben blicken lassen und mir Dinge gezeigt haben, die ich vorher nicht für möglich gehalten hätte.

Danke für die Gastfreundschaft, die oft weit über ein simples Interview hinausging. Danke für die Herzlichkeit, die mir fast überall entgegenströmte, obwohl ich eine Fremde war. Danke aber vor allem für das große Vertrauen. Für den Fall, dass sich der eine oder andere hier im Nachhinein falsch dargestellt fühlen sollte, weil doch eigentlich alles ganz anders ist, möchte ich an dieser Stelle um Vergebung bitten. Es geschah nicht aus bösem Willen, ganz im

Gegenteil. Ich sollte hier auch erwähnen, dass ich des Öfteren Namen und Umstände verändert habe, weil ich mir nicht sicher war, ob die betreffende Person in meinem Buch auftreten und erkannt werden wollte.

Dann natürlich: Danke Inga. Danke, für deine Geduld, für dein Interesse, für dein Engagement – und für deine Sprüche. Danke, dass du uns auch nach langen Terminen, oft nachts und oft auch bei strömendem Regen, sicher von A nach B gebracht hast, ohne Navi! Danke auch, dass du mich ein bisschen hinter deine sorgsam gehütete Fassade hast blicken lassen. Was ich da entdeckte, hat mir sehr gefallen.

Danke an den Sender 3sat, die Produktionsfirma Provobis und mein Filmteam, das die lange und bestimmt nicht immer einfache Dreh- und Schnittzeit mit mir zusammen durchgestanden hat.

Und schließlich ein Dankeschön an den lieben Gott, ohne den es dieses Buch mangels Thema ja gar nicht geben würde. Vielleicht sogar noch nicht einmal mich, wer weiß. Danke, Gott.

## Internetadressen der Klöster

St. Ottilien: www.erzabtei.de
Bingen: www.abtei-st-hildegard.de
Stiepel: www.kloster-stiepel.de
Marienstatt: www.abtei-marienstatt.de
Köln: www.sankt-andreas.de
Waldniel: www.bethanien-kinderdoerfer.de
Helfta: www.kloster-helfta.de
Würzburg: www.ritaschwestern.de
Berlin: www.franziskanerkloster-pankow.de
St. Blasien: www.kolleg-st-blasien.de
Heiligenkreuz: www.stift-heiligenkreuz.org
Christian Herwartz: www.con-spiration.de/herwartz
Nauen: www.fazenda.de
Stein am Rhein, Bruder Benno: www.tautropfen.ofm.li